CHANGYONG YINGYONGWEN JIAOCHENG

高职高专"十三五"规划教材

常用应用文

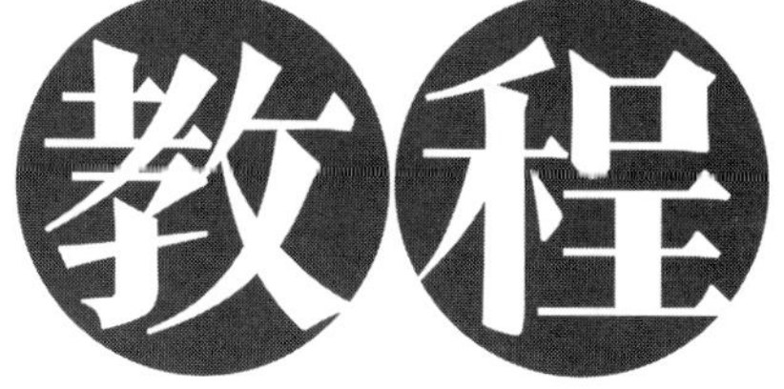

温春东　王　芳　主编

王　娟　李　婷　塔　娜　副主编

·北京·

本书依照应用文写作及教学的常规，结合应用文写作最新发展及国家党政机关的相关规定，将全书内容大致划分为：应用文概述、日用文书、社交文书、财经文书、传播文书、事务文书、司法文书、科技文书和党政机关公文九个章节。

本书每个章节都力求做到：阐明教学目标、明确教学任务、精选教学内容、合理设计训练、调动学习兴趣、达成教学效果。在体例设计上以强化实训为目的。案例分析、课堂练习，让学生知道应用文应该怎样写，不应该怎样写；写作训练，让学生依据知识点击、规范例文写出符合格式要求的应用文。

本书可作为高职高专院校、成人高校及其他同等水平院校的公共基础课教材，也可作为社会各类人员学习应用写作的参考书。

图书在版编目（CIP）数据

常用应用文教程/温春东，王芳主编．—北京：化学工业出版社，2016.3（2020.10重印）
高职高专“十三五”规划教材
ISBN 978-7-122-26217-2

Ⅰ.①常… Ⅱ.①温…②王… Ⅲ.①汉语-应用文-写作-教材 Ⅳ.①H152.3

中国版本图书馆CIP数据核字（2016）第022850号

责任编辑：贾　彬　马　波　　装帧设计：史利平
责任校对：陈　静

出版发行：化学工业出版社（北京市东城区青年湖南街13号　邮政编码100011）
印　　装：三河市延风印装有限公司
787mm×1092mm　1/16　印张17　字数521千字　2020年10月北京第1版第5次印刷

购书咨询：010-64518888　　售后服务：010-64518899
网　　址：http://www.cip.com.cn
凡购买本书，如有缺损质量问题，本社销售中心负责调换。

定　　价：38.00元

二十一世纪是高新科技迅猛发展的时代，知识经济已经成为新世纪经济发展的主流。随着全球经济一体化和信息化潮流奔涌而来，各种信息量越来越大，用人单位对员工的信息处理能力，以及表述信息处理过程的应用文写作能力也越来越重视。应用文是现代社会发展进步所必需的工具之一，应用文写作更是每个现代人必须具备的技能之一，在知识经济时代，应用文已经社会化、大众化。熟练掌握工作所需要的规范标准的应用文种，已是衡量员工素质和招聘员工的重要标准之一。

高等职业教育在我国的迅速发展，表明现代社会对实用技能的重视与理解已升华到了一个新的高度和层次。职业教育将培养目标确定为培养“适应生产、建设、管理、服务第一线需要的高等技术应用性专门人才”，说明职业教育的性质不只是作为某一职业的培养工具和人才加工场所，而在于让学生具备工作必需的智能、工作方法以及审慎精确的工作习惯和工作兴趣。适应时代和社会的需求，高职课程教学也逐渐地由传统的“知识本位”走向“能力本位”。本书正是适应社会发展的需要，本着高职教育的办学理念而编写的。在编写过程中编者力求突出以下特点：

一是实用性。针对社会对写作能力的需求，本书在体例编排上突出了学习目标、案例导入、知识要点、规范例文、课堂练习、写作训练等特色板块；在内容上强调知识要点的必需和够用，重点突出了案例分析和写作训练。

二是全面性。本书在章节编选及例文采用上都十分丰富和全面，基本涵盖了目前常用应用文体的绝大部分类别和文种，让学生对每一种常见应用文都有所了解、有所认识。

三是可操作性。本书在理论知识够用的前提下，重点突出了各种文种的写作格式和写法，以规范例文为指导，最大限度地给读者提供参考。同时强化了实训的分量：案例分析、课堂练习，让学生知道应用文应该怎样写，不应该怎样写；写作训练，让学生依据知识点击、规范例文写出符合格式要求的应用文。

四是时代性。本书在编选内容选择上，突出了学生的日常实用文体的写作需要和未来就业的写作需求，同时兼顾了某些文种的最新提法及写作要求。

五是务实性。本书着眼于高职高专学生在日常学习和生活中经常使用和将要使用的应用文来介绍，既为学生在校的学习和生活提供切实的帮助，又为学生走向社会后的写作实践打下基础。

参加本书编写的人员，均为高职院校多年从事应用文写作教学的教师，在工作中积累了丰富的教学经验，所以在编写过程中，编者力求使本教材更加切合高职院校应用文写作教学的实际，立足于实训，突出实用性。

本书编写分工如下：黑龙江农业职业技术学院温春东编写第二章、第三章内容；内蒙古化工职业学院王芳编写第四章、第八章内容；黑龙江农业职业技术学院李婷编写第五章、第七章内容；内蒙古化工职业学院王娟编写第一章、第六章内容；内蒙古化工职业学院塔娜编写第九章及附录内容。

在编写过程中，编者参考了大量文献资料，援引、借鉴、改编了大量已有的例文和训练素材，在此对原作者一并表示感谢！限于编者水平有限及分工编写的缘故，书中难免存在一些不足之处，恳请各位专家、老师和读者在使用过程中多提宝贵意见并给予批评指正。

目录
CONTENTS

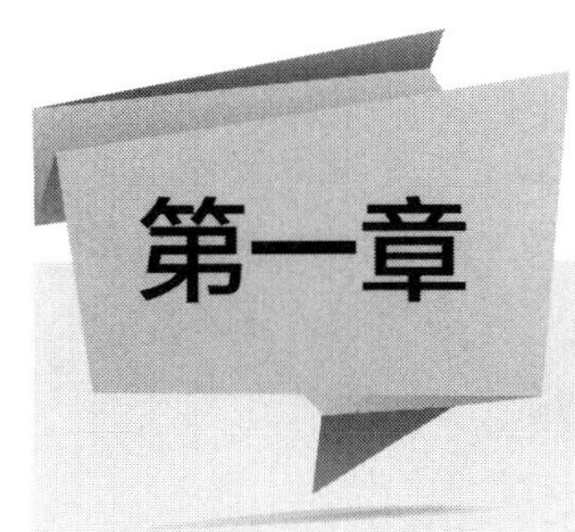

第一章 应用文概述

第一节　应用文的涵义、分类及特点

目标要求

一、知识目标

1. 认识什么是应用文；
2. 理解应用文的涵义；
3. 熟悉应用文的分类；
4. 掌握应用文的特点。

二、能力目标

能辨别应用文与非应用文的异同。

三、素质要求

培养应用文的文体意识和写作意识。

案例分析

例文

请假条

尊敬的×××老师：

我是××学院××××级××专业1班的××，因××，需要请假××天，时间从______至________，离校期间一切安全责任自负，望批准！

此致

敬礼！

请假人：××

××××年××月××日

评析》

这是一张请假条，是我们日常生活中最常见的应用文。它从内容和格式上看，包括以下要素。标题，写在顶部正中；称谓，顶格写，就是说明向谁请假，注意应加上其职务，以示尊重；正文另起一段，先做自我介绍，然后说明请假原因；接下来写清请假起止时间；随后提出请求批准的愿望。结尾处写祝颂语，如："此致敬礼！"之类。落款处要有请假人的签名，一般请假条可以打印，但签字一定要手签，以示申请人对自己此行为负责，签名要右侧对齐。最后写清请假条书写时间。

一、应用文的涵义

"应用文"一词，最早出现于宋代，但在宋代并没有把应用文作为专用的文体概念。清代学者刘熙载在其《艺概·文概》中使用了"应用文"这一术语。后来，徐望之在《尺牍通论》中对应用文包含的文种做出了界定。20年代以后，陈子展的《应用文作法讲话》（1931年）是应用文著作中有代表性的一部，他从社会上经常使用的文体中，选出公牍文、电报文、书启文、庆吊文、联语文、契据文、广告文、规章文、题署文九种。这本著作对后来的应用文写作教学和研究有较大的影响。

新中国成立后，"应用文"这一概念被广泛使用。对应用文的涵义，目前香港地区、台湾地区和大陆的看法比较一致，对应用文涵义的界定是：应用文是国家机关、企事业单位、社会团体和人民群众在日常工作、学习、生活中，处理公私事务时所使用的具有某种惯用格式和直接实用价值的文章。

这里有几点值得注意：一是应用文的主体包括单位和个人，即个人与个人之间、单位与单位之间、个人与单位之间往来之文字；二是既可以用于处理公务活动中的事务，也可以用于人们的生活、交际等，而且对公私事务的作用是直接的，而不是间接的；三是有特定形式或惯用格式，这些格式为社会所遵循、使用；四是包括文章，也包括零星文字材料等，形式多样。

二、应用文的分类

应用文种类繁多，可以从不同的角度划分成不同的类别。

1. 公务文书

公务文书，简称公文。人们通常说的公务文书有广义和狭义两种理解。广义的公文指法定机关、社会团体、企事业单位在公务活动中形成的、具有规范格式的文书材料。其中包括行政公文、事务文书、各类专用文书等。狭义的公文，专指党政机关公文。

2. 事务文书

事务文书是机关、团体、企事业单位为反映事实情况、解决问题、处理日常事务而普遍使用的文书，它具有很强的实用性、事务性和某种惯用格式。从广义上说，事务文书也是一种公务文书，目的是处理公务和传递信息，使用"事务文书"这一名称，是相对于正式公文而言的。如：计划、总结、调查报告、述职报告、简报、规章制度等。

3. 专用文书

专用文书是指在一定的业务范围内，按照特殊需要而专门使用的文书。如：传播文书、社交文书、财经文书、司法文书、科技文书、外交文书等。

4. 日常文书

日常文书是指机关、团体、企事业单位和个人在日常生活、工作和学习中所使用的，具有一定规范体式，能起交流思想、沟通感情、传递信息等作用的应用文书。如：书信、日记、条据、启事、声明、海报、证明信、介绍信、对联等。

三、应用文的特点

就全部应用文而言，其特点应该有两个，一个是实用性，一个是惯用格式。为了更具体地说明应用文的这两种特点，我们将其具体化为以下几点予以介绍：

1. 价值的直接实用性

应用文的主要工具是文字。只有文字的成熟或成熟的文字，才使应用文的产生有了不可缺少的客观条件。从历史上看，应用文的载体是竹简、缣帛、钟鼎和纸张。欧阳修的《与陈员外书》云："古之书具，惟有铅刀、竹木。而削札为刺，止于达名姓；寓书于简，止于舒心意，为问好。"我们的先辈无论大事小事，必先"率民以事神，先鬼而后礼"，从而形成了以神、鬼、上天、祖先为精神依托的神权政治统治模式，而掌握刀笔并把神事活动的情况记录下来，也便成了我们最早的应用文，这些刻在龟甲和兽骨上的应用文，从一开始就体现出其异乎显著的实用性。

"直接实用性"是应用文区别于其他文章的根本属性。与其他文章相比，理论文章重在析理，给人以知识；文学作品重在给人以审美愉悦，以陶冶读者性情为主；而应用文不同，它重在为人们处理公私事务服务，作为沟通、交流的工具，它的功能是通过直接的实用价值体现出来的。

应用文直接实用性的体现是多方面的。在内容上，应用文应有很强的目的性和针对性，要能反映社会生活实际，切实解决公私事务。在形式上，应用文的结构、格式、语言等要为直接实用性服务，语言要浅切、易懂、规范，讲求准确无误、直观明了。在时效上，应用文要讲求内容的单一性和强烈的时效性，一切从提高工作效率出发，要迅速及时，以免延误时机，影响工作，造成损失。

2. 材料的完全真实性

应用写作以"应"付生活，"用"于事务为目的，它必须以事实为依据，不允许虚构、虚拟、合理想象、移花接木、张冠李戴。这一点与文学作品不同，文学作品也讲求真实，但文学作品的真实更强调艺术的真实，允许艺术的虚构，其"真实"是文学的真实，是相对的，它来源于生活但又高于生活。

应用文的材料的真实，是一种完全的真实。要做到完全的真实，至少要做到"三真"：一是选用的材料本身必须是真实的，是符合客观实际和社会生活现实的；二是写作时动用材料的方式是得当的，反映给阅读者即受众的材料必须是真实可靠、准确无误的。有的材料是真实的，是生活中发生的，但使用是不得当的，如移花接木、张冠李戴；三是材料的选用与事实核心或实质是一致的。即材料的取舍与应用文主旨之间的关系是紧密的，材料必须充分支撑观点。材料的实质与表达主旨之间不能出现悖反。如一份表扬某村是计划生育模范村的文稿，使用的材料是：该村十五年只生育了一个人口。事实是：该村是贫困村，小伙子无法找到对象，十五年只有一位小伙子找到了对象。这段材料是真实的，使用也是真实的，但这段材料只能说明该村的贫困现象，不能说明该村是计划生育模范村。

3. 写作格式的模式性

写作格式的固定是应用文的显著特点。它的形成，一方面是因为约定俗成，是历史留传、人们习以为常、共同遵守的，任何人不可随意违反它的固定格式，否则就是不伦不类的，就达不到应用文的写作目的。当然随着社会的发展和进步，一些陈旧的约束人们精神甚至是反映封建尊卑压迫关系的繁文缛节的格式，我们要敢于突破，敢于创新。日常应用文的格式主要是约定俗成的。

应用文格式形成的第二个原因是法规使成，即国家相关法规对文件的格式进行规范，公文的格式就是法定使成的。

4. 行文目的的特定性

文学作品的对象模糊不清，作家在写作时确立的读者对象是泛泛的，并没特定的读者。而应用文则不同，它的对象是十分明确的，写给谁看的，行文者一清二楚。一般的书信类自不必说，就是海报、启事也是以其特定的读者为写作对象的。就写作目的而言，日常应用文也是明确的，它就某一个事件为其主要内容，发文所希望达到什么样的结果也是明确的。因此日常应用文写给谁、写些什么、达到怎样的效果，事先是已知道的。

5. 内容有较强的时效性

应用文总是针对工作、学习或生活中所出现的具体事情而写的。往往是问题已摆在眼前或即将发生，必须想办法处理或解决时才使用的。如开会要先写通知，请假要先写请假条，入党、入团要先写申请书等。强调这种及时性是日常应用文的基本特征。

6. 语言要朴实、简明、准确

应用文不是文学作品，语言一般要求朴实、简明、准确。说明清楚而不书面化；表达准确让人一看就懂，不拖泥带水，要条理清晰。一般应用文无需做什么修饰，也要少用形容词或描述性的句子，更不可用什么比拟或夸张等修辞方法。

应用文是人类在长期的社会实践活动中形成的一种文体，是人们传递信息、处理事务、交流感情的工具，有的应用文还用来作为凭证和依据。随着社会的发展，人们在工作和生活中的交往越来越频繁，事情也越来越复杂，因此应用文的功能也就越来越多了。

四、应用文的作用

应用文是一种工具，应用文最基本的特点就是“用”。为用而写，有用才写，这是应用文与其他文章的最大区别。在不同的历史时期，应用文有着不同的作用。如果认真考察我国的历史，不难看出历代应用文对当时整个国家的政治、经济、文化、军事、外交等方面所起的作用。可以说，任何一个国家，任何一个政党，任何一个部门或组织，使其行政、组织机构正常运作，使其不断发展、壮大，是离不开应用文的。在经济全球化的过程中，应用文最基本的作用，主要有以下几点：

1. 宣传教育作用

应用文具有宣传和教育作用。党和政府经常通过应用文，向有关单位和人民群众广泛宣传路线、方针、政策，指导并推动各项工作开展，以便使各部门按照客观规律办事，从而推动现代化建设。如若是法规性文件，对人们的行为起着规范和准绳作用。

2. 联系交流作用

古今中外大量的事实证明，应用文有着重要的联系、交流作用。在国家政府与国家政府之间，在这一党派与那一党派之间，在国家与国际组织之间，都是通过应用文进行交流、沟通，达到互相了解、理解、信任，实现相互合作、共同发展的目的。在经济全球化、新鲜网络化的今天，应用文发挥着更重要的作用。应用文中的每一文种，只要一经成文发布，就是一种信息，及时捕捉、利用这种信息，在激烈的竞争中就获得了主动权，就能创造和把握更好的机遇发展自己、壮大自己。应用文既有信息的告知作用，又有信息的交流作用。

总之，应用文是沟通上下的渠道，联系左右的桥梁，它把上下左右联系在一起，使之形成一个有能力的统一的整体，从而推动各项工作有序、顺利地进行。

3. 依据、凭证作用

应用文是发源和服务于实际生活的文字工具，所以刘半农在《应用文之教授》一文中把它和文学文做了一个生动而深刻的对比，说“应用文是青菜黄米的家常便饭，文学文是个肥鱼大肉；应用文是‘无事三十里’的随便走路，文学文是运动场上出风头的一英里赛跑。”前者虽然平凡，却是生活中不可缺少的。

具体而论，应用文的依据和凭证作用，主要表现在两个方面：

一是上级机关在制定方针、政策或做出决定、规定、计划时，有关领导人除了亲自深入到实际工作中调查研究外，一个重要的方面，就是依据下级机关上报的总结、报告、纪要、简报和秘书部门撰写的调查报告等应用文来进行决策。

二是下级机关开展工作、处理问题、解决矛盾时，上级机关发布的有关“决定”“决议”“条例”“办法”等应用文，不仅成了他们办事的重要依据，而且成为他们解决矛盾、判断是非的凭证。

4. 管理指导作用

在贯彻党的方针、政策，进行有效管理时，制发公文、规章制度等应用文是惯用的主要渠道。尤其是应用文中的下行文，大都具有行政领导和行政管理的作用。这不仅因为应用文是国家政府或执政党实施领导、管理、指导、指挥各部门的有力工具，而且是国家或执政党方针、政策具体化的书面形式。

自我介绍

我叫×××，是××大学物流管理专业应届毕业生，性格开朗、思维活跃；拥有年轻人的朝气蓬勃，做事有责任心，条理性强；对工作充满热情，勤奋好学，敢挑重担，具有很强的团队精神和协调能力。在为人方面，我诚实善良、开朗自信，能够吃苦。在生活中，我尊敬他人，能够和别人友好相处，现在我唯一的不足就是应届毕业，还没有足够的工作经验，但我擅长快速学习新知识，并且对工作有高度责任感，能够全身心地为工作奉献。所以，我相信我能在很短的时间内胜任目前的这份工作，成为公司未来发展的好帮手，谢谢。

课堂练习

1. 什么是应用文？你能说出日常生活中见到的应用文吗？
2. 应用文有哪些特点？
3. 你能说出应用文的大致分类吗？
4. 应用文都有哪些作用？

写作训练

1. 试写一段自我介绍。
2. 抄录或自创一副对联。

第二节 应用文的主旨与材料

一、知识目标

1. 理解主旨的涵义与作用；
2. 知晓材料的涵义与作用；
3. 掌握主旨在应用文中确立与显示的方法；
4. 学会材料的处理方法。

二、能力目标

1. 能准确概括应用文的主旨；
2. 能恰当运用应用文的材料。

三、素质要求

养成积累材料的好习惯。

感谢信

××部队全体指战员：

我省今年遇到特大地震灾害。在万分危急的情况下，你部全体指战员发扬了无私无畏的战斗精神，同我省人民并肩作战，赢得了抗震救灾的巨大胜利。你们这种勇于牺牲、顽强拼搏的精神值得我们学习。为此特向你们表示衷心的感谢！

我们决心在党中央的领导下，努力工作，领导全省人民搞好灾后建设，尽快恢复生产。以实际行动报答你们的支持和关怀，为祖国的繁荣昌盛而努力奋斗。致以

最诚挚的谢意！

××省人民政府

××××年××月××日

评析》

这是一份感谢信，主旨是××省人民政府感谢××部队，感谢他们在抗震救灾中给予的巨大帮助。但是行文简短，没有抗震救灾的具体事件，材料稍显不足。

一、应用文主旨的涵义及其作用

（一）主旨的涵义

主旨是作者在说明问题、发表主张或反映生活现象时，通过文章的全部内容表达出来的

基本观点或中心思想。又称“意”或“主脑”等。课题或论题是指文章写作中研究和讨论的问题。前者一般指科学论文的研究对象，后者指议论文的论证对象。题材是主题的承载物和出发点。主旨是题材的聚焦点和总归宿。它们是主次、表里、虚实的关系。主旨指应用文的中心意思，是作者的意图、主张或看法在文中的体现。

（二）主旨的作用

1. 主旨是文章的灵魂

主旨是指应用文的行文目的、文本内容或对客观事物的态度等。主旨在文章中起主导作用，主旨是否正确、深刻、新颖决定着应用文书质量的高低，价值的大小，作用的强弱，影响的好坏。

2. 主旨是文章的统帅

从主旨与材料的关系看，主旨决定着材料的提炼与取舍。从主旨与结构的关系看，主旨决定着文章的布局谋篇。从主旨与语言的关系看，主旨影响着文章的遣词造句。应用文的主旨与其他要素相比处在统帅的地位，材料的取舍、结构的安排、语言的运用、表达方式的选取都要围绕着它进行。对应用文主旨的要求是：正确、直露、单一。

（三）主旨的确立

1. 主旨必须正确

在当代，主旨正确就是符合党的路线、方针、政策及国家的法律法令。

2. 主旨必须明确

应用文主旨明确在于开宗明义，直截了当，不能转弯抹角地表达，否则就会有碍于事务的处理。

3. 土旨必须单一

应用文主旨要求一文一事，体现一个基本思想，主旨的单一，主要是指主旨聚焦的清晰性和方向性。

4. 主旨必须深刻

主旨深刻是指从日常生活中人们司空见惯的事物中提炼的主旨，具有能准确地揭示出事物本质的高度概括力和深广的社会涵义。主旨的深刻性绝不会从事物的底层自己浮现出来，而要靠作者或读者的思想透视或烛照，才能显示凸现和清晰起来。

5. 主旨必须新颖

主旨新颖是指写文章要有新意。其一是主观上要有自己的见解，能给人以新的启示；其二是客观上迫切需要的，具有时代感。

（四）主旨的显示方法

1. 标题明旨

如《××市人民政府关于加强“门前三包”责任制管理的通知》，便是标题点明主旨。

2. 开宗托旨

在正文的开头主旨句来显示写作主旨，即开门见山、开宗明义。通知、通报、通告、报告、规章文书等常用此法。

3. 篇末点旨

在正文的结尾点出主旨，可谓是“卒章显志”。

4. 呼应显旨

正文开头与结尾呼应，以此来突出主旨。

5. 转换揭旨

在内容重大的转换处揭示主旨，可说是撷取片言以居要。

6. 小标题显旨

把主旨分解成几个部分，每个部分用一个小标题来显示。

二、应用文材料的涵义及其作用

（一）材料的涵义

应用文书的材料，是指为了写作应用文书而采取的，用于提炼、确立，表现写作主旨的事实和观念。具体地说材料是指撰写者为表现应用文主旨时所搜集、摄取或写入文中的一系列事实、数据或论据。

（二）材料的作用

材料是应用文写作的基础，如果说主旨是应用文写作的灵魂，那么材料就是应用文的血肉。没有材料，主旨就不能确定。应用文的材料主要分为理论材料和事实材料两大部分。理论材料主要有方针、政策、各种法律法规及科学原理、定律、学说等；事实材料主要有事件与情况、实物与现象等。

具体地说，材料有以下几方面作用：材料是写作的前提；材料是形成主旨的基础；材料是说明主旨的支柱。

（三）材料的处理

材料与写作休戚相关，应用文从搜集材料到文章定稿，实质上是一个搜集、分析、综合、选择、排列、组合材料的过程。对材料工作要抓好以下四个环节：

1. 搜集材料

根据特定的写作目的，应用文搜集材料要做到丰厚典型。所谓丰厚，指力所能及，全面占有材料。所谓典型，指材料能够揭示事物的本质，代表事物的特征。丰厚指的是材料的数量，典型指的是材料的质量，没有一定的数量，也无所谓质量。二者是辩证统一的。

应用文搜集材料的途径主要通过直接获取与间接获取。直接获取是指作者亲自从现实生活中获取。如运用观察、实地调查、访问、问卷、开调查会等方法直接搜集材料。间接获取是指作者通过某种传播媒介所获得的材料。如各种记录、报表、统计数字、报刊、书籍、部门或单位的档案等获取大量的间接材料。

2. 分析材料

搜集到大量的材料，明确了写作的主旨，接下来就是分析材料的真伪。材料的真实是应用文写作的生命。分析材料的真伪主要从两个方面：一是分析材料的客观真实性。材料的客观真实是指作者不能根据需要随意编造，不能移花接木和虚构、夸张。二是分析材料的本质真实性。材料的本质真实是指现实社会中，有些偶然的个别现象，从局部看，它确实存在于客观实际，是真实的，但就整体而言，这些偶然的、个别的真实现象却不能反映事物的整体面目和内在本质。因此，在分析材料客观真实性的基础上，作者还必须分析材料的本质真实性，以便及时剔除那些不能反映事物本质真实的虚伪材料。分析材料的总原则是：去粗取精，去伪存真，由此及彼，由表及里。

3. 选择材料

选择材料是指在搜集和分析材料的基础上对具备候选资格的材料进行筛选取舍。经过分析的材料，并不能都写进应用文中，还须按照一定的原则对其进行筛选。选择材料是分析材料的深化。应用文选择材料主要是根据主旨需要选择那些典型、真实、新颖的材料。所谓典型材料是指能够集中、深刻地表明事物的本质及共性，同时又带有鲜明的个性色彩，“以一当十”的材料。所谓真实材料是指材料既是生活中客观存在的事实，又要能反映客观事物的本质和主流。新颖材料是指材料具有新鲜的意义，思想有一定的深度，同时又具有很强的感染力、吸引力。新颖材料有两种情况，一是这个材料是以前没有人用过的，二是以前虽有人用过，但自己用时却发掘出新的涵义。

具体说材料选择可用以下几种方法：

类化法：这是按材料的共同属性和特征将纷繁的材料进行梳理和归并，并使之显出类的特点。筛选法：这种方法强调对材料的选用不能停留在一般意识上，要反复多次地鉴别、筛选。浓缩法：这是把有价值但又非常详尽纷繁的材料加以压缩，使之更为凝练，更突出精华的方法。截取法：这是选用一个完整事件的片断或一个完整事物中的部分去表达观点的一种删繁就简的处理材料方法。叙事性较强的应用文书，如简报、通报、常用此法。

4.使用材料

选择好材料之后就要进行合理的使用，主要从三个方面考虑：一是安排好材料的先后顺序，安排好材料的先后顺序就要依据表达主题的远近，依据读者认识由浅入深的特点来安排。二是确定好详略程度，详略是指表述材料以说明观点时用笔的繁简、轻重、疏密等，一般来说，重要的、具有的、新的材料宜详；次要的、概括的、旧的材料宜略。三是注意文体的适应性，根据主旨的需要对材料要采取适当的文体表现形式。

四川长虹危情自救八天记

2008年是位于四川绵阳的长虹集团成立50周年，当这个见证着中国制造业发展历程的老厂正在思考以何种方式庆生时，一场始料未及的灾难降临。从5月12日至19日，长虹经历汶川大地震已8日。

联系中断

13日早6点30分，长虹驻北京的工作人员小谢起身便一直在拨打总部电话。地震后，总部领导的手机一直无法拨通。14日后，总部领导电话终于接通，电话那头传来的声音似乎让小谢轻松不少。长虹总部给出的受灾情况是，无重大人员伤亡，但有一定的财产损失。

北川救灾

其实，12日下午地震后两小时，长虹就成立了赈灾指挥部，封锁了厂区。由于通讯中断，长虹傍晚7点才得知距绵阳不远的北川县城灾情十分严重。董事长赵勇立即做出决定，在公司开展自救的同时，组织一支突击队前往北川。晚上11点30分，500多名长虹员工组成的救援队突破道路遇阻的困难，跑步到达北川县。这是大规模支援力量抵达前第一批到达北川的救援队伍。

安置灾民

“不能了解外界的消息会很恐慌”，长虹在地震后第一时间把此前当作电视机赠品的电池和可以当作广播的无线耳机都作为救灾物资发给灾民。12日地震当天，长虹便搜出库存的数百只LED手电筒和数千只电池，提供给绵阳市抗震救灾指挥中心。然而，北川灾情比想象严重，北川中学近3000名学生中，只有1200多名生还。“长虹安置了这些学生，并有人员24小时看护”，长虹企划部部长何克思表示。

逐步复工

15日，长虹各个生产岗位上的领导到岗，组织恢复生产。16日早，长虹在绵阳当地的彩电、空调、冰箱以及PDP生产基地全面恢复供电。何克思表示，长虹已安排处于广东、江苏、长春等地的生产基地调整生产计划，增加产量。

5月16日下午4点，长虹公司在绵阳长虹家电城601厂房彩电生产线上举行了简短的灾后复工仪式。这标志着长虹集团已进入生产恢复阶段。

重建校园

按照长虹19日的公告，除空调生产线部分恢复生产外，其余各生产线和子公司均基本恢复正常生产。好消息同时传出：5月19日上午10点，被长虹安顿在长虹培训中心的北川中学高三学生复课。

正式复课前，赵勇带着从地震废墟中找到的完好无损的“四川省北川中学”校牌来到了北川中学学生面前，“6.5万名长虹员工都是你们的亲人！我们要照顾你们的生活，我们要逐步帮助所有年级的同学们复课，我们要为北川中学建立一座新的现代化中学！”

评析 》

这是报道一个知名企业在特大地震灾害中表现出来的自救和施救。虽然是经济新闻，但从地震事件中，发掘出了大型国企的政治觉悟，这是一个很重大的主题，对于作者来说选择了全新的角度，而且这种政治觉悟是建立在捐赠物品、安置学生、承诺建校的具体事实材料的基础上的。

课堂练习

1.应用文主旨有什么作用？应用文的主旨有哪些显现方法？

2.应用文材料的选择有哪些具体方法？

写作训练

1.阅读教材，挑选后面章节中的例文，归纳其主旨？

2.阅读报纸，选择一篇消息，指出主旨的显现方法？

第三节　应用文的语言

一、知识目标

1.掌握应用文语言的特点；

2.熟悉应用文语言的风格；

3.了解应用文的表达方式。

二、能力目标

1.能正确运用不同表达方式拟写应用文；

2.能恰当使用应用文程式化用语。

三、素质要求

培养应用文的语感。

例文1

面试通知

蒲公英爱心支教协会感谢大家的积极参与和支持，在此次寒假支教的志愿者招募说明会后，我们共收到了300多份简历。经过支教协会负责人们的认真筛选，为了给尽量多的同学以机会来展现自我，我们特从300多份简历中选出了近60名同学参加我们的面试。

本次面试安排如下：

一、面试时间：11月28日（周一）18:30

二、面试地点：××大学××校区四教5楼507教室

三、面试要求：每个人限时3分钟，内容：1分钟的自我介绍+2分钟的说课

四、面试人员分四个小组进行，具体分组情况如下：

一组（15人）：汪凤、吴萍、文慧、余蕾、黄倩、张晓凤、罗蒙、龙思宇、许俊婕、汪倩瑜、汤凤、鲜映娇、代易荣、徐红丽、程时速

二组（15人）：伍妍玫、陈欢、王梅、钟卉、唐小艳、张虹、徐瑞访、毛芳丽、余宇姝、方庆、陈丹丹、程晓梅、梁霄、齐敏、李凤

三组（15人）：蒋莎、滕娇、张佳捷、袁慧、徐迟、郝臻毅、钟方梅、余蕊妓、刘丽君、杨莲、张智敏、程玉婷、龙华、普琼、沈娟

四组（15人）：陶江、王小杨、黄学强、黄凯、姚荣辉、张兴波、黎志、朱洋、郭洪伟、徐红伟、任聪、王明睿、唐博、周紫盛、余景锋

恭喜以上同学通过蒲公英爱心支教协会的初选，并参加我们的面试！

注意事项：

1.每位同学需准时到达面试地点参加面试。

2.每位同学要记住自己所在的面试小组，按组进行面试。

3.由于面试人员很多，所以请每位同学在面试时把握好时间，不要超时。

××大学蒲公英爱心支教协会

2013年11月16日

例文2

录取通知书

×××同学（准考证号××××××××××××××××）

通过全国普通高等学校入学考试，你已被××工程职业技术学院化工系××××××专业录取，请于2015年9月1日到2015年9月2日间，携带户口本、本人身份证及本录取通知书到该院办理入学手续。

××工程职业技术学院（公章）

2015年8月8日

评析

从语言上讲例文1比较委婉细腻，体现该通知发出人或组织志愿慈爱的社团宗旨以及细致周到的服务意识，例文1有的只是高效快捷的风格，符合公司追求效益的目的和理念。

相对来说，例文2虽然也有些程式化，但其中多少有一点礼貌的韵味，比如提示携带相关证件。但在用词上有值得商榷的地方，比如第二人称是否可以用“您”，最后“到该院……”的“该”字使用是否恰当？因为发文者若使人称语气保持一致，此处的“该”字是否应使用“我”字？

知识点击

一、应用文的语言特点

应用文的语言不同于文学作品的语言，有自身的特点。由于应用文的价值主要在于实用见效，讲究在实践中的具体用途和效果，用词准确是写文章的基本要求。但是，在长期的学习、工作或生活中，除了专业作家、文学爱好者或专业人士之外，较少有人会在写文章时精心雕琢文字，不少人往往把用词准确简单地理解为写文章时只要不出现错别字，语句通顺，没有病句就可以了。

应用文不必也不允许追求想象的丰富，情节的奇特，辞藻的华丽，它的语言具有准确、简洁、朴实同时不失生动的特点。一切文化都包含在语言之中并借助语言来表达，语言全面地储存着文化的整体信息。应用文与社会生活息息相关，其语言有着深广的文化内涵。一般来说，应用文主要有以下几个方面的特点：

1. 准确

准确是指用词要切合语体，语言要准确连贯，逻辑性要强，造句要合乎语法。准确是应用文语言的基本要求，准确是应用文的生命。应用文的语言首先要做到用词准确，限定界线范围清楚。有时巧用模糊语句也是准确表达的一种方式，而且非常必要。

2. 简练

简练是指语言的简洁和精练，用最少的文字表达最丰富的内容，就是我们常说的“文约而事丰”。这就要求取消套话、空话，多用陈述性，少用描写性，适当运用缩略语，恰当运用文言词。

3. 质朴

质朴就是平实、浅近、通俗。应用文的语言通常不用夸饰性语言，杜绝虚妄不实之词，拒绝大量华丽辞藻的堆砌，不进行过分的渲染，避免使用生僻词句，保持写作的严肃性。

4. 得体

应用文的语言是为特定的需要服务的，要受到明确的写作目的、专门的读者对象、一定的实用场合等条件制约，因此语言使用一定要得体。颁布政令要庄重严肃。请示、申请要委婉平和。批评表扬要持之有据、分寸恰当。广播稿的语言要通俗化、口语化，尽量使用短语，避免用长句。解说词是供群众听的，读起来要上口，听起来要顺耳，要用形象的文学语言描绘所解说的事物和形象，感情要充沛，还可使用记叙、描写、说明、议论、抒情等综合表达方式。要正确使用应用文的习惯语，切实弄清它们的涵义和用法。如信函中的称谓、问候和致敬语要正确使用。

二、应用文的表达方式

表达方式，是行文时对有关内容进行表达时所采用的表述角度与方法。应用文的表达方式通常只有：叙述、议论和说明。

（一）叙述

叙述是对人物的经历和事物发展变化的过程做出介绍和交代。这里介绍几种常用的叙述方法：

1. 概述、详述、散叙

概述就是概略叙述某一状况、某一过程的基本面貌，使读者能了解个概要，这种叙述方法在应用文中运用最多。

详述是详细叙述某事物的基本面貌或某一事件的具体过程，使读者有个细致的了解。如产品说明书、调查报告等。

散叙是把许多不同时间、不同地点发生的事情，紧紧围绕着一个主旨，分别进行叙述。应用文中的散叙，多是把并列的几件事或者是几个部门、单位、个人的事情分别叙述出来。

2. 顺叙、插叙、倒叙

顺叙是完全按照时间先后或事件的发生发展过程来安排段落层次的一种写法。用这种方法，可以把事物发展的过程叙述得头尾清楚，层次分明。如情况通报、工作总结等。大体上是这种写法。

插叙是指在叙述主要事件的过程中，有时需暂时把叙述的线索中断一下，插进有关的另一件事来叙述，插叙部分完结后，再接上原来的线索继续进行的叙述。插叙，有时是为了补充主要事件，有时是为了突出人物性格，有时是对某些问题作补充说明。如调查报告或某些叙述性的公文，在叙述到某一内容时，常插入对另一内容的叙述。插叙可以补充材料，丰富内容，使文章更加充实。

倒叙是先写事情结局或事件的某一重要情节，然后再按事件的发生发展过程进行叙述。如总结、调查报告等，常常是先叙述成绩、结果，然后回头再叙述工作进展，过程及经验。用这种方法，可以强调结局，突出重点。

叙述是一种“易学难工”的表达方式。应用文的叙述一定要做到：一是条理清楚。应用文不是完整的记叙文，多数只是叙述一个情节、一个片断、一个过程，所以，线索不能繁杂，主线必须清楚、鲜明，叙述的人称也要注意。二是交代明白。叙述的目的，在于述说和交代文中的基本内容。叙述的六要素不一定在文章中一一写出来，但事情的来龙去脉一定要叙述清楚，交代明白。三是详略得当。叙述要抓住重点，分清主次。凡是对表现主旨起重要作用的，就必须详写；凡与主旨关系不大的，就应略写。只有详略得当，文章的重点才会突出，主旨才能鲜明。

（二）说明

说明，就是简明扼要地把事物的形状、性质、特征、成因、关系、功能等解说清楚，或把人物的经历、特点等表述明白。应用文常用的说明方法有：

1. 定义和解释

定义说明，是指用简洁而明确的语言把事物的本质属性揭示出来，给人以清晰的概念。定义说明既能使人们对被说明的事物有一个明确的本质的了解，又能使人们把该事物与其他事物区别开来。

定义说明虽然能够比较科学地揭示事物的本质属性，但是由于它的概括性太强，比较抽象，对事物、现象的特点难以说得具体详尽，所以常常需要用解释说明来补充定义说明。

解释说明，是对概念进行详细解说，它是对定义的补充说明。通常是位于定义之后。各类科研文书和专用文书常用定义说明和解释说明。

2. 分类和举例

分类说明，是将被说明的对象，根据它们的性质、形状、成因、关系、功用等，按照一定的标准分成不同的类别，然后逐类说明。

举例说明，是举出突出实例来说明事物。它是通过个别认识一般的一种方法，给人以实感。举例说明要精心选择例子，做到事例典型、有代表性，有启发性。应用文中的论文、总结、报告、调查报告、通报等常用举例说明。

3. 比较和引用

比较说明，是将不同的事物加以比较或将某事物本身的不同情况相比较的一种说明方法。比较包括类比和对比。比较时突出事物之间相似的地方，这就是类比；突出事物差异的地方，就是对比。

引用说明，是说明事物或事理时，必要地引用一些与说明有关的权威性资料来加以说明。引用，可以为证明服务，证明作者言之有理，让人信服，也可以为说明服务，充实内容或作为说明的依据。引文必须贴切，有针对性。引用资料要认真核实、注明出处。

4. 数字与图表

数字说明，是用数字来说明事物和事理。数字说明，包括用约数、倍数、百分比等。运用数字说明，必须认真核实数字，做到来源可靠和准确无误。即使是估计数字，也要有根据，力求切近。

图表说明，是借助插图、表格、照片来说明事物的本质和特征。图表说明能使说明对象由抽象变具体，便于读者理解和掌握，但用图表说明时，要注意配有适当的文字加以说明。

以上八种说明方法，在应用文中经常交替使用，它们没有高低之分。写作时要从实际出发，根据说明的内容、读者对象和写作目的的不同，灵活运用。

（三）议论

议论是通过摆事实、讲道理，来阐明观点的表达方法。议论，一般说来是由论点、论据、论证三个要素构成。论点，是作者对所论述的问题提出的主张、看法和表示的态度。它常常是议论的主旨，或称中心论点；论据，是用来证明论点的理由和依据，它主要是议论中的事实材料，它是议论的基础；论证，是以论据证明观点的过程和方法。应用文中适当运用议论，可以深化主旨，点明事情的实质，还可以超越所要议论的事物本身，让读者发挥联想。常用的论证方法有：

1. 举事例论证

举事例论证，是用典型的具体事实作论据来证明论点。也是“摆事实”的方法。举事例论证，最重要的是注意论据和论点关系的一致性和紧密的统一性。

2. 对比论证

对比论证，是将论据中截然相反的两种情况进行比较，形成鲜明的对照，互为衬托，具有很强的论证力量。对比论证的方法有两种情况：一种是“横比”，是把同一时期的两种性质截然不同的事物进行比较；另一种是“纵比”，是把同一事物在不同时间的不同情况进行比较。

3. 类比论证

类比论证，是将性质特点相近的事物放在一起比较，从而达到准确认识事物的目的。

在应用文写作中，把一些规模、条件彼此相似的单位、企业进行比较的方法，运用得比较普遍。

以上是三种最基本的论证方法，此外还有事理引申法、反证法、分析法等，就不一一介绍了。

应用文中的议论要以事实为依据，以法律为准绳，就事论理，简明扼要。除了学术论文以议论为主外，一般应用文的议论都不是长篇大论，不需要旁征博引，反复论证。

叙述、说明、议论是应用文常见的三种表达方式，阐述时只是为了方便才分开说明。在应用文写作中单一运用某种方式的不多，往往是以某一种表达方法为主结合运用其他方式。

廖承志致蒋经国先生信

经国吾弟：

咫尺之隔，竟成海天之遥。南京匆匆一晤，瞬逾三十六载。幼时同袍，苏京把晤，往事历历在目。惟长年未通音问，此诚憾事。近闻政躬违和，深为悬念。人过七旬，多有病痛，至盼善自珍摄。

三年以来，我党一再倡议贵我两党举行谈判，同捐前嫌，共竟祖国统一大业。惟弟一再声言“不接触，不谈判，不妥协”，余期期以为不可。世交深情，于公于私，理当进言，敬希诠察。

祖国和平统一，乃千秋功业，台湾终必回归祖国，早日解决对各方有利。台湾同胞可安居乐业，两岸各族人民可解骨肉分离之痛，在台诸前辈及大陆去台人员亦可各得其所，且有利于亚太地区局势稳定和世界和平。吾弟尝以“计利当计天下利，求名应求万世名”自勉，倘能于吾弟手中成此伟业，必为举国尊敬，世人推崇，功在国家，名留青史。所谓“罪人”之说，实相悖谬。局促东隅，终非久计。明若吾弟，自当了然。如迁延不决，或委之异日，不仅徒生困扰，吾弟亦将难辞其咎。再者，和平统一纯属内政。外人巧言令色，意在图我台湾，此世人所共知者。当断不断，必受其乱。愿弟慎思。

孙先生手创之中国国民党，历尽艰辛，无数先烈前仆后继，终于推翻帝制，建立民国。光辉业迹，已成定论。国共两度合作，均对国家民族作出巨大贡献。首次合作，孙先生领导，吾辈虽幼，亦知一二。再次合作，老先生主其事，吾辈身在其中，应知梗概。事虽经纬万端，但纵观全局，合则对国家有利，分则必伤民族元气。今日吾弟在台主政，三次合作，大责难谢。双方领导，同窗挚友，彼此相知，谈之更易。所谓“投降”、“屈事”、“吃亏”、“上当”之说，实难苟同。评价历史，展望未来，应天下为公，以国家民族利益为最高准则，何发党私之论！至于“以三民主义统一中国”云云，识者皆以为太不现实，未免自欺欺人。三民主义之真谛，吾辈深知，毋须争辩。所谓台湾“经济繁荣，社会民主，民生乐利”等等，在台诸公，心中有数，亦毋庸赘言。试为贵党计，如能依时顺势，负起历史责任，毅然和谈，达成国家统一，则两党长期共存，互相监督，共图振兴中华之大业。否则，偏安之局，焉能自保。有识之士，虑已及此。事关国民党兴亡绝续，望弟再思。

近读大作，有“切望父灵能回到家园与先人同在”之语，不胜感慨系之。今老先生仍厝于慈湖，统一之后，即当迁安故土，或奉化，或南京，或庐山，以了吾弟孝心。吾弟近曾有言：“要把孝顺的心，扩大为民族感情，去敬爱民族，奉献于国家。”诚哉斯言，盍不实践于统一大业！就国家民族而论，蒋氏两代对历史有所交代；就吾弟个人而言，可谓忠孝两全。

否则，吾弟身后事何以自了。尚望三思。

吾弟一生坎坷，决非命运安排，一切操之在己。千秋功罪，系于一念之间。当今国际风云变幻莫测，台湾上下众议纷纾岁月不居，来日苦短，夜长梦多，时不我与。盼弟善为抉择，未雨绸缪。“寥廓海天，不归何待？”

人到高年，愈加怀旧，如弟方便，余当束装就道，前往台北探望，并面聆诸长辈教益。“度尽劫波兄弟在，相逢一笑泯恩仇”。遥望南天，不禁神驰，书不尽言，诸希珍重，伫候复音。

老夫人前请代为问安。方良、纬国及诸侄不一。

顺祝

近祺！

廖承志

1982年7月24日

课堂练习

1. 下面是公文中的一段话，请将给定的三个词语准确的填在空白处。

我市设立燕山区，________报请国务院批准，________国务院的批准转发给你们。燕山区设立后，原石油化工办事处________ 撤消。（供选词语：现将、即予、业经）

2. 下面这段文字看一看改前改后有什么不同？体现了应用文语言的什么特点？

修改前：“考虑了景观和工程因素之后，我们将建筑位置定在离河最远的地方，或者如果这个位置不能够为大家所接受，我们将会聘请调查员考察一下其他可选的建筑地点。”

修改后：“考虑了景观和工程因素之后，我们将建筑位置定在离河最远的地方。如果该位置不为大家所接受，我们将聘请调查员考察其他可选的建筑地点。”

3. 下面是公文中一段话，请你指出哪一句是议论性表达方式？

做好对口支援三峡工程库区移民工作是搞好三峡工程建设的关键，是“功在当代、利在千秋”的一件大事。各地、各部门要采取措施，进一步落实对口支援计划并切实组织实施。在对口支援过程中，要及时总结经验，吸取教训，使全社会支援三峡工程库区移民工作深入持久地开展下去，为三峡工程建设做出更大的贡献。

写作训练

1. 请以学校团委的名义拟写一份奖励证书的文字内容，要求格式正确，语言简练。

2. 留意报纸上有关广告、启事一类的文段内容，试着仿写一篇同类体式的应用文。

第四节　应用文的思路与结构

目标要求

一、知识目标

1. 认识思路与结构的一般关系；

2. 明确应用文书写作的常用思路；

3. 掌握递进思路、并列思路和比较思路的用法。

二、能力目标

能够正确运用恰当的思路写作应用文。

三、素质要求

能够清晰辨别应用文的结构类型。

例文

自荐信

××总编先生：

打扰了！我是××大学中文系即将毕业的本科学生，看到贵刊在《××晚报》上的招聘启事，禁不住激动的心情，提笔向总编先生自我推荐。

我学的是新闻专业，到目前为止，全部学业都已圆满完成，成绩优秀。我在上大学期间，是学校通讯社的主要成员，有过新闻采写的实践经验，并且有两篇报告文学《××××》和《××××》发表在《中国教育报》副刊上。我的毕业论文是《试论新闻采访中的×××》，指导教师已向我校学报推荐发表。大学四年，奠定了我从事新闻工作的理论基础，即将毕业之际，我渴望得到实践锻炼的岗位。

贵刊是一个享有广大读者的读物，编辑部一定也是一个生机勃勃的团体，我非常希望加盟成为其中一员。我自信，我能为贵刊做出贡献。热切地期盼着您的答复，顺附上一份我的简历及发表文章的复印件。谨候回音。

祝

一切安顺！

自荐人：××敬上

××××年××月××日

附件：个人简历

评析》

这封自荐信，符合一般书信的格式要求。标题、称呼、正文、结尾、署名、日期、附件都有。问候时，说一句“打扰了”，比用“您好”这样的问候语好得多，因为双方素不相识。正文开头表明自己的身份和写信的目的，接着介绍本人的情况，特别是专长与优势，让人感到能说会写，积极主动，具有一定的工作能力，既充分介绍了自己的长处，又不夸大其词，的确吸引人。结尾强调自己的愿望，盼望对方接纳与答复，态度诚恳真挚。全篇中心明确，语言得体，思路清晰，结构完整。

知识点击

一、思路的基本涵义

人的思维与语言紧密联系。语言是思维的载体，人需要借助语言进行思维。丰富我们的语言，就相当于打磨了思维的“武器”。思路，是思维活动的运行轨迹。文章思路，就是作者构思文章时，有规律、有条理、有方向、连贯的思维过程的“路线”。

由于人们的思想观念、生活经历、文化素质、才情禀赋各不相同，写作目的和对文体的认识掌握存在差异，对问题的思考方法、习惯也有所区别，这些情况反映到文章里，就表现为文章的不同思路和形态。思维是具有意识的人脑对于客观现实的本质属性和内部规律做出自觉、间接和概括的反应。按照思路写成文章，就是所谓的组织结构。应用文的写作主要沿逻辑线和时空线展开思路。文章的思路，应当是作者整体思维、系统思考的结果。

二、应用文的常用思路

应用文书写作构思主要是运用逻辑思维进行。

（一）递进思路

递进思路是认识事物或事理由浅入深、由表到里、由低到高、由小到大、由轻到重，层层递进、循序渐进的一种思维方法。

递进思路的作用：可以深入地、清晰地阐释某些比较复杂的事理，说明某些比较复杂的关系，有助于深刻认识事物的本质属性，使文章达到一定的深度。

递进思路的顺序不能随意调换。例如，《××集团公司财务管理混乱的现状亟待改变》的调查报告，就是典型的递进思路。

××集团公司财务管理混乱→“财务管理混乱”导致乱账多，员工主人翁精神衰弱→财务管理混乱的原因→采取有力措施抓好财务制度

（二）并列思路

并列思路是运用平等、平行、并列的思维方式认识和对待事物或事理而形成的思路。并列思路将事物或事理平等看待，横向发展。如通知、决定的诸多事项、规章文书的许多同类条文，许多体现的都是并列思路。

（三）比较思路

比较思路是运用比较和鉴别的思维方法而形成的一种思路。比较思路是应用文书写作的常用思路之一。比较的标准（简称比标）要一致。要注意抓住事物的本质特征进行比较。注意比较的灵活性，根据实际情况和写作需要，从多角度、多方面对事物进行比较。

（四）归演思路

归演思路就是归纳法和演绎法，这也是应用文写作常用的思路。

1.归纳法

归纳，是从两个以上个别的、特殊的事物或道理的共同属性中，推出同一类事物或道理的普遍性结论的推理方法。它是从个别到全体、从特殊到一般的思维方法。应用文书写作运用这种思维方法便形成了归纳思路。归纳常有以下几种方法：

（1）完全归纳法。即穷究同类事物中所有个别事物的共同属性，推出普遍性结论的方法。这种方法不允许漏掉任何一个性质相同的个别事物。

（2）简单枚举法。即根据对某类事物部分对象的概括，推出一般性结论的方法。这实际上是不完全归纳法。

（3）科学归纳法。即由某类事物部分对象与某种属性具有的必然联系，而推出这类事物全都具有这种属性的方法。

2.演绎法

这是从普遍性的前提推出特殊个别性结论的思维方法。它与归纳的思维方向正好相反。

例如《××市××局关于机关干部勤政廉政的规定》写道：

“廉洁奉公是党的优良传统，是党的根本宗旨的具体体现，是党取信于民的根本保证，也是机关干部应具备的职业道德。只有做到高效廉洁，党的工作才能得到群众的信任和支持，党的事业才能得到群众的关心和拥护，党和政府才有可能带领和团结大家同心同德，共渡难关，深化改革，实现发展……。”

这里采用的就是演绎思路。在说理性较强的应用文书中，较多运用演绎思路。运用演绎法时，作为根据、前提的一般性结论必须正确无误，才能进行直接演绎。

归纳和演绎既是两种方向完全不同的对立的思维方法，又是互相依存的辩证统一体。

（五）总分思路

总分思路是运用分析和综合两种思维方法而形成的思路。分析就是把事物分成若干部分，分别加以研究，由总到分，化整为零。综合则是把事物的各个部分联合起来，从整体上加以考察，也就是由分到总，集散为整。综合的过程，就是对实体事物组合、对抽象事物概括的过程。文章要点面结合、铺陈展开，构思时要善于分析客观对象，在分析的基础上善于综合。

（六）因果思路

因果思路是运用探因和寻果的思维方法形成的思路。在应用文书写作中，根据写作意图和受众接受心理，常常采用由果溯因的思路。

（1）因果分析。要全面分析导致结果或现状的原因。抓住主要的、根本的原因，同时也不忽视次要原因。要深刻地分析产生结果的原因。

（2）因因分析。即深入分析，从原因中去探究产生原因的原因。例如：

某厂生产的传统产品出现销售疲软势头，厂方要求做出调查并写出市场销售情况的调查报告。

① 通过调查，发现销售疲软是存在广告宣传不力、营销渠道不畅、产品包装陈旧、产品式样单一、产品质量下降等多种原因。

② 经过分析研究，认定其中质量下降是关键。

③ 进一步分析，发现质量下降的原因是生产第一线工人不顾质量，检验工不负责任。

④ 又深入分析，发现造成这种状况是管理不善，制度不严，职工普遍缺乏质量意识。

⑤ 再追本溯源，发现根本原因是厂领导班子缺乏市场优胜劣汰的竞争意识，只抓产品数量、产值，忽视产品质量。

经过这样层层深入分析，找出了深层次的根本原因，一一提出了“领导重视，狠抓质量，注重宣传，打通渠道”的对策，使产品销售重新出现了增长势头。

应用文书写作常常会综合运用几种思路成文。

三、应用文的结构

文章的结构，是作者认识客观事物的内部规律和事物之间相互联系的思想脉络在文章中的体现和反映，是作者按照主题的需要，对材料所进行的有机组合和编排，又称谋篇布局。一般来说，文章的结构具有两重涵义：一是宏观结构，即文章的总体构思、大体框架；二是微观结构，即对文章的层次、段落、开头、结尾、过渡、照应和主次的具体设计。

对文章来说文章结构具有一定的作用：一是使文章言之有体。“体”指体裁。应用文在长期的写作实践过程中，大都形成了比较固定的结构形态，也叫程式。二是使文章言之有序。合理安排结构，就是根据一定的思路，将零散的材料组织起来，使之条理清楚，成为一个有机的整体。三是使文章言之成文。通过精心安排结构，可以增加文章的文采，从而增强其可读性。

四、应用文结构的内容

1.层次与段落

层次是文章中作者表达主题的阶段和次序，是文章内容展开的次序。段落，又称“自然段”，是组成文章、表达思想最基本、相对独立的最小单位。安排层次有两种模式：纵式、横式。

2.过渡与照应

过渡是指层次与段落之间的衔接与转换，在文章中起着承上启下、穿针引线的作用。照应是指文章内容的前后呼应和关照，可以使文章结构周密严谨，浑然一体，还能使某些关键内容得到强调，突出主题。在应用文中，常用的照应方法有：首尾照应，文题照应，文中照应。

3.开头与结尾

开头是全篇文章的第一步，可以起到统领全篇，展开全文的作用。结尾是全文的收束和结局，能帮助读者加深认识，把握全篇，达到预期的写作目的。常见的开头方式有：目的式、根据式、原因式、概述式、结论式、提问式、引述式。常见的结尾方式有：自然收尾式、总结归纳式、强调说明式、希望号召式、专门结尾用语式。

五、应用文的结构类型

应用文结构的安排要有一定的原则：首先要服从表现主题的需要。主题是作者的写作目的、意图的体现，结构必须服从主题的需要，为表现主题、突出主题服务。其次要正确反映客观事物的发展规律和内在联系。应用文是对现实生活、客观事物的反映，客观事物总有一个发生、发展、结局的过程，作者对它的认识也遵循一定的规律。第三要适应不同文体的要求。文体不同，结构的样式和要求也会不同。

应用文的结构也有相应的要求：严谨自然，指文章结构精当严密，顺理成章；完整匀称，指文章各部分要配置齐全，比例协调，详略得当，完整合理，重点突出，符合格式要求；清晰醒目，大多数应用文不要求行文曲折波澜，而要求纲举目张、清晰醒目，以便读者把握要领或贯彻执行，所以常采用加小标题、写段首撮要、条目式等形式。

总体来说，应用文的结构包括以下几种类型：

（1）篇段合一式。一个段落就是一篇完整的文章，这种形式常用于内容单一的应用文书。

（2）两段式。这是内容简单、篇幅简短的应用文书常用的形式。篇段合一式中的结语部分单独列为一段，就可成为两段式。或把三段式中的结语部分省略，写作目的或缘由、行文事项各为一段。

（3）三段式。正文分为：目的或缘由、事项、结语。

（4）多段式。一般是开头概述情况、说明缘由、目的或依据；主体部分内容稍多，分别写为若干段；结尾单独成段或省略结尾段。

（5）分部式。这种结构形式容量较大，眉目清楚，头绪分明，用于内容较多、篇幅较长的应用文。如：工作总结、理论文章、调研文章等常用这种结构。文章分成几个大部分，每个部分就是一个层次，可用小标题或者序号列出。小标题可作为层旨句概括该部分中心，或可提示该部分内容范围。分部式常体现为递进式结构，因此需要注重各部分间的逻辑联系。

（6）贯通式。贯通式不分条文，不用小标题，前后贯通，以自然段落组成全篇。围绕中心，按时间顺序、事物发展顺序，或者认识顺序，抓住主要线索，比较完整地叙述或说明一个事项、一项工作、一个道理。一般适用于内容比较单一的叙述性或者说明性应用文书。

（7）条款（项）式。法规、规章文书多用这种形式。

六、思路与结构的关系

文章结构实质上就是作者思路的体现，文章的结构与作者的思路相对应或相统一的。张志公在《怎样锻炼思路》中曾提到“思路，这是关乎文章结构的最根本的东西”。文艺作品的这种反映和体现是曲折迂回的、深藏含蓄的；而应用文书的结构，通常是作者思路的直接呈现。

结构是文章的骨架，思路是文章的脉络，如果文章结构杂乱无章，则表明作者的思路杂乱不清；如果文章结构不严谨不清楚，则表明作者的思路不缜密不清晰。所以，下笔之前应先理清、理顺思路，这样才能使文章结构完整、条理清晰，从而更为准确地表达思想。

倡议书

尊敬的市民们：

大家好!

我是本市一名六年级的小学生，在这个美丽的城市中快乐的生活，已经有十多年的时间了，也算是本市的小市民了。每年每月，我都一如既往的踩着生活的音符，去观察城市的每一个角落，大到花博盛会，小到生活中的一景一物。仔细观察，便会发现它们其中的美，但也有不足。如我们美丽的校园，上课时，本应是朗朗读书声的海洋，但仔细听，不只有读书声，也有水龙头的哭泣，即便有提醒标语，但对部分同学来说，仿佛是一句空话，依然我行我素，如此，水龙头便在那里孤独的流泪。其实，只要我们处处留心，尽自己所能，就不会有“哭泣的水龙头”“失眠的电灯”等现象发生了。

此类事情虽小，浪费也不大，但自然资源是有限的，有限的资源不会再生，也许某一天早上，那些个水龙头再也流不出一滴水了。

资源，是地球赐给我们的礼品，是我们生存的根本，没了它们，人类怎么生活？所以，从身边的一点一滴做起，保护资源，从关掉水龙头开始。

倡议人：×××

××××年××月××日

课堂练习

1. 什么是文章的思路？

2. 应用文常见的结构有哪几种？

3. 文章的思路与结构是什么关系？

写作训练

1. 留意学校图书馆、学生公寓、餐饮中心、体育馆及大礼堂等公共场所张贴或悬挂的提示性标语或文明公约，注意分析其用语思路及篇章结构。

2. 为班级拟写一份开展爱老助残活动的倡议书。

第二章 日用文书

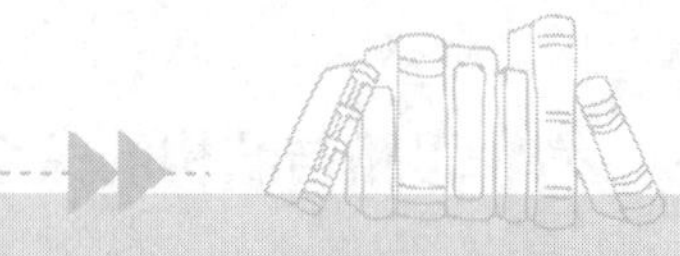

第一节 条据

目标要求

一、知识目标

1. 了解一般性条据的结构、写法及注意事项；
2. 掌握说明类条据的写法；
3. 熟悉凭证类条据的写法及作用。

二、能力目标

能够针对生活中一些需要条据写作的场景写出正确的条据。

三、素质要求

能够根据给定情景正确选择条据文种。

案例分析

例文

> 收到朱××人民币拾万元整，年利率15%。
>
> 魏××
>
> 2001年4月8日

2002年4月原告朱××持被告魏××出具的一份书面凭证到法院起诉，要求被告偿还借款10万元及利息15000元，该条内容如上。

一审法院经过开庭审理并报审判委员会研究认为，原告朱××主张被告魏××向其借款的书证是被告出具的收条，被告对自己出具的收条不否认。

从收条内容分析，按照日常的交易习惯，如果是出借人收到借款人所借款额时，不应有利息的约定，故可以认定被告出具的收条实质上为借款借据。

被告魏××辩解称原告朱××向其借款并已归还，事后原告为达到离婚目的而要求其补办收款收条。被告对其辩解主张应承担举证责任，现被告所举证据不足以证明自己反驳的主张，遂判决被告偿还借款本息，原告胜诉。宣判后，被告不服，提出上诉。

二审法院经审理后，认为当事人对自己的诉讼请求所依据的事实有责任提供证据加以证明。被上诉人朱××主张上诉人魏××借其现金10万元，并要求上诉人偿还，提供的主要证据为一份收款凭证，凭证上虽注明了利率，但并不能因此得出双方存在借贷关系的必然结论，而且该凭证并不明确为欠款凭证。此外，被上诉人朱××在原审审理中对其出借资金来源及相关内容作了伪证，此后提供的证人证言也不能直接证实其借给上诉人魏××10万元的事实存在，加之被上诉人朱××自己当庭陈述借款事实时前后说法不一，同时因上诉人魏××与被上诉人朱××自1998年来一直有经济往来，被上诉人朱××也曾从上诉人魏××处取款，因此，被上诉人朱××主张事实所举证据不充分，原审法院认定事实不清，适用法律不当。遂做出终审判决：撤销原判，驳回朱××的诉讼请求。

评析》

这到底是一张收条还是一张借条？看来，日常生活一张普通的条据也是非常重要的，它本身有着相应的法律效力，我们切不可随便处置，甚至当成儿戏。

本案的争议焦点就在于如何认定原告所提交的这张书面凭证。一审法院、二审法院完全不同的判断带给我们了更多的思考。

知识点击

一、条据的涵义、种类及用途

条据是便条和单据的合称，是日常生活中最常见而又最简便的说明类和凭证类的应用文的总称。常用的说明类的条据有请假条、留言条、托事条等；凭证类的条据有借条、欠条、领条、收条及收据等。作为起某种说明和凭证作用的条据，它们通常都有一个固定的格式。

条据的用途十分广泛，应该学会它。如因事、因病不能上学，必须事先告诉学校和老师，这就要写请假条了，否则就算旷课，旷课达一定数量，就会勒令退学或重新从低年级读起。去访问朋友，他不在家，也没别人帮助通知朋友，这时就可写个留言条，说明你来了，请朋友回来后主动同你联系。留言条也可写托别人帮你办什么事情。不会写这类便条，就会误事，浪费时间和精力。会写便条呢？自然就方便多了。至于凭据性的便条，如借条、收条、领条等，更有据约性质。因为这类凭据性的便条一旦写好交给别人，自己就要负责任，便条也就具有法律效应了。不会写收条，别人不会把钱、物交给你；不会写借条，别人不会把东西借给你；不会写领东西的领条，别人也不会把东西让你领走。因为他没凭据，他就得负责任。而且，这类单据、凭据等，还有较固定的格式，格式错了，也是不行的。因此，条据虽简单，也应学会写法。

二、条据的一般格式

在第一行中间写“借条”“欠条”“领条”“收条”等，表现条据的性质，同时也说明时间。如果是代收或代领等，则在“收到”或“领到”等的前面加上一个“代”字。

第二行开头写对方（个人或单位）的名字或名称。然后写物件名称、数量或金额。金额后面要写上“整”字，以防添加或涂改。

正文写完后，另起一行，空两格写“此据”二字，也可省略不写。

在条据的右下方写明所在单位的名称和经手人姓名（盖章）及写条据时的年月日。

三、不同条据的写法

（一）说明类的条据的写法

1.请假条

请假条是指因故需要请假而写给有关当事人的便条。主要说明请假的原因和时间。请假的原因，即理由必须充分并符合有关的规章制度。

请假条的格式与书本基本相似，分称呼、正文、署名和日期。

称呼。要顶格写，表示对对方的尊重。

正文。空两格写在称呼的下面，用最简单的文字写清请假的理由、署名和日期。正文下一行的最右边写上请假人的姓名，署名的下一行写上日期。如果由他人代笔，落款要署上代笔人的姓名，并写清与请假人的关系。

请假条

天天快乐购物有限公司：

我因与男友定于2009年1月18日举行婚礼，需享受婚假待遇，特向公司请假三天，请假时间自2009年1月17日起至2009年1月19日止。

恳望批准。

天天快乐购物有限公司营业部 营业员 刘××

2009年1月16日

2.留言条

在日常生活中，有事情要通知对方，或有事托付对方，对方不在，却又没时间等候对方回来，写张字条留给对方。这种字条就是留言条。

留言条的格式分为四部分：称呼、正文、署名和日期。

称呼要顶格写，字条留给谁就称呼谁。

在称呼下一行空两格写正文，简单明了的把你要给对方说的事情写清楚。

在正文下面写清楚谁留的字条，并在署名的下一行写清年月日。

留言条

小明：

因为爸爸晚上要加班，所以不在家吃饭了。你回家后先和妈妈吃饭，吃完后要认真做作业，要按时睡觉。

爸爸

2009年6月22日

3.托事条

托事条是指委托他人代办某事时所写的字条。写作格式比较简单，主要包括：

标题，即“托事条”，写在便条上面居中的位置。

称谓，即“被委托人”，要顶格写。

正文，办何事，即所托事项，有数字要大写；在正文末尾要有敬语。

结尾，即“署名”和“日期”，写在右下角。

托事条

陈×兄：

请您代为购买《世界短篇小说精选》贰拾本，尽快寄回，谢谢！

请托人：×××

××××年××月××日

（二）凭证类的条据的写法

1. 借条

标题：借据的标题可以由两种方式构成：

其一，直接由文种名构成。即在正文上方中间写上“借条”或“借据”字样。

其二，在第一行空两格后写上“今借到”作为标题，而正文的其他内容放在下一行顶格写，其实这是一种省去标题的借据的写法。

正文：正文要写明下列内容：

首先，从哪里得到了什么东西，数量多少。要写出所借的钱物的数目及物品的品种、型号、式样、规格等。借出方也需写清楚。从单位借出的钱物要写上所为何用。

其次，写明归还的具体日期或大致时间，有较为复杂的情况，则要写明具体归还的方法。

落款：要写上写借条者的单位名称和经手人姓名或借方个人的姓名。必要时需加盖公（私）章，以示负责。单位、个人名称前一般写上“立据人”或“借款人”字样。

在署名上还要写上借钱物的具体时间。年月日要写完整，不要只写月日。

基本格式如下：

借条

今向（单位或个人名称）借到（钱或物名称）共（数额或数量），（时间天数、月数或年数）后归还。此据。

立据人：（求借单位或个人）（签章或签字）

××××年××月××日

2. 欠条

欠条是个人或单位在欠款、欠物时写给有关单位或个人的凭证性应用文。欠条今天也有人称作“白条”，是在日常生活中常见的一种凭据类条据。

（1）欠条通常适用于下列几种情况：

① 借了他人或单位的钱物到时不能归还，或不能全部归还，有部分的拖欠，此时就需写张欠条。

② 在购买物品或收购产品时，因不能支付或不能全部支付他人的款项而要写张欠条。

③ 借了个人或公家的钱物，事后补写的凭证，也可以称作欠条。

（2）欠条可以有不同的分类。欠条从发文的角度看可分为两类：一类是单位欠个人或其他单位的钱物时所出具的欠条；另一类是个人欠他人或单位的钱物而写的欠条。从欠条的内容看，欠条还可以分为欠物条和欠款条两种。

（3）欠条写作要注意以下事项：

① 欠条是付还欠物、欠款或索要欠物、欠款的凭据，所以在写欠条时不可潦草从事。同时欠条要好好保存，以防丢失。

② 欠条是人们在日常交往中的一种借还凭证，一般不具有法律的约束力，因此必要时可在立欠条时经由一定的法律程序，以防后患。

③ 欠条务必要字迹清晰，不可涂改。若不得不改动的，则需由改动方在改动处加盖公章（私章）或个人签名。

④ 钱款数字要大写。

⑤ 要注意欠条与借条有所不同，欠条适用范围比借条要广泛，借条约定的事项表明的债权债务关系比欠条要更为清楚、明确。

（4）欠条一般由标题、正文、落款三部分组成。

① 标题。欠条的标题一般由文种名构成，即在正文上方中间以较大字体写上“欠条”两字。也有的在此位置写上“暂欠”或“今欠”字样作为标题，但这种标题正文则在下一行顶格写。

② 正文。欠条的正文要写清欠什么人或什么单位什么东西、数量多少，并要注明偿还的日期。

③ 落款。落款要署上欠方单位名称和经手人的亲笔签名，是个人出具的欠条则需署上立欠方个人的姓名，并同时署上欠条的日期。单位的要加盖公章，个人的要加盖私章。

欠条

2009年3月借到韩晓雷人民币壹佰捌拾圆整，今补欠条，作为凭证。

张红（签名盖章）

2009年7月8日

以上欠条，在提及钱款数字时注意了大写的使用，用语通俗明白，不会引起人们的误解。篇幅短小精悍，说明清楚，是这篇例文的优点。

3. 领条

领条是领取物品的个人或单位的一种文字根据，它是在发放和领取物品的过程中，时常使用的一种应用文样式。凡是粗通文字的同志都应该会写它。

怎样写好领条要注意以下几个方面：领取物品的同志要当面清点好所领物品的品种和数量，如实写到领条上；数字要用大写，大写的十个基数是：壹、贰、叁、肆、伍、陆、柒、捌、玖、拾；如领取的是钱，又是整数，则需在数字后面加上个“整”字，以防别人增添；要掌握领条的写作格式。领条由标题、正文、署名和日期四部分组成。

具体写法包括：

（1）标题。有两种写法：第一行中间写“领条”二字；在第一行中间写“今领到”三个字。

（2）正文。如果标题写的是“领条”，正文要从下一行空两格写起；如果标题写的是“今领到”三字，正文要从下一行顶格写起，转行仍顶格写。正文要写什么单位、领到什么东西、领多少等内容。数字要大写。有时既有小写，又在括号内写一次大写。

（3）署名。一定要写在正文右下方。重要的领条，要加盖公章或私章；有的署名既写单位名称又写个人姓名，遇此情况，最好既盖公章又盖私章，如果只盖一个章，则盖公章。

（4）日期。写在署名的下面，要写年月日。有人只写月日，一般不可取。

领条

今领到学校电教处发放的苏州电视厂生产的17寸红星牌电视机叁部。我系师生电化教学用。

生物系电教室：程军

2006年10月10日

4. 收条

收条是收到东西的个人或单位写给发送东西的个人或单位的一种凭据。它虽然简单却是经常使用的一种应用文样式。所以大家都应该会写，而且写得合乎要求。

写好收条要注意以下两点：一是点清收到的东西的种类、数量，绝对做到准确无误，不出差错；二是要熟悉收条的写作格式，一个完整的收条，由标题、正文、署名和日期四部分组成。

（1）标题。写在正上方，字要大一号，写法有两种：只写“收条”二字；写“今收到”三个字。

（2）正文。写法有两种：如果标题写成“收条”，正文要从标题下面一行空两格写起：如果标题写成“今收到”三个字，正文要从标题下面一行顶格写起。

（3）署名。写在正文右下方，要是发送的人或单位同你很熟悉，只署上自己的姓名就行了，假如收到东西的个人或单位同发送东西的个人或单位生疏，要在姓名的前面写上单位名称，以便查找。如果收到东西的个人或单位很多，收到东西的个人或单位就应既写单位名称又写个人姓名。必要时盖章或按指印。

（4）日期。写在署名的下面，独占一行，写全年月日。

收条

今收到连山乡云水村牛喜田、朱兴旺二位同志送来的水稻技术承包合同奖金叁千元整。

××省农业科学研究院

经手人：张三山

2008年10月10日

四、条据写作的注意事项

对外使用的条据，写对方单位名称要用全称。是物品要写明名称、规格、数量；是金钱要写明金额，必须用大写，以防涂改。数字前不留空白，数字后面要写量词，如“元”“个”“双”“斤”等。条据中的文字如果确实需要改动，要在涂改处加盖印章，以示负责。写条据字迹要端正清楚，要用钢笔或毛笔书写。

写条据还有十大忌讳：

一忌空白留得过火。条据的内容部分与签章署名之间的空白留得太大，容易被持据人增添补写其他内容，或将原内容裁去在空白处重新添加内容。

二忌大写、小写分不清楚。写条据时，如果只有小写，没有大写；或者小数点位置不准确，数字前头有空格；或者大写、小写不相符，都容易被持据人添加数字或修改，甚至由此而引发民事纠纷。

三忌用褪色墨水书写。用圆珠笔或其他易褪色的墨水书写条据，倘遇保存不当、受潮或水浸时，字迹会变得模糊不清，并为某些别有用心的人用化学制剂涂抹留下可乘之机。

四忌不写条据日期。不写明日期的条据，一旦发生了纠纷，事实真相常常难以查清，对诉讼时效的确定也容易造成困难。

五忌条据内容表述不清。有的条据将“买”写成“卖”，“收”写成“付”，“借给”写成“借”等，都极易颠倒是非。

六忌名字不写齐全。条据上有姓无名或有名无姓，都会给对方留下行骗的口实和赖账的把柄。

七忌不认真核对。请别人或由对方写的字据，应字字斟酌，认真审核，不能稀里糊涂地签字盖章。

八忌使用同音同义字。姓名不要用同音同义字、多义字代替，否则也容易发生责任不清的纠纷。以身份证上面的名字为准，就具有法定的效力。

九忌印鉴不规范。由他人代笔书写或者代笔签名，而本人只在上面按一个手印，发生纠纷时，也很难认定责任。

十忌还款时不索回条据。还款还物时，对方若称一时找不到借条，应该让其写一张收据留存，这样才不会日后留下隐患。

总之，条据一经签订，一般对签约的各方就有了约束力，特别是经济性质的条据。因此，条据写得是否准确，权利与义务规定得是否严密、完备，关系到当事人的切身利益，影响到发生纠纷时是非曲直的判断和鉴别。所以，写条据时，必须认真慎重，熟悉各类条据的格式及写法，绝不可掉以轻心。

收条

今收到四海印刷有限公司张晓庆、周永海二位同志送来的彩色喷印招生简章十五捆。每捆各贰拾包。每包壹拾本，每本价格为肆元伍角捌分。共计壹万叁仟伍佰元整，近日内付款。

九州大学办公室（公章）
经手人：宁大全　钱建伟
2008年4月28日

课堂练习

1. 为什么要学会写条据呢？

2. 生活中我们还能见到那些因欠赌资或是高利贷的条据，你认为它有效吗？

写作训练

1. 根据条椐格式拟写一份借条或收条。

2. 根据条椐格式拟写一份请假条或留言条。

第二节　公示　启事

目标要求

一、知识目标

1.了解公示、启事的涵义；

2.熟悉公示的特点和启事的类型；

3.清楚公示、启事的使用。

二、能力目标

能拟写一般事务的公示和启事。

三、素质要求

能把握公示、启事之间的区别。

案例分析

例文

××市扶贫开发工作领导小组拟推荐×××
为"××市扶贫开发工作先进个人"公示

按照××市扶贫开发工作领导小组办公室《关于评选表扬××市扶贫开发工作先进集体和先进个人的通知》(×扶领办〔2013〕58号)精神，按照公平、公正、公开的原则，经区扶贫开发工作领导小组研究，同意推荐×××同志为"××市扶贫开发工作先进个人"并上报市扶贫开发工作领导小组办公室审查。现将有关情况予以公示：

一、××市扶贫开发工作先进个人：×××；

二、公示时间：2013年10月8日～2013年10月15日。

公示期间，若社会各界对上述推荐个人有任何问题，均可来电来信反映。

联系电话：××××××××

特此公示

2013年10月8日

评析 》

这是一份在单位内部进行先优评选的公示文书，内容大意表述基本清楚，但作为政府机关制发的文件来说，还有几处问题。首先是标题，从行文上看应该是"××区扶贫开发工作领导小组"是发文机关，而不是"××市扶贫开发工作领导小组"，发文机关与事由之间缺少介词"关于"，文种"公示"前与事由之间缺少助词"的"。正文中开头一句与第二句都使用"按照"一词来表述依据有些重复，开头用"根据"引导更好一些。结语中"特此公示"要加上"句号"。落款处没有写发文机关，更没有公章标志。

公　示

一、公示的涵义

公示是党政机关、企事业单位、社会团体、组织机构等事先预告公众周知，用以征询意见、接受公众监督，从而改善工作的一种应用文体。

二、公示的特点

1.公开性

公开性，就是指公示所写作的内容、承载的信息，都是要向一定范围内或特定范围内的人员公开出来的，是要让大家知道和了解的，具有较强透明度，不存在任何秘密和暗箱操作。

2.周知性

周知性，就是指公示写作的目的，是为了让关注它内容与信息的人们都了解是怎么回事，从而参与其事。

3.科学性

科学性，就是指公示的时间要科学合理，不但要反映公示的过程，更要反映出公示的结果，反映出群众的意愿。公示是事先的公示，不是事后的公示。公示的内容是初步的决定而非最终的决定。如果是最终的决定就必须在“公示”前言中加以说明。

4.民主性

民主性，就是指公示的过程与结果，都是公开、公平、公正的，都是有群众参与和监督，并为他们所认可的。

三、公示的格式及内容

1.标题

格式为“公示”或“关于×××的公示”。

2.正文

（1）进行公示的原因。

（2）事物的基本情况。党员发展公示一般要包括有关人员的姓名、性别、出生年月、工作单位、职务、入党时间等。

（3）公示的起始及截止日期（以工作日计），意见反馈单位地址及联系方式。

3.落款

发布公示的单位名称（加盖公章）及发布时间。

启　事

一、启事的涵义

启事是国家机关、企事业单位、社会团体或个人因事必须向公众说明或提请公众注意，希望公众协助办理此事时使用的一种事务文书。

二、启事的种类

（1）寻找类启事：为寻找求得公众的协助与响应。

（2）征召类启事：为求得公众的配合与协作。

（3）周知类启事：为求让人知晓。

（4）声明类启事：经声明后不再承担法律责任。

三、启事的结构内容

1. 标题

（1）公文文种类标题。只写“启事”。

（2）完整类标题。标题由“事由＋文种”构成。比如“寻物启事”“招聘启事”。

2. 正文

正文是启事的主要部分，说明启事的主要事项，一般包括启事的目的、意义、具体办理方法、要求和条件等。正文写法多种多样，可以分段写，也可不分段写。原则上内容多则逐条分项写清楚，要具体、明白、清楚、准确、简练、通俗，不可模棱两可，以免产生歧义。

3. 落款

在右下角署明启事单位或个人姓名，有的则要注明时间、地址与联系电话。报上刊登启事可不写日期。

例文1

关于推荐评选“优秀少先队员”等
先进个人和先进集体的公示

根据柳青联发〔2014〕20号文件精神，按照学校总体工作部署，结合我校开展“流动红旗”评比活动实际情况，现将我校推荐评选“优秀少先队干（队员）”“红旗中队”和“优秀中队辅导员”结果公示如下：

优秀少先队干：四（3）中队　赵晓明

优秀少先队员：五（4）中队　余光达

优秀少先队员：二（6）中队　满家菊

红旗中队：三（5）中队

优秀中队辅导员：杨柳青

如对以上评选结果有异议的，请以书面形式反映到小学大队部。

公示时间：5月5日～5月9日。

红柳小学大队部（印章）
2014年5月5日

例文2

××商城招商启事

××商城位于东方花园高级住宅小区，由三层全框架的临街建筑组成。集购物、娱乐、康乐、餐饮、服务于一体，拥有大小百余间充裕铺位，可经营酒楼、宾馆、舞厅、桑拿、健身、游艺、百货等，是商家投资经营最佳选择。购买××商城享有物业费优惠政策，具体条件面议。

××房地产开发有限公司

地址：××市×××路××号

电话：×××××××××××

售楼时间：9:00 ~ 18:00

××房地产开发有限公司（公章）

××××年××月××日

课堂练习

1. 公示在什么情况下使用？

2. 启事有哪些类别？你经常看到的启事都是哪一类的？

3. 公示与启事有什么不同？

写作训练

1. 班级选举班委会，请以班级的名义拟写一份公示。

2. 请根据以下情况拟写一份寻人启事。

有一女孩叫吴×莉，今年18岁，身高1.68米，瓜子脸，皮肤白皙，大眼睛，气质高雅，身穿浅红色连衣裙，白色皮凉鞋。因与家人赌气于2015年7月14日离家出走，至今未归。其父是××市×××大学××系吴×俊，联系电话是138××××777，其所在辖区归××市×××路派出所，辖区巡警赵小强，联系电话是135××××036。

第三节　声明　海报

目标要求

一、知识目标

1. 了解声明、海报的涵义；

2. 熟悉声明、海报的特点；

3. 清楚声明、海报的使用。

二、能力目标

能拟写一般事务的声明、海报。

三、素质要求

能把握声明、海报之间的区别。

案例分析

例文1

声　明

本公司职工黄××已于2001年8月20日离开本公司，他在离职后签订的一切与本公司有关的合同及所作承诺，一律无效。

特此声明。

××红星美凯龙家具有限公司
2001年8月30日

评析 》

这是一个简短的声明，但对公司来说却十分必要，是公司保护自身权益的必要之举。

例文2

海 报

为了进一步推动大学生科技活动的开展，学院团委特邀著名力学家××教授来我院作“大学生如何从事科技活动”的报告，希望全体学生踊跃出席。

时间：2014年6月20日

地点：××学院报告厅

××学院学生会
2014年6月18日

评析 》

这是一份学校校园内张贴的海报，标题字大醒目，正文写明了报告会的举办目的、主讲人，并提出要求“希望全体学生踊跃出席”。最后交代时间、地点，下有落款。全文简短，内容清楚，文题相符。

知识点击 ▸▸

声 明

一、声明的涵义

声明指国家、政党、政府或团体为公开说明真相或向公众表明对某些问题或事件的立场、态度和主张而发表的正式文体，多局限于政治、外交等领域。后来，声明的适用范围扩大到工作和日常生活领域，一般单位和个人也可以使用声明来说明与本单位或本人直接相关的问题或事实真相，向公众表明自己的立场、态度和观点。

二、声明的特点

（1）对相关事项或问题进行事实披露或澄清。

（2）表明自己的态度和立场。

（3）警告、警示他人，保护自己的合法权益。

作为一种日用文书，在各种媒体上，我们看到的声明大都来自个人或企事业单位，比如“遗失声明”，发表声明的目的主要是为了防止丢失的重要证件、现金支票等被他人冒用、冒领。

三、声明的结构与写作要领

声明一般由标题、正文、落款三部分组成。

正文一般为三分式结构，开头说明发表声明的缘由或依据，主体部分一般分条列项写出具体的声明事项，最后以“特此声明”作结。如果开头与主体之间已有“特作如下声明”或“特声明如下”之类的字样，即不写“特此声明”的结语。声明事项单一不涉及繁杂问题的，主体部分也不必分条列项。

海 报

一、海报的涵义

海报是主办单位在一定范围内向公众报道或介绍举行文化、娱乐、体育、展销等活动的一种招贴式事务文书。它原属于职业性戏剧演出专用的张贴文书。旧时，上海人把职业性演出叫“海”，把从事职业性演出叫“下海”。因为这个缘故，人们把具有宣传性的招徕顾客性的张贴物叫海报。

“海报”一词演变到现在，它的范围已不仅仅是职业性戏剧演出的专用张贴物了，现已变为向广大群众报道或介绍有关戏剧、电影、体育比赛、文艺演出、报告会等消息的招贴，有的还加以美术设计。它同广告一样，具有向群众介绍某一物体、事件的特性，由此，海报又是广告的一种，但海报具有在放映或演出场所、街头广以张贴的特性，所以，海报属于户外广告，它大多分布在各街道、影剧院、展览会、商业闹区、车站、码头、公园等公共场所。国外也称之为“瞬间”的街头艺术。海报相比其他广告还具有画面大、内容广泛、艺术表现力丰富、远视效果强烈的特点。

二、海报的特点

1.广告宣传性

海报希望社会各界的参与，它是广告的一种。有的海报加以美术的设计，以吸引更多的人加入活动。海报可以在媒体上刊登、播放，但大部分是张贴于人们易于见到的地方。其广告性色彩极其浓厚。

2.商业性

海报是为某项活动做的前期广告和宣传，其目的是让人们参与其中，演出类海报占海报中的大部分，而演出类广告又往往着眼于商业性目的。当然，学术报告类的海报一般是不具有商业性的。

三、海报的用途

（1）广告宣传海报。可以传播到社会中，为满足人们的利益。

（2）现代社会海报。较为普遍的社会现象，为大多数人所接纳，提供现代生活的重要信息。

（3）企业海报。为企业部门所认可，它可以利用到控制员工的一些思想，引发思考。

（4）文化宣传海报。所谓文化是当今社会必不可少的。无论是多么偏僻的角落、寂静的山林，都存在着文化元素。

四、海报的分类

（1）电影、戏剧类海报。这是影剧院戏剧院公布演出电影和戏剧的名称、时间、地点及内容介绍的一种海报。这类海报有的还会配上简单的宣传画，将电影和戏剧中的主要人物画面形象地绘出来，以扩大宣传的力度。

（2）文艺晚会、杂技体育比赛等海报。这类海报同电影戏剧大同小异，它的内容是观众可以身临其境进行娱乐观赏的一种演出活动，这类海报一般有较强的参与性。海报的设计往往要新颖别致，引人入胜。

（3）学术报告类海报。这是一种为一些学术性活动而发布的海报。这类海报一般张贴在学校或相关的单位，具有较强的针对性。

（4）个性海报。自己设计并制作，具有明显DIY（英文“Do It Yourself.”的缩写，是“自己动手做”的意思）特点的海报。

五、海报的写作格式及内容

海报一般由标题、正文和落款三部分组成。

1.标题

海报的标题写法较多，大体可以有以下一些形式：

其一，单独由文种名构成。即在第一行中间写上“海报”字样。

其二，直接由活动的内容承担题目。如“舞讯”“影讯”“球讯”等。

其三，可以是一些描述性的文字。如“××× 再显风采”“×× 寺旧事重提”。

2.正文

海报的正文要求写清以下一些内容：

第一，活动的目的和意义。

第二，活动的主要项目、时间、地点等。

第三，参加的具体方法及一些必要的注意事项等。

3.落款

要求署上主办单位的名称及海报的发文日期。

以上的格式是就海报的整体而讲的，使用中，有些内容可以少写或省略。

六、海报写作的注意事项

1.海报一定要具体真实地写明活动的地点、时间及主要内容。文中可以用些鼓动性的词语，但不可夸大事实。

2.海报文字要求简洁明了，篇幅要短小精悍。

3.海报的版式可以做些艺术性的处理，以吸引观众。

放弃继承权声明书

声明人：×××（男，××××年××月××日出生，身份证号码：××××××××××××××××××，住址：×××××××××××××××××）

我的父亲×××于××××年××月××日在××地方因病去世，去世后遗留有登记在××名下属于夫妻共同所有的财产住房一套，坐落在××市××区××幢××号，房屋所有权证：×××号，国有土地使用证：×××号，上述遗产中50%属于父亲的遗产。父亲生前无遗嘱，也无遗养协议。根据《中华人民共和国继承法》第十条的有关规定，死者的遗产应由其父母、配偶、子女共同继承。我是他的儿子，对他所遗留的遗产依法享有继承权。

现经我慎重考虑后，决定放弃对他上述遗产的继承，今后也决不反悔。

特此声明。

声明人：×××

××××年××月××日

例文2

“骑”乐无穷

亲爱的同学们，让我们一起“骑车”去兜风吧！同学聚会踏青、团体活动、情侣约会，单车都是不错的选择。

和你的ta，一起享受这浪漫之行吧。你们将相依相伴，欣赏路上的风景；同心协力，走过漫长的人生。

什么是这个季节的浪漫？和ta用一样的节奏奔跑，和ta用相同的韵律心跳，和ta骑自行车朝着共同的未来前进！

让两个连在一起的“圆轮”见证两颗永远依偎不分的心，执子之手，与子偕老。

梦想和“白马王子”共骑“一骥”，驰骋在大草原吗？

青春年华，让我们为你的梦想添加一双与众不同的翅膀，让你们的故事从这里开始……

租车地点：校二道门口向北400米家属楼下

租车时间：每天早上8:00 ~晚上10:00

租车价格：每车3元/小时、每车20元/天

联系电话：×××××××××××

（注：凭本人身份证或学生证等有效证件租车，无押金）

课堂练习

1.假如你不小心遗失了自己的身份证，请写一个刊登在某某报上的声明。

2.你是学校学生会的成员，现在有一个“国学讲座”活动，请拟写一份海报。

写作训练

1.假如你是某单位的财务会计，不慎遗失了单位一张支票，请你拟写一个适合在报纸上刊登的声明。

2.你是学校学生会社团部的成员，现在有一个“献爱心”公益活动，请拟写一份海报。

第四节　介绍信　证明信

一、知识目标

1.认识介绍信、证明信的涵义；

2. 明确介绍信、证明信的特点和类型；

3. 知晓各类介绍信、证明信的适用范围。

二、能力目标

掌握各类介绍信、证明信的写法。

三、素质要求

能够写出规范的介绍信、证明信。

例文

介绍信

××××工商局：

兹介绍×××同志（壹人）身份证号××××××××××××××××××前来贵处联系办理工商在册信息等资料查询复印相关事宜。

请接洽。

宁波×××有限公司

××××年××月××日

评析》

这是一份由某公司派一位员工到某工商局办理工商在册信息等资料查询复印一事而开具的介绍信。标题“介绍信”表明文书的属性及作用，称谓准确，办事人数明确，办理事项清楚，发文单位具体，日期交代无误，只是本介绍信没有交代有效期限。

介绍信

一、介绍信的涵义

介绍信是用来介绍联系接洽事宜的一种应用文体，是应用写作研究的文体之一。是机关团体、企事业单位派人到其他单位联系工作、了解情况或参加各种社会活动时用的函件，它具有介绍、证明的双重作用。使用介绍信，可以使对方了解来人的身份和目的，以便得到对方的信任和支持。

二、介绍信的类型

介绍信有两种类型：一种是印好格式的介绍信，用时按空填写即可；另一种是用公用信笺书写的介绍信。

三、介绍信的特点

（1）介绍信主要用于联系工作、洽谈业务、参加会议、了解情况时的自我说明。

（2）对于持信人而言，介绍信具有介绍、证明双重作用。

（3）语言精练庄重，多用“兹”“请接洽为荷”等语。

（4）语气客气礼貌。

四、介绍信的写作规范

1. 书信式介绍信

书信式介绍信一般不带存根，内容包括标题、称谓、正文、结语、署名和日期印章等五部分。

（1）标题。一般是在信纸的第一行居中写上“介绍信”三个字，有些也可省略。

（2）称谓。称谓在第二行，要顶格写，要写明联系单位（全称）或个人姓名，姓名后加“同志”“先生”“女士”等称呼，称呼后要加上冒号。

（3）正文。要另起一行，空两格写介绍信的内容。介绍信的内容要写明如下几点：用“兹”“今”“现”起首；然后依次说明被介绍者的姓名、身份、随行人数、联系事项等，有必要时也可写上职称或职务等，介绍随行人数时一般要大写；最后用“请接洽为荷”“请接洽为盼”等语，礼貌地提出对收信单位或个人的希望、请求。

（4）结语。要写上“此致敬礼”等表示祝愿和敬意的话。

（5）署名。出具介绍信的单位名称写在正文右下方，并署上介绍信的成文日期，加盖单位公章。

注意：这种介绍信写好之后，一般装入公文信封内。信封的写法同普通信封的写法相同。

2. 表格式介绍信

一般由本文、存根和间缝三部分组成。

（1）本文。内容和书信式相似，但一般在标题下一行要填写介绍信的字号，如“××字第××号”，还要在结语下注明该介绍信的有效期限，有效天数要大写。

（2）存根。内容与本文一致，但针对对象不同，本文是对外介绍，存根是备案留底，所以表述角度不同。

（3）间缝。存根同正文之间有一条虚线，虚线上印有“××字第××号”字样。这里可照存根第二行“××字第××号”的内容填写。要求数字要大写，如“壹佰叁拾肆号”，字体要大些，便于从虚线处截开后，字迹在存根联和正文联各有一半。同时，应在虚线正中加盖公章。

注意：这类介绍信写好后，也应装入公文信封内。信封的写法同普通信封相同。

五、介绍信的写作要求

（1）接洽事宜要写得具体、简明。

（2）要注明使用介绍信的有效期限，有效天数一定要大写。

（3）字迹要工整，不能随意涂改。

六、介绍信写作的注意事项

（1）要坚持实事求是的原则，优点要突出，缺点不避讳，最好是用成就和事实替代华而不实的修饰语，恰如其分地介绍自己。

（2）要态度诚恳，措词得当。用语应委婉而不隐晦，自信而不自大。

（3）篇幅不宜过长，言简意赅，在有限的篇幅中突出重点，同时文字要顺畅，字迹要工整。

证明信

一、证明信的涵义

证明信是根据确凿的证据来证明某人的身份、经历、学习、职称等问题或某件事情的真实情况时所使用的凭据类书信体应用文书，简称证明。

二、证明信的类型

证明信根据内容大致分三个方面：一是存档材料所需；二是证实情况所需；三是作为证件所需。根据出具证明者的不同，一般将证明信分为组织证明信和个人证明信。组织证明信的材料一般来源于单位档案，或来自于调查研究；个人证明信的内容则完全由个人负责，必要时还需要证明者所在单位签署属实与否的意见。

三、证明信的写法

1.标题

常见的写法是只标示文种名称，即在第一行居中用较大字体书写“证明”“证明信”“证明书”。标题也可以写成“证明事由＋文种名称”的形式，如“学历证明”“关于××问题的证明”等。

2.称谓

在标题之下另起一行顶格书写受信者的名称，称谓后加冒号。称谓是单位名称的应当书写其全称或规范化简称，也可以在单位名称后加上对相关单位负责人的称呼。有些证明信没有固定的受信者，则省去称呼。

3.正文

在称谓或标题之下另起一行空两格开始书写，根据出具证明的主动与否有所区别和侧重。

（1）被动发往对方的证明信。根据受信者的要求，写清所要证明的事项。如要求证明人物经历，就要写清楚被证明人的主要经历的时间、地点和所担任的职务等；如要求证明某一事件，就要写清被证明事件发生的时间、地点、参与者的姓名及其在事件中的地位、作用和事件的前因后果。这部分内容的繁简要根据受信者的要求而定，对方没要求的就不必写。

（2）主动发往对方的证明信。这种证明信多是作为证件之用的，如派遣本单位人员外出活动时开具证明作为机动证件使用，以保证其工作、生活、食宿等事项的正常进行，简要写清被证明人的必要信息和申请协助事项即可。

正文写作还要注意：一是事实必须准确，不能凭空想象、信口开河，更不能掺杂个人好恶；二是态度要鲜明，是就是，不是就不是，不要吞吞吐吐，瞻前顾后，有所顾忌；三是不能使用“大约”“好像”“可能”等模糊语言，也不能答非所问。

4.结语

在正文之下另起一行空两格书写“特此证明”，也可以写成“此证”。

5.落款

在结语的右下方署上证明者的名称。在署名的下方写上开具证明信的日期。证明者的名称可以是单位名称也可以是个人姓名。如果证明者的名称是单位名称，应当书写其全称或规范化简称。如果证明者的名称是个人姓名，前面可以加上“证明人”等字样。

6. 附项

如果个人出具的证明需要所在单位签署属实与否的意见，则在落款左下方开始另起一行空两格书写签署意见。一般写上所在单位对证明人的情况及对证明内容的态度，在签署意见的右下方署上单位名称和日期，并加盖公章。如果是单位出具的供有关人员外出做证件之用的证明信，则在落款左下方另起一行空两格书写有效期限。有的证明信为便于对方联系确认，则附上单位地址、电话等信息。

规范例文

例文1　作为证件用的证明信

证明信

我厂工程师×××同志，技术员×××同志，前往湖北、广东、海南等省，检查并修理我厂出产的××牌热水器，希望有关单位给予帮助。

特此证明。

××省××市×××厂（公章）

××××年××月××日

例文2　带存根的介绍信

介绍信（存根）

××字第××号

兹介绍××等同志×人前往××××联系×××××××××××××。

××××年××月××日

…………第…………号…………

介绍信

××字第××号

×××：

兹介绍××等同志×人，前往你处联系×××××××××事宜，请予接洽并给予协助。

此致

敬礼！

×××（公章）

（有效期××天）××××年××月××日

例文3　固定格式证明信

证明信

×××校办〔××××〕××号

兹证明我校同志（______），因（______）到（______），请解决交通、住宿问题。

特此证明。

×××学校（公章）

××××年××月××日

例文4　作为材料存入档案的证明信

证明信

××大学党支部：

××××年××月××日来信收到。根据信中要求，现将你校×××同志的爱人××同志的情况介绍如下：

××同志，现年××岁，中共党员，是我校历史系教师，本人和家庭历史以及社会关系均清楚。该同志对教学工作认真负责，近年来多次被评为市级模范教师。

特此证明。

××省××市××大学党支部（公章）

××××年××月××日

例文5　个人出具的证明信

证明信

××局负责同志：

王××原为我校中文系××级学生，曾担任学生会主席职务，在校期间，该生遵守学校各项规章制度，没有参与任何不利于安定团结的活动。

特此证明。

证明人：龚××

××××年××月××日

课堂练习

1. 请同学们思考：介绍信留有存根是否必要？

2. 张辉在公司上班一年了，因为做文秘工作，很少外出办事，经理要求他到同行业某公司走访学习一个月，为了更好地和对方沟通，他请求公司人事部门为其开具一份证明其身份的证明信。如果你是公司人事部门的同事，你怎么给张辉开具这份证明信？

写作训练

1. 南宁市××建筑装修有限公司准备派遣员工林德斌一人去北海市××房地产开发有限公司洽谈该公司一处名为“镜湖豪门”楼盘3号楼主入口大门装饰工程一事，请以公司的名义给林德斌开具一份单位介绍信。

2. 程红军，男，现年40岁，1964年9月考入××大学学习，是×××教授的研究生，1967年7月毕业。由于历史原因，毕业时未能发给研究生毕业证书。现工作单位党委部门要求到原学校开具一份证明其学业身份的证明信，请你以其原就读学校××大学校长名义为其开具一份证明。

第五节 演讲词

目标要求

一、知识目标

1. 了解演讲词的涵义；
2. 熟悉演讲词的特点；
3. 掌握演讲词的写作。

二、能力目标

能熟练拟写一篇主题鲜明的演讲词。

三、素质要求

能很好把握演讲词的写作结构。

案例分析

例文 俞敏洪励志演讲稿

命运靠自己掌握

亲爱的同学们：

大家好！我演讲的题目是：《我不是一张牌》。

大家一定都有玩扑克的经验。每副扑克有四种花色共54张。每张牌捏在我们的手中，它们的命运也掌握在其中，就连“大王”和“小王”也无法主宰自己的命运。

有时，我也在想，我们这场人生是否也是一盘牌局？我们每个人是否都如命运掌握在别人手里的扑克牌？回顾十几年的成长历程，在家里，要受父母的管制，有时甚至是厉声的呵斥；在学校里，要受纪律的约束，老师的训导；长大了参加工作又要受社会环境的限制，而不能由自己的意愿干你我想干的事。十一二岁，在儿时的憧憬里，该是一个充满阳光的辉煌灿烂的季节，然而，当你自己亲身乘上这趟列车，又常会感到身不由己。

就拿考试来说吧，考好了，家长会把你当宝贝，对你寄予的希望也就越大！早上牛奶，晚上咖啡，似乎牛奶加咖啡就能把一个普通的人灌溉成人才，甚至一条虫也能变成龙或凤！老师们提起你时也往往带着一种自豪的口气，脸上会泛起一阵欣慰的笑容。左邻右舍碰到你，也会瞅个没够，说个没完。那真是横着看你有出息，竖着看你前途无量；左看你是个人才，右看你是个栋梁。而当你付出汗水和努力后却未有收获的时候呢？家长虽只轻轻地说一句：“考大学可是你唯一的选择啊！”但你听起来却感觉好沉重好压抑。老师不会说什么，只是用一种期待的目光定定地盯着你，一直盯得你好惭愧好内疚。左邻右舍呢？他们也不过在与你擦身而过的一刹那，用一种令他们自己也解释不清楚的神色瞅着你，那神情，足以令你原本伤感的心辛酸得掉泪！

我们随别人喜而喜，随别人忧而忧。如此说来，你我果真都成了一张扑克牌，一张任别人揉捏、任别人摆弄的扑克牌？没有自己的主张，没有自己的愿望，更没有自己的自尊。就这样一生摆脱不了别人的支配与选择？

果真这样吗？不！我在心里这样对自己说：我们绝不是一张扑克牌！

扑克毕竟没有思维，而我们，却是一群有着高级思维能力的活生生的人啊！我本该拥有与扑克截然不同的人生！自己的历史靠自己去书写，自己的青春靠自己去创造，自己的世界靠自己去闯！而不是像一张牌那样在冥冥中失去自我！

谢谢大家！

这是一篇鼓励年轻学子要有自主人生规划的励志演讲词，比喻生动、说理透彻、对比鲜明、发人深思，是一篇精彩的演讲词。

一、演讲词的涵义

演讲词也叫演说辞，它是在较为隆重的仪式上和某些公众场所发表的讲话文稿。

演讲稿是进行演讲的依据，是对演讲内容和形式的规范和提示，它体现着演讲的目的和手段、演讲的内容和形式。

演讲词是人们在工作和社会生活中经常使用的一种文体。它可以用来交流思想、感情，表达主张、见解，也可以用来介绍自己的学习、工作情况和经验等。演讲稿具有宣传、鼓舞、教育和欣赏等作用，它可以把演讲者的观点、主张与思想感情传达给听众以及读者，使他们信服并在思想感情上产生共鸣。

二、演讲词的特点

演讲和表演、作文有很大区别。首先，演讲是演讲者（具有一定社会角色的现实的人，而不是演员）就人们普遍关注的某种有意义的事物或问题，通过口头语言面对一定场合（不是舞台）的听众（不是观看艺术表演的观众），直接发表意见的一种社会活动（不是艺术表演）；其次，作文是作者通过文章向读者单方面的输出信息，演讲则是演讲者在现场与听众双向交流信息。严格地讲，演讲是演讲者与听众、听众与听众的三角信息交流，演讲者不能以传达自己的思想和情感、情绪为满足，他必须能控制住自己与听众、听众与听众情绪的应和与交流。所以，为演讲准备的稿子就具有以下三个特点：

第一、针对性。演讲是一种社会活动，是用于公众场合的宣传形式。它为了以思想、感情、事例和理论来晓谕听众，打动听众，“征服”群众，必须要有现实的针对性。所谓针对性，首先是作者提出的问题是听众所关心的问题，评论和论辩要有雄辩的逻辑力量，要能为听众所接受并心悦诚服，这样，才能起到应有的社会效果；其次是要懂得听众有不同的对象和不同的层次，而“公众场合”也有不同的类型，如党团集会、专业性会议、服务性俱乐部、学校、社会团体、宗教团体、各类竞赛场合，写作时要根据不同场合和不同对象，为听众设计不同的演讲内容。

第二、可讲性。演讲的本质在于“讲”，而不在于“演”，它以“讲”为主、以“演”为辅。由于演讲要诉诸口头，拟稿时必须以易说能讲为前提。如果说，有些文章和作品主要通过阅读欣赏，领略其中意义和情味，那么，演讲稿的要求则是“上口入耳”。

第三、鼓动性。演讲是一门艺术。好的演讲自有一种激发听众情绪、赢得好感的鼓动性。要做到这一点，首先要依靠演讲稿思想内容的丰富、深刻，见解精辟，有独到之处，发人深思，语言表达上也要形象、生动，富有感染力。

三、演讲词的写作结构

从内部结构来说，演讲需要形成或创造现场的情绪氛围，所讲的内容应该较为集中。孙绍振在《关于演讲稿的写作》中曾提到一篇演讲词“最多只能讲两三个问题，而且这两三个问题还得很紧密地在逻辑上串连起来，以层层推演的方式，一环扣一环地展开，这时最忌的是平面罗列：甲乙丙丁，1234，abcd，尤其成为大忌的是先亮论点，后举例子，这只能使听众停止思考，甚至昏昏欲睡。分散的论点和被动的（即无分析的，不能发展论点的）例子，无异于催眠曲。”而“在演讲比赛中，尤其要求集中论点，因为时间的限制更大。”演讲稿的结构分开头、主体、结尾三个部分，其结构原则与一般文章的结构原则大致一样。但是，由于演讲是具有时间性和空间性的活动，因而演讲稿的结构还具有其自身的特点，尤其是它的开头和结尾有特殊的要求。

1.开头要抓住听众，引人入胜

演讲稿的开头，也叫开场白。它在演讲稿的结构中处于显要的地位，具有重要的作用。瑞士作家温克勒说：“开场白有两项任务：一是建立说者与听者的同感；二是如字义所释，打开场面，引入正题。”好的演讲稿，一开头就应该用最简洁的语言、最经济的时间，把听众的注意力和兴奋点吸引过来，这样才能达到出奇制胜的效果。

开场白的技术主要有：

（1）楔子。用几句诚恳的话同听众建立个人间的关系，获得听众的好感和信任。

（2）衔接。直接地反映出一种形势，或是将要论及的问题，常用某一件小事，一个比喻，个人经历，轶事传闻，出人意外的提问，将主要演讲内容衔接起来。

（3）激发。可以提出一些激发听众思维的问题，把听众的注意力集中到演讲中来。

（4）触题。一开始就告诉听众自己将要讲些什么。世界上许多著名的政治家、作家和国家领导人的演讲都是这样的。

演讲稿的开头有多种方法，通常用的主要有：

第一、开门见山，提示主题

这种开头是一开讲，就进入正题，直接提示演讲的中心。例如宋庆龄《在接受加拿大维多利亚大学荣誉法学博士学位仪式上的讲话》的开头：“我为接受加拿大维多利亚大学荣誉法学博士学位感到荣幸。”运用这种方法，必须先明晰地把握演讲的中心，把要向听众提示的论点摆出来，使听众一听就知道讲的中心是什么，注意力马上集中起来。

第二、介绍情况，说明根由

这种开头可以迅速缩短与听众的距离，使听众急于了解下文。例如恩格斯在1881年12月5日发表的《在燕妮·马克思墓前的讲话》的开头：“我们现在安葬的这位品德崇高的女性，在1814年生于萨尔茨维德尔。她的父亲冯·威斯特华伦男爵在特利尔城时和马克思一家很亲近；两家人的孩子在一块长大。当马克思进大学的时候，他和自己未来的妻子已经知道他们的生命将永远地连接在一起了。”这个开头对发生的事情、人物对象做出必要的介绍和说明，为进一步向听众提示论题做了铺垫。

第三、提出问题，引起关注

这种方法是根据听众的特点和演讲的内容，提出一些激发听众思考的问题，以引起听众的注意。例如弗雷德里克•道格拉斯1854年7月4日在美国纽约州罗彻斯特市举行的国庆大会上发表的《谴责奴隶制的演说》，一开讲就能引发听众的积极思考，把人们带到一个愤怒而深沉的情境中去："公民们，请恕我问一问，今天为什么邀我在这儿发言？我，或者我所代表的奴隶们，同你们的国庆节有什么相干？《独立宣言》中阐明的政治自由和生来平等的原则难道也普降到我们的头上？因而要我来向国家的祭坛奉献上我们卑微的贡品，承认我们得到并为你们的独立带给我们的恩典而表达虔诚的谢意么？"

除了以上三种方法，还有释题式、悬念式、警策式、幽默式、双关式、抒情式等。

2. 主体要环环相扣，层层深入

这是演讲稿的主要部分。在行文的过程中，要处理好层次、节奏和衔接等问题。

（1）层次。层次是演讲稿思想内容的表现次序，它体现着演讲者思路展开的步骤，也反映了演讲者对客观事物的认识过程。演讲稿结构的层次是根据演讲的时空特点对演讲材料加以选取和组合而形成的。演讲者在演讲中反复设问，并根据设问来阐述自己的观点，就能在结构上环环相扣，层层深入。此外，演讲稿可用过渡句，或用"首先""其次""然后"等语词来安排层次。

（2）节奏。节奏是指演讲内容在结构安排上表现出的张弛起伏。演讲稿结构的节奏既要鲜明，又要适度。平铺直叙，呆板沉滞，固然会使听众紧张疲劳，而内容变换过于频繁，也会造成听众注意力涣散。所以，插入的内容应该为实现演讲意图服务，而节奏的频率也应该根据听众的心理特征来确定。

（3）衔接。衔接是指把演讲中的各个内容层次联结起来，使之具有浑然一体的整体感。由于演讲的节奏需要适时地变换演讲内容，因而也就容易使演讲稿的结构显得零散。衔接是对结构松紧、疏密的一种弥补，它使各个内容层次的变换更为巧妙和自然，使演讲稿富于整体感，有助于演讲主题的深入人心。

3. 结尾要简洁有力，余音绕梁

结尾是演讲内容的自然收束。美国作家约翰•沃尔夫说："演讲最好在听众兴趣到高潮时果断收束，未尽时戛然而止。"这是演讲稿结尾最为有效的方法。演讲稿的结尾没有固定的格式，或对演讲全文要点进行简明扼要的小结，或以号召性、鼓动性的话收束，或以诗文名言以及幽默俏皮的话结尾，但一般原则是要给听众留下深刻的印象。

四、演讲词写作的注意事项

1. 了解对象，有的放矢

演讲稿是讲给人听的，因此，写演讲稿首先要了解听众对象：了解他们的思想状况、文化程度、职业状况如何；了解他们所关心和迫切需要解决的问题是什么等。否则，不看对象，演讲稿写得再花工夫，说得再天花乱坠，听众也会感到索然无味，无动于衷，也就达不到宣传、鼓动、教育和欣赏的目的。

2. 观点鲜明，感情真挚

演讲稿观点鲜明，显示着演讲者对一种理性认识的肯定，显示着演讲者对客观事物见解的透辟程度，能给人以可信性和可靠感。演讲稿观点不鲜明，就缺乏说服力，就失去了演讲的作用。演讲稿还要有真挚的感情，才能打动人、感染人，有鼓动性。因此，它要求在表达上注意感情色彩，把说理和抒情结合起来。既有冷静的分析，又有热情的鼓动；既有所怒，又有所喜；既有所憎，又有所爱。当然这种深厚动人的感情不应是"挤"出来的，而要发自肺腑，就像泉水喷涌而出。

3. 行文变化，富有波澜

构成演讲稿波澜的要素很多，有内容，有安排，也有听众的心理特征和认识事物的规律。如果能掌握听众的心理特征和认识事物的规律，恰当地选择材料，安排材料，也能使演讲在听众心里激起波澜。换句话说，演讲稿要写得有波澜，主要不是靠声调的高低，而是靠内容的有起有伏，有张有弛，有强调，有反复，有比较，有照应。

4. 语言流畅，深刻风趣

要把演讲者在头脑里构思的一切都写出来或说出来，让人们看得见，听得到，就必须借助语言这个交流思想的工具。因此，语言运用得好还是差，对写作演讲稿影响极大。要提高演讲稿的质量，不能不在语言的运用上下一番工夫。写作演讲稿在语言运用上应注意以下五个问题：

（1）要口语化。“上口”“入耳”是对演讲语言的基本要求，也就是说，演讲的语言要口语化。演讲，说出来的是一连串声音，听众听到的也是一连串声音。听众能否听得懂，要看演讲者能否说得好，更要看演讲稿是否写得好。演讲稿写完后，要念一念，听一听，看看是不是“上口”“入耳”，如果不那么“上口”“入耳”，就需要进一步修改。

（2）要通俗易懂。演讲要让听众听懂。如果使用的语言讲出来谁也听不懂，那么这篇演讲稿就失去了听众，因而也就失去了演讲的作用、意义和价值。

（3）要生动感人。好的演讲稿，语言一定要生动。如果只是思想内容好，而语言干巴巴，那就算不上是一篇好的演讲稿。怎样使语言生动感人呢？一是用形象化的语言，运用比喻、比拟、夸张等手法增强语言的形象色彩，把抽象化为具体，深奥讲得浅显，枯燥变成有趣。二是运用幽默、风趣的语言，增强演讲稿的表现力，这样既能深化主题，又能使演讲的气氛轻松和谐；既可调整演讲的节奏，又可使听众消除疲劳。三是发挥语言音乐性的特点，注意声调的和谐和节奏的变化。

（4）要准确朴素。准确是指演讲稿使用的语言能够确切地表现讲述的对象——事物和道理，揭示它们的本质及其相互关系。作者要做到这一点，首先，要对表达的对象熟悉了解，认识必须对头；其次，要做到概念明确，判断恰当，用词贴切，句子组织结构合理。朴素是指用普普通通的语言，明晰、通畅地表达演讲的思想内容，而不刻意在形式上追求辞藻的华丽。如果过分地追求文辞的华美，就会弄巧成拙，失去朴素美的感染力。

（5）要控制篇幅。演讲稿不宜过长，要适当控制时间。德国著名的演讲学家海茵兹·雷德曼在《演讲内容的要素》一文中指出：“在一次演讲中不要期望得到太多。宁可只有一个给人印象深刻的思想，也不要五十个证人前听后忘的思想。宁可牢牢地敲进一根钉子，也不要松松地按上几十个一拨即出的图钉。”所以，演讲稿不在乎长，而在乎精。

5. 认真修改，精益求精

从事任何文体的写作都要重视修改，认真修改，精心修改，写作演讲稿自然不能例外。例如，林肯在得知要他上台演讲之后，在指挥战争、奔忙国事的情况下，仍然亲自起草演讲稿，并把演讲稿念给白宫的佣人听。直到演讲的前一天晚上，他还在旅馆的小房间里再次推敲、修改这篇演讲稿。

中层干部竞争上岗演讲稿

尊敬的各位领导、各位评委、同事们：

大家好！我叫×××，今年××岁，毕业于××电力学校工业企业电气化专业。今天我竞聘的岗位是经理工作部副主任。

参加工作以来，我一向勤勤恳恳，对待工作热情高、干劲足，做到干一行、爱一行、钻一行，努力把工作做得最好。在办公室工作期间，还不断提高自己的文字综合能力，分别在县、市等报刊上发表文章，××××年被公司评为了优秀信息员。同时，我爱好广泛，积极参加各种文体活动，并取得了一定的成绩。在团县委的推荐下，我当选为××县政协第七届委员会青年界委员。我能取得这些成绩，是与公司领导的支持和同事们的帮助分不开的，在此我对大家表示由衷的感谢。

之所以我来参加竞聘，因为我有三个方面的优势：其一，三年多的办公室工作实践，使我熟悉了办公室的工作特点，积累了一定的工作经验，也使我的综合素质得到了全面提高。这些都有利于我尽快进入角色，适应工作要求。其二，我四年的中专学习中系统地学习了电力系统的专业知识，在工作期间为不断提高自己驾驭工作的能力，我还参加了××电子工业学院计算机信息管理专业的函授大专学习，努力把自己锻炼成复合型的人才。其三，我思想比较活跃，爱好广泛，乐于接受新事物，敢于创新实践，这将使办公室工作开展得更具创造性。我非常期望能竞聘上这个岗位，能有这个机会使我的潜力得以挖掘，能力得以提高，这就是我竞聘这个岗位的初衷。

如果我有幸能当选经理工作部副主任，我将倾入全部的热情，树立不为名、不为利，为事业埋头苦干的奉献精神，不断加强业务学习，充分发挥我的特长，使办公室工作开展得有声有色。我的工作思路有以下三点：

一、积极参与政务，认真管理事务，热心搞好服务。我会摆正位置，当好配角，积极主动地协助主任做好各项工作，围绕公司决策和领导意图，为领导献计献策，充分发挥参谋、助手的作用。我还会与部门同事团结协作，共同让经理工作部成为公司领导的喉舌，沟通员工与领导之间关系的桥梁，宣传精神文明的窗口，传播企业文化的阵地。

二、加强公司制度管理。以三项制度改革这个平台，不断完善公司的各项规章制度，按制度办事，以制度管人，使公司日趋走向制度化、科学化的现代企业管理轨道。

三、加强公司办公自动化的建设。注重加强办公信息化建设，使公司办公不断趋于自动化、网络化。利用网络等媒介，加强公司对外宣传的力度，使经理工作部、公司更完美的展现在外人面前。

如果不能竞聘成功，我也不会气馁，我也会微笑着面对这次失败，继续努力，为公司发展尽心尽力！

谢谢大家！

课堂练习

1.演讲词有什么特点？

2.古今中外，你知道哪些著名的演讲词？

3.演讲词写作有哪些注意事项？

写作训练

1.响应学校“庆国庆——祖国在我心中”演讲比赛，拟写一篇演讲稿。

2.参加社团活动，拟写一篇“爱心温暖人间”演讲稿。

第六节　策划书

目标要求

一、知识目标

1. 了解策划书的涵义和特点；
2. 明确策划书的作用和种类；
3. 清楚策划书的写作格式。

二、能力目标

掌握策划书的写作方法。

三、素质要求

能够拟写一般商业活动的策划书。

案例分析

例文

"城市印象"海报设计大赛策划书

一、活动内容

1. 活动主题："城市印象"百合花艺术社团第三届海报设计大赛；
2. 活动时间：××××年11月；
3. 活动地点：学馨苑南广场；
4. 策划主办单位：百合花艺术社团；
5. 城市印象的定位：世界所有大、中城市；
6. 城市印象的意义说明：

城市印象，顾名思义就是对一个城市文化的第一感觉。城市文化从广义的角度讲，是指一个城市从古代到现代在政治、经济、文化等诸多方面的体现。城市印象是指该城市从文化角度给人们留下的一种宏观概念，通俗的说是对某个城市所产生的印象和遗留感觉，是在客观载体下所产生的一种主观意识。

大家都来自不同的城市，不同的城市都有不同的文化、不同的城市建筑、不同的风俗习惯，希望大家通过本次"城市印象"海报设计大赛的举办，能从大家的手中画出你们自己的家乡，让更多的人了解你的家乡。

本次海报设计大赛，一是为了向人们宣传我国的民族艺术，让更多的人了解城市文化，并重视我国的民族艺术；二是将民族艺术运用到城市印象主题海报设计当中，可使人们通过海报对我国更多的城市有更多的了解和认识；三是为了锻炼同学们对海报的主要构成元素图形、色彩和文字在海报设计当中的运用。

二、活动背景

用我们的眼睛去发现世界美好的点滴，用我们的心灵去感受生活触动的瞬间。精巧雅致的校园文化，飘溢着浓浓的海报文化，内容丰富、形式多样的文艺气息促进了学生的全面成长。让海报见证每一个发展成长过程，记录竞相开放的校园文化之花。

三、活动目的

为进一步促进校园精神文明建设，创造更有利于学生健康成长的文化氛围，营造校园文化，继续发扬我院的“人文精神”，更加突出百合花艺术社团的社团特色，特举办海报设计大赛。希望通过本次活动能够引起广大师生素质拓展风貌的建设，对校园活动宣传海报的艺术化，展示全院学生的想象能力、创新能力、动手能力及人文素质，激发我们大学生的主人翁意识和责任感，弘扬真善美，并打造百合花艺术社团的品牌。

四、活动对象

××师范学院全体在校学生。

五、活动评委

1.百合花艺术社团社长、副社长及各部部长；

2.网络评选投票，新浪微博；

3.广大师范学院学生。

六、作品要求

1.以“城市印象”为主题设计（例如咸阳印象，西安印象，巴黎印象等）；

2.作品统一使用全开纸，材料自备；

3.立意自定，表现形式不限（可采用喷绘、手画、涂鸦等）；

4.紧扣大赛主题，有自己的设计理念。

七、注意事项

主办人维持好赛场秩序；保持作品完好无损；确保投票公平；若出现阴雨天则次日执行；会后还清展板、桌、凳及作品；赛后清理好卫生。

八、备用方案

1.若天气因素可换时间进行比赛，若比赛正在进行则快速将海报移至学馨苑；

2.各项工作有主要负责人，但要视情况而定，其他人帮助完成工作。

九、经费预算

物品：小便利贴、宣传喷绘、马克笔、黑色签字笔、透明胶带（大卷、小卷）、评分表、矿泉水、编号纸、证书等（具体经费见附件一）。

××师范学院百合花艺术社团

××××年10月31日

评析》

这是在校园内组织活动的策划书，主题鲜明，目的明确，意义深远，筹划细密，考虑周全，能够把活动中可能要办的、可能要遇到的情况都较详尽地罗列出来，应该说，本策划书对活动的如期开展、成功运行将起到重要作用。

知识点击

一、策划书的涵义

策划书即对某个未来的活动或者事件进行策划，并展现给读者的文本。策划书是目标规划的文字书，是实现目标的指路灯。撰写策划书就是用现有的知识开发想象力，在可以得到的资源的现实中最可能最快地达到目标。

二、策划书的分类

策划书一般分为：商业策划书（也称商业计划书）、创业计划书、广告策划书、活动策划书、营销策划书、网站策划书、营销型网站策划书、项目策划书、公关策划书、婚礼策划书、医疗策划书等。

三、策划书的基本格式

1.策划书名称

尽可能具体地写出策划名称，如“××××年××月××大学××活动策划书”，置于页面中央，当然也可以写出具有独特设计的正标题后将此作为副标题写在下面。

2.活动背景

这部分内容应根据策划书的特点在以下项目中选取内容重点阐述，具体项目有：基本情况简介、主要执行对象、近期状况、组织部门、活动开展原因、社会影响以及相关目的动机。其次，应说明问题的环境特征，主要考虑环境的内在优势、弱点、机会及威胁等因素，对其做好全面的分析，将内容重点放在环境分析的各项因素上，对过去的、现在的情况进行详细的描述，并通过对情况的预测制订计划。如环境不明，则应该通过调查研究等方式进行分析并加以补充。

3.策划书的活动目的及活动意义

活动的目的、意义应以简洁明了的语言将目的要点表述清楚，在陈述目的要点时，该活动的核心构成或策划的独到之处及由此产生的意义（经济效益、社会利益、媒体效应等）都应该明确写出。活动目标要具体化，并满足重要性、可行性和时效性。

4.写清资源需要

列出所需人力资源、物力资源，包括使用的地方都应详细列出。可将资源列为已有资源和需要资源两部分。

5.活动开展

作为策划的正文部分，表现方式要简洁明了，使人容易理解，但表述方面要力求详尽，写出每一点能设想到的东西，没有遗漏。在此部分中，不仅仅局限于用文字表述，也可适当加入统计图表等。对策划的各工作项目，应按照时间的先后顺序排列，绘制实施时间表有助于方案核查。人员的组织配置、活动对象、相应权责及时间地点也应在这部分加以说明，执行的应变程序也应该在这部分加以考虑。

这里可以提供一些参考方面：会场布置、接待室、嘉宾座次、赞助方式、合同协议、媒体支持、校园宣传、广告制作、主持、领导讲话、司仪、会场服务、电子背景、灯光、音响、摄像、信息联络、技术支持、秩序维持、衣着、指挥中心、现场气氛调节、接送车辆、活动后清理人员、合影、餐饮招待、后续联络等。请根据实情自行调节。

6.经费预算

活动的各项费用应根据实际情况进行具体、周密地计算，然后用清晰明了的形式列出。

7.特别说明

内外环境的变化，不可避免地会给方案的执行带来一些不确定性因素，因此，当环境变化时是否有应急措施，损失的概率是多少，造成的损失多大等也应在策划中加以说明。

8.活动负责人

注明组织者、参与者、嘉宾、单位（如果是小组策划应注明小组名称、负责人）。

9.注意事项

（1）本策划书提供基本参考，小型策划书可以直接填充；大型策划书可以不拘泥于表格，自行设计，力求内容详尽、页面美观。

（2）可以专门给策划书制作封页，力求简单，凝重；策划书可以进行包装，如用设计的徽标做页眉，图文并茂等。

（3）如有附件可以附于策划书后面，也可单独装订。

（4）策划书需从纸张的长边装订。

（5）一个大策划书，可以有若干子策划书。

四、商业策划书的撰写

美国的一位著名风险投资家曾说过，“风险企业邀人投资或加盟，就像向离过婚的女人求婚，而不像和女孩子初恋。双方各有打算，仅靠空口许诺是无济于事的。”对于正在寻求资金的风险企业来说，商业策划书就是企业的电话通话卡片。商业策划书的好坏，往往决定了投资交易的成败。

首先，对初创的风险企业来说，商业策划书的作用尤为突出，一个酝酿中的项目，往往很模糊，通过制订商业策划书，把正反理由都书写下来，然后再逐条推敲。风险企业家这样就能对这一项目有更清晰的认识。可以这样说，商业策划书首先是把要创立的企业推销给了风险企业家自己。

其次，商业策划书还能将风险企业推销给风险投资家，公司商业策划书的主要目的之一就是为了筹集资金。因此，商业策划书必须要说明：

① 创办企业的目的？为什么要冒风险，花精力、时间、资源、资金去创办风险企业？

② 创办企业所需的资金？为什么要这么多钱？为什么投资人值得为此注入资金？

对已建的风险企业来说，商业策划书可以为企业的发展定下比较具体的方向和重点，从而使员工了解企业的经营目标，并激励他们为共同的目标而努力。更重要的是，它可以使企业的出资者以及供应商、销售商等了解企业的经营状况和经营目标，说服出资者（原有的或新来的）为企业的进一步发展提供资金。

正是基于上述理由，商业策划书将是风险企业家所写的商业文件中最主要的一种。那么，如何制订商业策划书呢？商业企业如果策划的是既不能给投资者以充分的信息也不能使投资者激动起来的商业策划书，其最终结果只能是被扔进垃圾箱里。为了确保商业策划书能“击中目标”，风险企业家应做到以下几点：

（一）关注产品

在商业策划书中，应提供所有与企业的产品或服务有关的细节，包括企业所实施的所有调查。这些问题包括：产品正处于什么样的发展阶段？它的独特性怎样？企业分销产品的方法是什么？谁会使用企业的产品，为什么？产品的生产成本是多少，售价是多少？企业发展新的现代化产品的计划是什么？把出资者拉到企业的产品或服务中来，这样出资者就会和风险企业家一样对产品有兴趣。在商业策划书中，企业家应尽量用简单的词语来描述每件事。商品及其属性的定义对企业家来说是非常明确的，但其他人却不一定清楚它们的涵义。制订商业策划书的目的不仅是要出资者相信企业的产品会在世界上产生革命性的影响，同时也要使他们相信企业有证明它的论据。商业策划书对产品的阐述，要让出资者感到：“噢，这种产品是多么美妙、多么令人鼓舞啊！”

（二）敢于竞争

在商业策划书中，风险企业家应细致分析竞争对手的情况。竞争对手都是谁？他们的产品是如何工作的？竞争对手的产品与该企业的产品相比，有哪些相同点和不同点？竞争对手所采用的营销策略是什么？要明确每个竞争者的销售额，毛利润、收入以及市场份额，然后再讨论该企业相对于每个竞争者所具有的竞争优势，要向投资者展示，顾客偏爱该企业的原因是该企业的产品质量好、送货迅速、定位适中、价格合适等。商业策划书要使它的读者相信，该企业不仅是行业中的有力竞争者，而且将来还会是确定行业标准的领先者。在商业策划书中，企业家还应阐明竞争者给该企业带来的风险以及该企业所采取的对策。

（三）了解市场

商业策划书要给投资者提供企业对目标市场的深入分析和理解。要细致分析经济、地理、职业以及心理等因素对消费者选择购买该企业产品这一行为的影响，以及各个因素所起的作用。商业策划书中还应包括一个主要的营销计划，计划中应列出该企业打算开展广告、促销以及公共关系活动的地区，明确每一项活动的预算和收益。商业策划书中还应简述一下企业的销售战略：企业是使用外面的销售代表还是使用内部职员？企业是使用转卖商、分销商还是特许商？企业将提供何种类型的销售培训？此外，商业策划书还应特别关注一下销售中的细节问题。

1.表明行动的方针

企业的行动计划应该是无懈可击的。商业策划书中应该明确下列问题：企业如何把产品推向市场？如何设计生产线，如何组装产品？企业生产需要哪些原料？企业拥有哪些生产资源，还需要什么生产资源？生产和设备的成本是多少？企业是买设备还是租设备？解释与产品组装，储存以及发送有关的固定成本和变动成本的情况。

2.展示你的管理队伍

把一个思想转化为一个成功的风险企业，其关键的因素就是要有一支强有力的管理队伍。这支队伍的成员必须有较高的专业技术知识、管理才能和多年工作经验，要给投资者这样一种感觉：“看，这支队伍里都有谁！如果这个公司是一支足球队的话，他们就会一直杀入世界杯决赛！”管理者的职能就是计划，组织，控制和指导公司实现目标的行动。在商业策划书中，应首先描述一下整个管理队伍及其职责，然后再分别介绍每位管理人员的特殊才能、特点和造诣，细致描述每个管理者将对公司所做的贡献。商业策划书中还应明确管理目标以及组织机构图。

3.出色的计划摘要

商业策划书中的计划摘要也十分重要。它必须能让读者有兴趣并渴望得到更多的信息，它将给读者留下长久的印象。计划摘要将是风险企业家所写的最后一部分内容，但却是出资者首先要看的内容，它将从计划中摘录出与筹集资金最相干的细节：包括对公司内部的基本情况，公司的能力以及局限性，公司的竞争对手，营销和财务战略，公司的管理队伍等情况的简明而生动的概括。如果公司是一本书，它就像是这本书的封面，做得好就可以把投资者吸引住。它将会给风险投资家有这样的印象：“这个公司将会成为行业中的巨人，我已等不及要去读计划的其余部分了。”

（四）风险预测与解决方案

在商业策划书上假若附带风险分析这是很吸引对方的，作为风险投资，最怕的是风险大，在商业策划书上给出自己的解决方案，也许对方会不会认同，最起码的让对方感觉你的这份策划书会让他，但如果对风险分析不清，建议不加。

以上就是风险企业家撰写商业策划书说明的几个方面，如果内容全面、清晰，那就是一份非常好的商业策划书了。

三门峡黄河旅游国际文化节活动策划初案

一、策划背景

1.基本概况

三门峡市总面积10309平方千米，总人口227.48万人（2005年底）（根据《三门峡市行政区划简册》）。

2.行政区划

三门峡市辖6个县（市）区，1个经济开发区、1个产业集聚区，市人民政府驻湖滨区。

3.历史概况

地处黄河流域的三门峡市是华夏文明发祥地之一。在漫长的历史进程中，先民们在这块土地上繁衍生息，用勤劳的双手创造了光辉灿烂的历史文化，成为华夏浩瀚文化的重要组成部分。

4.经济发展

“十五”以来，市委、市政府立足于我市实际，确立了发挥比较优势，大力培育特色经济，构建区域特色经济体系的发展思路；突出五大产业基地建设，构筑九大产业链条，使三门峡经济呈现出前所未有的发展势头，成为河南省最具发展潜力的区域之一。

5.科技发展

改革开放以来，三门峡市的科技事业得到了长足发展。科技综合实力明显增强，全民科技进步意识显著提高，科技发展社会环境得到大力改善，同时科技工作以技术创新为主线，以深化科技体制改革、扩大科技对外开放为动力，以优化科技发展环境、完善区域创新体系、实施人才战略和加大科技投入为主要措施，大力推动科技进步与创新，有力地推动了传统产业的改造提升、高科技产业的发展和农业的科技进步，科技已成为经济发展和社会进步的重要支撑力量，科技对经济增长的贡献率进一步提高。

6.旅游资源

三门峡地处豫、晋、陕三省交界处，东与洛阳市为邻，南依伏牛山与南阳市相接，西望古城长安，北隔黄河与三晋呼应，是历史上三省交界的经济、文化中心。华夏的古老文明、祖国的今朝奇迹、南疆的湖光山色、北国的秀丽冰川，在这里得到了巧妙的浓缩和展现，发展旅游业有着得天独厚的条件和十分广阔的前景。厚重的历史文化为这里留下了许多名胜古迹和人文景观。自然景观主要有融观光、登山、避暑为一体，享有“小华山”之美称的亚武山国家级森林公园；“四面环山三面水，半城烟村半城田”的陕州老城风景区；风光旖旎、景观险胜、古迹遍布的三门峡黄河游览区等。近年推出的“黄河之旅”旅游线路，已被国家旅游局定为14条旅游专线的第二条，推向了国际市场。

7.历史沿革

1986年1月18日，国务院批准，三门峡市升为地级市，原洛阳地区的渑池、陕县、灵宝、卢氏4县划归三门峡市管辖。义马市由三门峡市代管。

1990年，全市共设93个居民委员会。1992年，为适应改革开放与经济发展形势，三门峡市内设经济技术开发区管理委员会，驻地在陕州城遗址；开发区管委会下辖向阳、后川、南关、三里桥、韩庄等5个村民委员会。

1993年5月，报经国务院批准，灵宝县撤县设市。

2000年底，三门峡市共设76个乡（镇）、10个街道办事处，1347个村民委员会、152个居民委员会。

此次河南三门峡黄河旅游国际文化节的举办本着政府搭台、企业出钱、百姓唱戏的原则，为各市县进行招商引资，搞活一方经济，促进三门峡的政治、经济、文化全面发展。

二、策划目的

1.塑造和传播三门峡城市形象，打响三门峡的知名度、提高三门峡的竞争力和影响力，树立品牌。

2.带动三门峡地区的经济发展，吸引投资商、企业家到三门峡投资。

3.推进河南省旅游开发建设精品化，旅游宣传促销品牌化，促进全省旅游业发展。

4.推动三门峡乃至整个河南省其他相关行业的发展。

三、策划原则

1.整体策划，分级负责，协调合作，务求实效。

2.经济效益、环境效益、社会效益相结合。

3.活动具有新颖性、独特性、现实性。

四、组织形式

政府主导，各部门分工合作，社会各界力量参与。

五、主题口号

黄河明珠三门峡，千年文明古华夏，老子骑牛送真经，五千真言代代传。风水宝地迎商客，融资融智融天下。

六、举办单位

主办单位：河南省三门峡人民政府新闻办公室、河南省三门峡市广播电视局。

承办单位：河南省三门峡市旅游局及有关县（市）人民政府。

七、主要活动及程序

由烟花拼成的“热烈祝贺黄河旅游文化节隆重开幕”巨大字幕在空中升起，拉开序幕以舞蹈形式的大型晚会为主，辅以锣鼓、舞狮、戏曲、彩色气球等表演。此外，还将举行三门峡各地手工艺品的制作展、国际书画艺术展等系列活动。

八、晚会序幕

1.画面，展开历史画卷

从盘古开天地以来，人们一直是面朝黄土背朝天，日出而作，日落而息，晴天一身汗，雨天一身泥地辛勤劳作，突然一声惊雷打破了黄河两岸的宁静，紧接着是大雨瓢泼而下，洪水猛涨，树被冲走，房被冲倒，田地被淹，黄河两岸人们流离失所，无家可归。

雨后人们重新开天辟地重建家园，一代一代食不果腹、衣不遮体的繁衍生息，代代地饱受洪灾之害。这时，画面出现一个名叫大禹的人，不忍看到人们痛苦不堪的生活，发誓一定要改变历史的现状，治理好黄河，他三过家门而不入，终于发现黄河是年年治理年年治，越治越不行，堵也堵不住，必须因势利导，以水治水，减缓水势，水到渠成。然而一座大山拦住了水路，大禹经过周思密虑后决定，想缓解水势必须劈开大山。于是就上演了一位身穿古装的青年手挥大斧将大山劈开三个口子，这就是传说中的人门、鬼门、神门。然后滚滚黄河之水从人门、鬼门、神门三个口子顺流直下（全用穿着古装黄铜色像黄河水一样的演员迅速组成一个三门峡辖区全图案)，中间再醒目地闪出八个金黄大字“三门峡人民欢迎您”。

2.画面，波涛汹涌的黄河之上，冉冉升起一轮红日——黄河明珠。《三门峡之歌》，男高音独唱。

3.“白天鹅之都”三门峡，少儿芭黎舞(由三门峡幼儿园表演)。

4.“老子出关”“紫气东来”演绎灵宝市函谷关的由来，《道德经》的出现。

5.各地地方特色展现：灵宝三大宝：黄金、苹果与大枣；卢氏：木耳、猴头与核桃、烟叶、旅游等。

九、三门峡黄河旅游节新闻发布会以及旅游推介会

1.三门峡市市长召开三门峡黄河旅游节安排新闻发布会。

2.旅游推介会介绍三门峡旅游资源、旅游胜地，由此推进河南省旅游开发建设精品化、旅游宣传促销品牌化。

3.费用：具体经费详见附件一。

4.邀请人员：境内外各地媒体、记者、旅游局及相关部门的相关领导，境内外旅行商。

十、三门峡纪念品

制作具有地域文化特色的竹简雕刻的《道德经》，精装版盒，落款为三门峡人民政府赠。这样的纪念品既有纪念意义，又有收藏价值和观赏价值，还能对三门峡起到宣传作用。

备注：此方案还需完善，需到实地考察后定夺。

课堂练习

1.策划书有哪些种类？

2.策划书的基本格式都包含哪些要素？

写作训练

1.为学院或班级开展“学雷锋活动”拟写一份策划书。

2.为班级开展“趣味运动会”拟写一份策划书。

第七节 申请书 倡议书

目标要求

一、知识目标

1.认识申请书、倡议书的涵义、用途；

2.明确申请书的类型和倡议书的特点；

3.知晓各类申请书、倡议书的适用范围。

二、能力目标

掌握各类申请书、倡议书的写法。

三、素质要求

能够写出规范的申请书和倡议书。

例文

离职申请书

××公司人力资源部：

由于个人职业规划和一些现实因素，经过慎重考虑之后，特此提出离职申请，敬请批准。

在××工作一年多的时间里，我有幸得到了各位领导及同事们的倾心指导及热情帮助，在本职工作和音乐专业技能上，我得到了很大程度的提高，在此感谢××提供给我这个良好的平台，这一年多的工作经验将是我今后职业生涯中的一笔宝贵财富。

在这里，特别感谢各位领导在过去的工作、生活中给予的大力支持与帮助；尤其感谢××、××等一年来对我的信任和关照，感谢所有给予过我帮助的同事们。

望批准我的申请，并请协助办理相关离职手续，在正式离开之前我将继续认真做好目前的每一项工作。

祝公司事业蓬勃发展，前景灿烂。

此致

敬礼！

申请人：×××

××××年××月××日

评析

这是一份离职申请书。在第一行正中写上申请书的名称，由事由和文种名共同构成，即以“离职申请书”为标题。标题要醒目，字体稍大。在标题下一行顶格处写出接受离职申请的单位组织名称或领导人的姓名称呼，并在称呼后加冒号。正文首先要提出申请离职的内容，开门见山让人一看便知，本文对于提出申请的具体理由只做了简单说明。其次表述了对工作得到大家帮助的谢意，这是十分礼貌的做法。最后要提出自己申请离职的决心、个人的具体要求和希望领导解决的问题等。结尾要求写上“此致敬礼”表示敬意的话。落款处写明离职人的姓名及提出离职申请的具体日期。

知识点击

申请书

一、申请书的涵义

申请书是个人或集体向组织、机关、企事业单位或社会团体表述愿望、提出请求时使用的一种文书。一般在要求加入共产党、共青团、少先队、工会，参军及参加某项活动，请求承担某项任务或涉及私人事物等情况下，都可使用这一文体。

二、申请书的使用范围

申请书的使用范围十分广泛，尤其是今天，商品经济的大潮，人们的交往越来越多，申请书的使用大有用武之地。个人对党团组织和其他群众团体表述志愿、理想和希望，要使用申请书；下级在工作、生产、学习、生活等方面对上级有所请求时，也可以使用申请书。申请书把个人或单位的愿望、要求向组织或上级领导表述出来，让组织和领导加深了对自己或下级的了解，争取了组织和领导的帮助与批准，加强了上下之间，集体与个人之间的关系，对促进社会主义物质文明和精神文明的建设具有巨大作用。申请书是一种专用书信，它同一般书信一样，也是表情达意的工具。申请书要求一事一议，内容要单纯。

三、申请书的种类

申请书的使用范围相当广，种类也很多。

（1）按作者分类，可分为个人申请书和单位、集体公务申请书。按解决事项的内容分类，可分为入团、入党、困难补助、调换工作、建房、领证、承包、贷款申请书等。

（2）从使用范围划分，申请书可分为如下几类：

① 社会组织方面的申请。这种申请一般是指加入党派和社会团体的专用书信。如入党、入团，加入民主党派或一些社会团体等。

② 工作学习方面的申请。这类申请一般是指向单位提出工作、学习中的意愿的专用书信。如入学、退学、进修、工作调动申请等。

③ 日常生活方面的申请。这类申请一般是指向有关部门提出生活需求的专用书信。如结婚、困难补助、开业申请等。

四、申请书的特点

（1）请求性。“申请”顾名思义是申述自己的理由并有所请求的意思。无论是个人在政治生活上入团、入党的申请，或者个人、单位在其他方面的申请，均是一种请求满足要求的一种公用文书。所以请求的特性是申请书的一个根本的特点。

（2）格式性。申请书是一种专用书信，因此它也必须按照书信的格式来行文。虽然内容因要求不同而不同，但是形式都基本保持不变。

（3）程序性。申请书是个人向组织、下级向上级的行文方式，这是申请书的性质所决定的。所以，申请书在语言的使用上，语言的选择上均需符合这种下对上的行文标准。

五、申请书的结构

由标题、称谓、正文、结语和落款五部分构成。

（1）标题

申请书的标题有两种形式：

① 性质加文种构成，如“入团申请书”。

② 用文种“申请书”作标题。

（2）称谓。另起一行，顶格加冒号写明接收申请书的单位名称或领导人姓名。如“×××团支部：”“系总支领导××同志：”等。

（3）正文。正文包括三项内容。

① 自我介绍并表明申请事项。向领导、组织提出申请什么。要开门见山，直截了当，不含糊其辞。

② 申请原因。为什么申请，也就是说明申请书的目的、意义及自己对申请事项的认识。

③ 表明态度并请求批准，态度诚恳有分寸，语言要朴实准确、简洁明了。

（4）结语。一般是表示敬意的话，如“此致敬礼”等。也可写表示感谢和希望的话，如“请组织考验”“请审查”“望领导批准”等。

（5）落款。在右下方署明申请人姓名，并在下面注明年月日。

六、申请书写作的注意事项

（1）申请的事项要写清楚、具体，涉及的数据要准确无误。

（2）理由要充分、合理，实事求是，不能虚夸和杜撰，否则难以得到上级领导的批准。

（3）语言要准确、简洁，态度要诚恳、朴实。

倡议书

一、倡议书的涵义

倡议就是倡导、建议。倡议书是个人或集体提出建议并公开发起，希望共同完成某项任务或开展某项公益活动所运用的一种专用书信。如提议开展抢救国宝大熊猫的倡议书、给希望工程捐款的倡议书等。这些号召性的书信或见之于报端，或张贴校园，都是倡议书的范例。它作为日常应用写作中的一种常用文体，在现实社会中有着较广泛的使用。

二、倡议书的作用

（一）倡议书具有广泛的群众性。

它可以在较大范围内调动群众的积极性，使大家心往一处想，劲往一处使，齐心协力共同做好一些有益于社会的事务和开展某些公益活动。

（二）倡议书是开展精神文明建设的一个有效的方法。

倡议书的内容一般是同人们日常生活相关的一些事项。如倡议爱护花草树木、保护生态环境；倡议众志成城、同心协力，实现祖国的伟大复兴等。所有这些都有利于人们的身心健康，属于社会主义精神文明的重要内容。倡议书是一种建议、倡导，它不给人一种强制的感觉，所以在这种轻松倡导之中，宣传了真善美，使人们无形之中就受到深刻的教育。

三、倡议书的特点

（一）公开性。倡议书不是对某个人、某一集体或某一单位而言的，它往往面向广大群众，或对一个部门的所有人发出，或对一个地区的所有人发出，甚至向全国发出。所以倡议书一般要在公共场所张贴或在报刊、广播、网络、媒体上播发，具有公开性。

（二）宣传性。倡议书是要公开地表明自己的主张或建议，直接目的是希望大家响应，但同时在客观上起到了宣传自己。

（三）倡导性。倡议书的目的是把自己的主张变成群众的行动，但倡议者不是通过行政命令去强制执行，而是要通过号召、建议、引导、提倡等非强制的方法来实现自己的目的。因而倡议书对任何人是没有约束力的，群众是否响应，完全采取自愿。

四、倡议书的结构

一般由标题、称呼、正文、落款四部分组成。

1. 标题

（1）由文种名单独组成，即在第一行正中用较大的字体写“倡议书”三个字。

（2）可以由倡议内容和文种名共同组成。如“关于向灾区捐款捐物的倡议书”。

（3）还可以写成正副标题的形式，如“责任同样属于我们——致全体团员青年的倡议书”。

2. 称呼

一般顶格写在第二行开头。倡议书的称呼可依据倡议的对象而选用适当的称呼。如“广大的青少年朋友们：”“广大的妇女同胞们：”“全国的叔叔阿姨”等。有的倡议书也可不用称呼，而在正文中指出。

3. 正文

一般写三个层次：

（1）倡议的理由：为什么要这样做？倡议书的发出贵在引起广泛的响应，只有交代清楚倡议活动的原因，以及当时的各种背景事实，并申明发布倡议的目的，人们才会理解和信服，才会自觉地行动。这些因素交代不清就会使人觉得莫名其妙，难以响应。

（2）倡议的事项：应该怎么做？即希望群众响应自己的那些主张。这是正文的重点部分。倡议的主张既要有积极意义，又要具体可行，不能脱离实际。事项单一的可在倡议理由后直接写，事项较多的可分条列项，这样往往清晰明确，一目了然。

（3）鼓动群众积极响应（号召）这一部分要感情充沛，有较强的感召力和鼓动性，以激发群众积极参与的热情。

4. 落款

在右下方署明倡议者单位、集体的名称或个人姓名，并在下面注明发倡议的日期。

五、倡议书写作的注意事项

（1）内容应符合时代精神，切实可行，与国家的路线方针政策相一致。

（2）交代清楚背景、目的，理由充分。

（3）措辞贴切，情感真挚，富有鼓动性。

（4）篇幅不宜过长。

外出培训申请书

尊敬的领导：

随着公司日渐强大，对员工素质要求渐高，本人在现工作中感到知识匮乏由此遇到许多困惑和难点。为了能使本人开阔视野，拓宽思维，充实自我，促进我单位深入落实新标准新制度，适应单位新的发展，我愿意全面接受素质教育，这样使我也能享受到优秀的教育教学方法，因此决定外出培训。我相信，这次学习对我一定是受益匪浅的，必将极大地促进我对工作的积极性，提高我对工作本质的一个新的认识。为积极探索我单位全面实施素质教育具有非常大的意义。

因此，恳请领导给予批准。

此致

敬礼！

申请人：×××

××××年××月××日

课堂练习

1.“世界那么大，我想去看看！”这句话出自于2015年4月13日河南省实验中学心理教师顾少强的辞职信内容。有人评论这是“史上最具情怀的辞职信，没有之一”。顾少强为2004年7月入职河南省实验中学的一名女性心理教师。如此任性的辞职信，领导最后真的批准了。谈谈你的看法。

2. 申请书与倡议书有哪些区别？

写作训练

1. 请以班级经济状况不好的同学的名义写一份大学生家庭贫困补助申请书。

2. 针对滥食野生动物这种不文明的行为，请以保护野生动物为题，拟写一封倡议书。

第三章

社交文书

第一节　邀请信　请柬

目标要求

一、知识目标

1. 认识邀请信、请柬的涵义、用途；

2. 明确邀请信、请柬的特点和类型；

3. 知晓各类邀请信、请柬的适用范围。

二、能力目标

掌握各类邀请信、请柬的写法。

三、素质要求

能够写出规范的邀请信、请柬。

案例分析

例文1

网聚财富主角阿里巴巴年终客户答谢会

邀请函

尊敬的××先生/女士：

过往的一年，我们用心搭建平台，您是我们关注和支持的财富主角。

新年即将来临，我们倾情实现网商大家庭的快乐相聚。为了感谢您一年来对阿里巴巴的大力支持，我们特于2006年1月10日14:00在青岛丽晶大酒店一楼丽晶殿举办2005年度阿里巴巴客户答谢会，届时将有精彩的节目和丰厚的奖品等待着您，期待您的光临！

让我们同叙友谊，共话未来，迎接来年更多的财富，更多的快乐！

阿里巴巴

2006年1月1日

评析 》

这是一封阿里巴巴发出的邀请函，相信接到邀请的人一定也是位成功人士，并且是阿里巴巴重要的客户代表，因此在措辞上一定要谦逊有礼，言语得体，内容上更要简洁明了，引人注目。

例文2

请柬

××先生：

小儿王××与张××女士结婚，荷蒙厚仪，谨定于××××年××月××日下午六时喜酌候教。

王××暨南××鞠躬

席设聚宝饭店

恕不介催

评析》

这是一封婚庆请柬，也叫结婚请帖，又称婚柬帖，是专门邀请亲友前来参加婚礼、婚宴的请柬，是目前在民间社交中运用最广、覆盖面最大的一种请柬，大多由新人的家长发出，文字较讲究，文言色彩较浓，且根据邀请者与被邀请者的各种不同关系，采用不同的语词。

知识点击

邀请信

一、邀请信的涵义

邀请信又称邀请函，是邀请亲朋好友或知名人士、专家等参加某项活动时所发的请约性书信。它是现实生活中常用的一种日常应用写作文种。在国际交往以及日常的各种社交活动中，这类书信使用广泛。

二、邀请信的种类

邀请函分为两种：一种是个人信函，例如邀请某人共进晚餐、参加宴会、观看电影、出席典礼等；另一种邀请函是事务信函，一般是邀请参加会议、学术活动等。

1. 普通邀请函

第一种邀请函邀请的对象一般是朋友、熟人，所以内容格式上的要求都比较松，可以写得随便一些。只要表明邀请的意图，说明活动的内容、时间、地点等。但既然是邀请函，那么就一定要在信中表达非常希望对方能够参加或者出席的愿望。这种邀请函的篇幅可以非常短，有的可以用请柬的形式发出。

2. 正式邀请函

第二种邀请函一般由会议或学术活动的组委会的某一个负责人来写，以组委会的名义发出，而且被邀请者通常也是属于比较有威望的人士。因此，这类邀请函的措辞要相对正式一些，语气要热情有礼。

这一类邀请函通常要包括以下内容：首先表明邀请对方参加的意图以及会议或学术活动的名称、时间、地点；然后要对被邀请者的威望和学术水平等表示推崇和赞赏，表明如果被邀请者能够接受邀请，会给会议或者活动带来很好的影响；接着要说明会议或活动的相关事宜，最好是能引起对方兴趣的事宜；当然不能忘了表达希望对方能够参加的诚意；最后还要请收信人对发出的邀请做出反馈，如确认接受邀请。

三、邀请信的使用

在应用写作中邀请函是非常重要的，而商务礼仪活动邀请函是邀请函的一个重要分支，写好它至关重要。但要注意，简洁明了，看懂就行，不要有太多的文字。

商务礼仪活动邀请函是商务礼仪活动主办方为了郑重邀请其合作伙伴（投资人、材料供应方、营销渠道商、运输服务合作者、政府部门负责人、新闻媒体朋友等）参加其举行的礼仪活动而制发的书面函件。它体现了活动主办方的礼仪愿望、友好盛情；反映了商务活动中的人际社交关系。企业可根据商务礼仪活动的目的自行撰写具有企业文化特色的邀请函。

四、邀请信的结构

1. 标题

由礼仪活动名称和文种名组成，还可包括个性化的活动主题标语。如例文“阿里巴巴年终客户答谢会邀请函”及活动主题标语——“网聚财富主角”。活动主题标语可以体现举办方特有的企业文化特色。例文中的主题标语——“网聚财富主角”独具创意，非常巧妙地将“网”——阿里巴巴网络技术有限公司与“网商”——“财富主角”用一个充满动感的动词“聚”字紧密地联结起来，既传达了阿里巴巴与尊贵的“客户”之间密切的合作关系，也传达了“阿里人”对客户的真诚敬意。若将“聚”和“财”连读，“聚财”又通俗、直率地表达了合作双方的合作愿望，可谓“以言表意”“以言传情”，也恰到好处地暗合了双方通过网络平台实现利益共赢的心理。

2. 称谓

邀请函的称谓使用“统称”，并在统称前加敬语。如“尊敬的×××先生/女士”或“尊敬的×××总经理（局长）”。

3. 正文

邀请函的正文是指商务礼仪活动主办方正式告知被邀请方举办礼仪活动的缘由、目的、事项及要求，写明礼仪活动的日程安排、时间、地点，并对被邀请方发出得体、诚挚的邀请。

正文结尾一般要写常用的邀请惯用语。如“敬请光临”“欢迎光临”。

例文中，正文分为三个自然段。其中第二段写明了“2005年终客户答谢会”举办的缘由、时间、地点、活动安排。

第一段开头语“过往的一年，我们用心搭建平台，您是我们关注和支持的财富主角。”和第三段结束语“让我们同叙友谊，共话未来，迎接来年更多的财富，更多的快乐！”，既反映了主办方对合作历史的回顾，即与“网商”精诚合作，真诚为客户服务的经营宗旨，又表达了对未来的美好展望，阿里巴巴愿与网商共同迎接财富，共享快乐。

这两句话独立成段，简要精练，语义连贯，首尾照应，符合礼仪文书的行文要求，可谓是事务与礼仪的完美结合。

4. 落款

落款要写明礼仪活动主办单位的全称和成文日期。

五、邀请信写作的注意事项

（1）被邀请者的姓名应写全，不应写绰号或别名。

（2）在两个姓名之间应该写上“暨”或“和”，不用顿号或逗号。

（3）应写明举办活动的具体日期（并注明星期几）。

（4）写明举办活动的地点。

请　柬

一、请柬的涵义

请柬，又叫请帖，是为邀请宾客而发出的书面通知。请柬在社会交际中被广泛应用。一些公务活动包括召开较隆重的会议需要请柬；人们在结婚、祝寿、生育或举行其他庆典活动时，为邀请亲友赴宴或与会，也常常需要发请柬给被邀请者。

二、请柬的种类

发请柬是为了表示对客人的尊敬，也表明邀请者的郑重态度，所以请柬在款式和装帧设计上应美观、大方、精致，使被邀请者体味到主人的热情与诚意，感到喜悦和亲切。现在通行的请柬形式有双柬帖与单柬帖两种：双柬即双帖，将一张纸折成两等分，对折后成长方形；单柬帖即单帖，用一张长方形纸做成。无论双帖、单帖，帖文的书写或排版款式均有横排、竖排两种。

三、请柬的特点

请柬的篇幅有限，书写时应根据具体场合、内容、对象，认真措词，行文应达、雅兼备。达，即准确；雅就是讲究文字美。在遣词造句方面，有的使用文言语句，显得古朴典雅；有的选用较平易通俗的语句，则显得亲切热情。不管使用哪种风格的语言，都要庄重、明白，使人一看就懂，切忌语言的乏味和浮华。

四、请柬的写法

（1）.双柬帖封面印上或写明“请柬”二字，一般应做些艺术加工，即采用名家书法、字面烫金或加以图案装饰等。有些单柬帖，“请柬”二字写在顶端第一行，字体较正文稍大。

（2）无论单帖、双帖，在帖文行文方面大致是一样的。帖文首行顶格书写被邀请者的姓名或被邀请单位的名称。有的请柬把被邀请者的姓名或单位名称放在末行，也要顶格书写。

（3）写明被邀请者参加活动的内容，如参加座谈会、联欢会、赴宴，应交代具体时间、地点。若有其他活动，如观看影视表演，应在请柬上注明或附入场券。

（4）结尾写“敬请光临”“致以敬礼”等，古代称此为“具礼”。

（5）落款应写明邀请人的单位或姓名和发出请柬的时间。

五、婚礼请柬的注意事项

婚礼请柬是准备结婚的青年男女邀请客人前来参加婚礼的书面通知。发送请柬的对象无外乎平辈、长辈、近邻、远亲、同事和领导等。邀请客人参加婚礼，切不可口头通知，这样会显得不礼貌、不庄重。而书面通知不仅显得郑重、认真，而且可以清楚地把要讲的事情，准确无误地记录下来，并显示其公开性。

婚礼请柬还可以作为一种纪念品被受邀者所珍藏，因此，一旦决定发送请柬，就应郑重其事，尽量地将请柬制作得精致玲珑，使其具有较强的纪念意义和较高的收藏价值。

请柬一般用红色纸制作，因为根据我国的风俗习惯，红色表示喜庆、友好、热情。千万不要用白色、黄色的请柬邀请友人参加婚礼等喜庆活动。

请柬的正面为标题，内页为正文，其文要写明被邀请者的姓名，写明参加婚礼的活动内容，并交代婚礼的时间、地点。

请柬要求文字工整，千万不可将对方的名字写错。如有其他话要写，须注意措词要文雅、大方、热情。正文之后是尾语，如“敬请光临”，尾语的后面是邀请者的姓名和年月日的“落款”。如另有什么事情要说，那就在附言中加以注明。

请柬制作写完后，由将结婚的男女双方或其中一方、或其家人亲自把结婚请柬送到被邀请者或其家人的手中，以示郑重，并叮嘱被邀请者务必应邀前往。

发送请柬时，近的要送，远的就寄，近送的切忌熟人转带，这是不礼貌的；远寄的要提前一些时间，不能让被邀请者接到请柬时已经过了婚礼时间。到被邀请者的家时，要礼貌地诚恳地邀请对方，准确地告诉对方婚礼的时间与地点，态度要热情、大方，举止要潇洒自然。

××中学××××级高一（1）班同学“再相会”联谊活动 邀请函

×××同学：

你好！

每提及你的名字，你仿佛就站在我们眼前，仿佛又回到火热的学校生活，思念之情油然而生。想来你也和我们一样，很想一聚。

四十年啦，但多彩的学校生活、深厚的同学情谊却还是那么清晰。我们的眼前常常浮现出教室门前那棵葱绿的核桃树，浮现出假山旁那几杆婆娑的青竹，浮现出教堂那一带有神秘色彩的西式建筑；耳畔常常回响起王××校长那渊博、机敏、幽默的语言，回响起张××老师那简洁、明晰的讲演，回响起李××师傅摇动的清脆铃声；脑海里更记得高考辉煌的××××年，我们清晨书声琅琅、志存高远。

四十年啦，不论浪迹于天涯、还是踯躅于海角，不论在从军路上、还是在三尺讲台，不论享受着成功的辉煌、还是咀嚼着失意的苦涩，那深深的同学情啊，始终像一坛陈年老酒，日久弥浓的醇香，深深地陶醉着我们。多少回神游母校，多少次梦醒相会。聚吧，日已过午，不聚更待何时？每一颗心都热切地期盼着。

四十年啦，我们这一群鬓染微霜、年过花甲之人又要相聚了，那赤子之情犹如激流般地涌动。撂下厨房的汤勺，丢下手中的菜篮，扶下膝头的爱孙，不顾汽车的颠簸，不怕航轮的惊涛，不惧飞机的气旋，奔跑着，跳跃着，唱着，笑着，紧紧相拥，有多少深情要叙，有多少挚语要说。

四十年啦，来吧！相聚的激情、相聚的欢乐、相聚的回忆，将是尚满天际的红霞、重阳佳节的黄菊，描绘出我们人生中一道亮丽的风景线。给我们鼓舞，给我们热情，给我们感悟，给我们温馨。来吧！你的到来将给联谊增辉，你的缺席将使每一个人怅然。来吧！每一个同学都张开着热情的双臂，期待着、期待着你的到来！

×××

××××年××月××日

课堂练习

1. 邀请信的结构有哪些？

2. 婚礼请柬都有哪些注意事项？

写作训练

1. ×××公司即将迎来成立以来的第九个新年，请以公司董事长的名义拟写一封邀请公司员工参加新年酒会的邀请函。

2. 公司经理李明、杨蓉夫妇之子李瑞与未婚妻赵晓婷将于2015年8月8日（星期六，农历乙未年六月二十四）在悦城大酒店举行婚礼，请以新郎家长的名义拟写一封结婚请柬。

第二节　感谢信　表扬信

目标要求

一、知识目标

1. 认识感谢信、表扬信的涵义、用途；

2. 明确感谢信、表扬信的特点和类型；

3. 知晓各类感谢信、表扬信的适用范围。

二、能力目标

掌握感谢信、表扬信的基本写法。

三、素质要求

能区别感谢信和表扬信。

案例分析

感谢信

××部队全体指战员：

我县上月遇到了特大洪涝灾害，许多地区被淹，人民生命、国家财产受到了严重威胁。在这危难之际，你部全体干部、战士连夜赶赴我县，投入到紧张的抗洪抢险之中。十几个日日夜夜，你们发扬“不怕牺牲，排除万难”的献身精神，始终冒雨战斗在抗洪抢险的第一线，谱写了许多可歌可泣的动人事迹。

你们的奋力救援，有力地保住了我县人民的生命和财产，使我县上万亩良田和几百座房屋免于洪水冲毁，使我县最后战胜了洪涝灾害，赢得了抗洪斗争的胜利。你们这种急他人所急、助人为乐、无私奉献的精神值得赞扬和学习。

为此，特向你们表示衷心的感谢！我们决心向你们学习，在党的领导下，积极恢复生产，重建家园，以实际行动报答你们的关怀和帮助！

此致

敬礼！

××县人民政府

2009年4月30日

这篇感谢信的正文，叙述事由和对方事迹，阐述事迹的效应、颂扬品德以及表示向对方学习等方面，写得详略得当、感情真挚。

知识点击

感谢信

一、感谢信的涵义

感谢信是重要的礼仪文书，是集体单位或个人向帮助、关心和支持过自己的集体单位（党政机关、企事业单位、社会团体等）或个人表示感谢的专业书信，有感谢和表扬双重意思。一方受惠于另一方，应及时地表达谢忱，使对方在付出劳动和贡献后得到心理上和精神上的收益，它是一种不可少的公关手段。感谢信对于弘扬正气、树立良好的社会风尚，促进社会主义精神文明建设有着重要意义。

二、感谢信的特点

一般来说，感谢信具有公开感谢和表扬、感情真挚、表达方式多样等特点。

三、感谢信的结构

感谢信的写作格式是书信体。写作时应篇幅短，中文200字左右即可；对收信人为自己做的好事和对方给自己带来的好处都写清楚，不要含糊其辞；表示感谢的话要合乎礼尚往来的习惯，语气不应过于卑屈。谢意之外，如果允诺别人什么应切实可行，能说到做到。

感谢信的结构一般由标题、称谓、正文、结语、署名与日期五部分构成。

（1）标题。第一行，可只写“感谢信”三字；如果写给个人，这三个字可以不写；有的还在“感谢信”的前边加上一个定语，说明是因为什么事情、写给谁的感谢信，也就是加上感谢对象，如“致张鸣同学的感谢信”“致平安公司的感谢信”；还可再加上感谢者，如“范小康全家致××社区居委会的感谢信”。

（2）称谓。第二行，顶格写感谢对象的单位名称或个人姓名，如“××交警大队”“王××”；姓名后面可以加适当的称呼，如“同志”“师傅”“先生”等，称呼后用冒号；如果感谢对象比较多，可以把感谢对象放在正文中间提出。

（3）正文。第三行，空两格起写正文。正文主要写两层意思：一是写感谢对方的理由，二是直接表达感谢之意。

① 感谢理由。首先准确、具体、生动地叙述对方的帮助，交代清楚人物、时间、地点、事迹、过程、结果等基本情况；然后在叙事基础上对对方的帮助做恰当、诚恳的评价，以揭示其精神实质、肯定对方的行为。在叙述和评价的字里行间要自然渗透感激之情。

② 表达谢意。在叙事和评论的基础上直接对对方表达感谢之意，根据情况也可在表达谢意之后表示以实际行动向对方学习的态度。

（4）结语。正文写好了，另起一行空两格，也可以紧接正文写上“此致”，换一行顶格写上“敬礼”。一般感谢信都用“此致敬礼”或“再次表示诚挚的感谢”之类的话，也可不写结语自然结束正文。

（5）署名与日期。最后另起一行，在右半行署上感谢者单位名称或个人姓名。再另起一行，在署名的下方写上发信的时间。

四、感谢信的种类

感谢信依据不同的标准可以有不同的分法。按感谢对象来分，有写给集体的感谢信，有写给个人的感谢信。按感谢信的存在形式来分，有直接寄送给感谢对象的感谢信。有寄送到对方所在单位或其单位有关部门公开张贴的感谢信，有寄给广播电台，电视台、报社、杂志社等媒体公开播发的感谢信。

五、感谢信与表扬信的区别

两者都是对别人某种行为的肯定与表扬，但侧重点不一样。表扬信是侧重表扬某人，表扬某人做了什么好事，可以不是当事人自己写；而感谢信则是表达对某人帮助的感谢，是当事人自己写的。

六、感谢信写作的注意事项

1. 内容要真实，评誉要恰当

感谢信的内容必须真实，确有其事，不可夸大溢美。感谢信以感谢为主，兼有表扬，所以表达谢意时要真诚，说到做到。评誉对方时要恰当，不能过于拔高，以免给人一种失真的印象。

2. 用语要适度，叙事要精练

感谢信的内容以主要事迹为主，详略得当，篇幅不能太长，所谓话不在多，点到为止。感谢信的用语要求精练、简洁，遣词造句要把握好一个度，不可过分雕饰，否则会给人一种不真实、虚伪的感觉。

表扬信

一、表扬信的涵义

表扬信是向特定受信者表达对被表扬者优秀品行颂扬之情的一种专用书信。它主要用于作者在日常工作、生活中受益于被表扬者的高尚品行（或被其品行所感动），特向被表扬者所在单位或其上级领导致信，以期使其受到表彰、奖励，使其精神发扬光大。

表扬信可以直接写给表扬对象，也可以写给表扬对象的所属单位，还可以写给报社、电台、电视台等新闻媒体。

二、表扬信的格式

1. 标题。写成“表扬信”即可。
2. 称谓。一般写给被表扬人的上级领导单位。
3. 事迹经过。
4. 表扬的语句。
5. 学习的语句。

三、表扬信的种类及用途

从表扬双方的关系来看，可以分为两种：上级对下级、团体对个人进行表扬的表扬信；

群众之间进行表扬的表扬信。

从被表扬者的身份来看，表扬信又可分为两种：对集体进行表扬的表扬信；对个人进行表扬的表扬信。

四、表扬信写作的注意事项

1.叙事要实事求是。对被表扬的人和事件的叙述一定要准确无误，既不夸大，也不缩小。评价 要实事求是，恰如其分。

2.要用事实说理。要充分反映出对方的可贵品质。写动人事迹要做到见人、见事、见精神，不要以空泛的说理代替动人的事迹。

3.表扬信语气要热情、恳切，文字要朴素、精练，篇幅要短小精悍。

4.表扬信可以组织名义写，也可以个人名义写。除信中给予的表扬外，也可建议有关部门给予表扬。

感谢信

尊敬的×××学院领导：

我公司员工9月28日在××公寓的湖南湘菜馆里吃饭，不慎将手提包遗落在饭桌上，包里有近万元现金、钱包、信用卡、公司印章、材料等。事后我们很焦急，往返几次，都没有找到。

当日下午3点左右，在准备将公司印章挂失进行作废说明时，公司接到电话，得知手提包被××大学的一名学生捡到，并通过公司材料中的电话号码告知公司。经核实后，我公司员工和该同学取得联系并拿回了失物，包里的东西一样不少。

为表谢意，公司拿出1000元钱表示感谢，但被这名同学拒绝了。在我们再三追问下，得知这名同学叫××，是××大学××学院大一的学生。在此，我公司对××同学拾金不昧的崇高风尚，深表敬意和感谢，并在公司例会上，号召全体员工向××同学学习。同时，我们对贵校表示真心感谢，感谢贵校对学生综合素质的培养，相信贵校培养出来的学生一定德智双全，必将成为国家的栋梁之才。

最后，我公司全体员工对贵校和××同学表示最衷心的感谢!

北京××科技有限公司

2012年10月10日

例文2

表扬信

尊敬的×××学校领导：

××月××日中午，由于孩子在家玩火，造成一场火灾，当时我们尚未下班。贵校学生任××家住附近，发现火情之后，不顾自己身体有病，奋不顾身冲进火海。由于火势很猛，屋里烟浓，任××冲进屋后，房门马上被紧紧地吸住，外面的人进不去，大家都为任

××捏着一把汗。任××在呼吸困难的情况下，临危不惧，急中生智，打破窗户玻璃，使屋里压力减轻，门打开后迅速救出了我的孩子。而后在任××的带领下，大火终于扑灭，任××却烫伤了双手。该同学的英勇表现使在场所有的人赞不绝口。

正值全国开展学雷锋运动之时，贵校学生任××不顾个人安危，临危不惧，挺身而出，抢救他人及其财物。这一高尚的行为为我们树立了良好的榜样。我们除向任××同学学习外，特写信向贵校建议，请贵校领导把任××的英雄事迹广为宣传，予以表彰，使广大学生以任××同学为榜样，将学雷锋运动推向高潮。

陈××

××××年××月××日

课堂练习

1.感谢信有哪几种类型？

2.感谢信、表扬信都要写称谓吗？

写作训练

1.就身边发生的好人好事写一封感谢信。

2.下面是一则拾金不昧的好人好事，请以广州市××物业服务有限公司的名义在公司内部写一封表扬信。

在人们欢度新春佳节之际，广州市××物业服务有限公司安防队员认真坚守在各自的岗位上。各个岗位人车往来，川流不息，守护在摩托车停放岗位上的队员马××和徐××，在××××年1月30日下午18:10，拾到顾客遗失的钱包和手机，他们拾金不昧，并于当日19:30当场交还给遗失的顾客。鉴于两位员工有这样的好品德、好行为，公司觉得十分值得大家学习，为此公司还特别给予两人各100元的奖金，以资鼓励。

第三节　慰问信

一、知识目标

1.认识慰问信的涵义；

2.明确慰问信的适用对象；

3.知晓各类慰问信的基本格式。

二、能力目标

能在适当情况下拟写适合情境的慰问信。

三、素质要求

要区分拟写慰问信的身份。

案例分析

例文

巾帼竞芬芳，携手促和谐

——致全院女教职工“三八”妇女节慰问信

亲爱的全院女教职工：

大家节日好!

在春暖花开的美丽三月，我们迎来了一年一度的“三八”国际妇女节。在此，院工会、院女职工委员会向全院523名女教职员工致以节日的问候和美好的祝愿！向为×××学院的发展付出辛勤汗水、做出积极贡献的女同胞们表示最热烈、最诚挚的祝贺和敬意。

多年来，在学院的发展过程中，广大女教职员工教书育人、诲人不倦，立足本职、默默奉献，在教学、科研、管理和后勤战线上，充分发挥了半边天的作用，尤其在学院迎评促建、50周年校庆阶段，女教职员工们团结一致，任劳任怨，创新拼搏地开展工作，为学院改革发展和稳定做出了重要贡献。在生活中，女教职员工倾注了更多的精力和心血，为创建和谐家庭、和谐社会无私奉献，在孝敬老人、教育子女、经营家庭、和睦邻里等中华民族传统美德的传承方面发挥了不可替代的作用。你们为自己、为家庭、为学院赢得了荣誉与喝彩，我们要把最美丽的鲜花献给你们，把最崇敬的诗章献给你们，愿你们青春永驻、事业辉煌!

时代的发展呼唤富有知识和智慧的女性，希望你们再接再厉，不断提升个人素养，以素质树地位，以业绩求平等，不断追求人生新境界；也希望你们处理好学习、工作和家庭之间的关系，保持持久的学习热情，不断用新知识、新技能充实自己，提高自己，完善自己，更好地履行教书育人、管理育人、服务育人的职责；更希望你们自尊、自信、自立、自强，勇于表现和施展才能，积极参与学院教育教学改革，用出色的工作成绩证明自己的价值；敢于应对各种挑战，提高岗位竞争能力和心理能力，拓展空间，实现更高层次的发展。

全体女教职员工同志们，2011年是十二五规划开局之年，是又好又快地推动学院事业向前发展的一年。我们面临的任务更加艰巨而光荣，望大家在学院党委、行政的领导下，以院第二次本科教学工作会议为契机，携起手来，继续发扬“自尊、自信、自立、自强”的精神，增强“三育人”的责任感和使命感，开拓进取，不断开创新局面，在各自的工作岗位上建功立业，努力创造新业绩，与学院同发展，同进步，与全体男教职工团结一心，共创我院的美好明天!

祝全体女教职员工节日快乐，工作顺利，身体健康，阖家幸福!

×××学院

2011年3月8日

评析 》

这是一封某学校写给女教职工的慰问信，有问候、有祝贺、有表扬、有肯定、有鼓励、有希望，最后还有深深的祝福，可以说此信内容丰富、感情饱满。作为以单位为发文主体的慰问信来说，此信逻辑缜密、言辞恳切，是一篇很标准的慰问信。

知识点击

一、慰问信的涵义

慰问信是表示向对方（一般是同级、上级对下级单位或个人）关怀、慰问的信函。它是有关机关或者个人，以组织或个人的名义在他人处于特殊的情况下（如战争、自然灾害、事故）向对方表示同情、安慰，或在节假日向对方表示问候、关心的应用文。慰问信应写得态度诚恳、真切。

二、慰问信的适用对象

慰问信的对象可以分为两类，一类是在“两个文明”建设中做出重大贡献的，一类是由于某种原因而遭到暂时困难和严重损失的。慰问信对前者表示慰问，鼓励他们戒骄戒躁，乘胜前进；对后者表示同情和安慰，鼓励他们加倍努力，战胜困难。

三、慰问信的基本格式

（1）标题。第一行正中写“慰问信”三个字；如果写成“×××致×××慰问信”，那么“慰问信”三个字可移至第二行写在中间。

（2）称谓。第二行顶格写受慰问的单位或者个人的称呼。单位要写全称；个人姓名之前加上“敬爱的”“尊敬的”“亲爱的”等字样，姓名之后加上“同志”“先生”“师傅”等字纸，以表示尊重，后边用冒号。

（3）正文。第三行，空两格起写正文。首先说明写慰问信的原因、背景，或是因为对方在四化建设中取得了成绩，或是因为对方遭到了暂时的困难和挫折。其次叙述对方的模范事迹或遇到的困难时表现出来的高尚品质，并向对方表示慰问。再次结合形势提出希望，表示共同的愿望和决心，写一些鼓励和祝愿的话。接着在正文后面或是另起一行空两格写“祝”“此致”，然后在下一行顶格写“节日愉快”“取得更大的成绩”“敬礼”等。

（4）署名和日期。署名要写在另起一行的右半行。如果写慰问信的单位、个人不止一个，也都要一一写上。日期写在署名的下边，年月日都要写上。

四、慰问信写作的注意事项

（1）对象明确、重点突出。

（2）感情真挚、使人安慰。

（3）期待殷切、表示决心。

（4）语言亲和、精练质朴。

规范例文

西藏自治区党委政府致地震灾区人民的慰问信

日喀则、阿里地震灾区各族干部群众，奋战在抗震救灾第一线的党员干部、解放军指战员、武警官兵、公安民警、民兵预备役人员和参加抗震救灾的各类专业技术人员、社会各界人士：

2015年4月25日14时11分尼泊尔发生了8.1级地震，后续发生了近百次余震，受此波及，我区聂拉木、吉隆、定日、萨嘎、仲巴、定结、亚东、拉孜、萨迦、江孜、岗巴、昂仁、桑珠孜和普兰等县区受灾，其破坏之严重、救灾难度之大历史罕见，给各族群众生命财产造成巨大损失。

自治区党委、政府谨向灾区各族干部群众表示深切慰问！向遇难者表示沉痛哀悼！向日夜奋战在抗震救灾第一线的广大党员干部、解放军指战员、武警官兵、公安民警、民兵预备役人员和参加抗震救灾的各类专业技术人员、社会各界人士，表示衷心的感谢并致以崇高的敬意！

这次突如其来的灾难发生后，党中央、国务院高度重视，习近平总书记和李克强总理、俞正声主席、张高丽副总理等中央领导同志第一时间做出重要批示指示，使我们倍感温暖、深受鼓舞，为我们做好抗震救灾工作提供了强大动力。在这场灾难面前，全区党政军警民协调联动、齐心协力、共克时艰，灾区各级基层党组织和党员干部、驻村驻寺干部、双联户，不等不靠，第一时间组织带领各族群众迅速投入救人抢险、转移安置群众；广大受灾群众友爱互助、自强不息、争分夺秒抗灾自救，以极大勇气和坚强意志与自然灾害做斗争；赶赴灾区的党员干部、解放军指战员、武警官兵、公安民警、民兵预备役人员视灾区人民为亲人，不怕流血牺牲，不畏高寒缺氧、条件恶劣，迅速开展施救；各类专业技术人员和医务工作者，全力以赴抢救被困人员、救治受伤群众；广大新闻工作者临危不惧、忘我工作、日夜奋战在抗震救灾宣传报道第一线；各地、各部门、各方面发扬“一方有难、八方支援”的优良传统，对抗震救灾工作鼎力相助、无私支援。正因为我们继承弘扬“老西藏精神”“两路”精神，万众一心、众志成城，全力开展抗震救灾，迅速安全转移、妥善安置受灾群众，最大限度地避免了人员伤亡，创造了8.1级地震和近百次余震、死伤人数最少的历史记录，实现了灾区群众有住处、有饭吃、有衣穿、有水喝、有伤病能医。

当前，抗震救灾正处在重要关头，我们要坚决贯彻落实习近平总书记等中央领导同志的重要批示指示精神，以对党和人民事业高度负责的态度，把抗震救灾作为当前全区的一件大事和重要政治任务，坚持生命至上、救人第一，坚持人民的利益高于一切，动员一切可以动员的力量，采取一切可以采取的措施，全力做好抗震救灾工作，做到有苦不怕苦、有苦不言苦，不怕掉肉、不怕脱皮、不怕流汗、不怕牺牲，尽最大努力挽救每一个生命，尽最大努力保障人民群众生命财产安全，尽最大努力安置好每一名受灾群众，尽最大努力帮助群众恢复生产生活，尽最大努力帮助群众重建家园，使各族群众切身感受到以习近平同志为总书记的党中央的亲切关怀，感受到社会主义制度的优越性，感受到祖国大家庭的温暖。

我们坚信，有以习近平同志为总书记的党中央坚强领导，有全国人民的无私支援，有社会各界的广泛关注，有全体参战人员和灾区干部群众的顽强拼搏，我们一定能够战胜灾害、共渡难关、重建家园。

让我们更加紧密地团结在以习近平同志为总书记的党中央周围，以贯彻落实习近平总书记等中央领导同志的重要批示指示精神为动力，坚定信心、攻坚克难，奋力夺取抗震救灾的全面胜利。

中共西藏自治区委员会
西藏自治区人民政府
2015年5月1日

课堂练习

1. 慰问信都适用于哪些情况？
2. 慰问信写作时应该注意些什么？

写作训练

1. 你在公司上班不久，有一位同事生病了，试着代表同事们写一封慰问信。

2. 你是学校“爱心社团”的成员，中秋节快到了，社团准备到敬老院看望老人，请你为社团拟写一封以“敬老爱老”为主题的慰问信。

第四节　求职信

目标要求

一、知识目标

1. 认识求职信的涵义；

2. 明确求职信的类型、写法；

3. 知晓各类求职信的写作原则和技巧。

二、能力目标

掌握各类求职信的写法。

三、素质要求

注意求职信和简历的区别。

案例分析

例文

求职信

尊敬的贵公司领导：

您好！

非常感谢您在百忙中抽空审阅我的求职信，给予我毛遂自荐的机会。作为一名工商管理专业的应届毕业生，我热爱工商管理专业并为其投入了巨大的热情和精力。在几年的学习生活中，系统学习了管理学、统计学、会计学、人力资源管理等专业知识，通过实习积累了丰富的工作经验。

大学期间，本人始终积极向上、奋发进取，在各方面都取得长足的发展，全面提高了自己的综合素质。曾经担任过校学生会主席和团委书记等职务。在工作上我能做到勤勤恳恳，认真负责，精心组织，力求做到最好。多次被评为“校级优秀学生干部”“校级优秀团干”，因学习成绩优秀，连续三年获得一等奖学金，并被评为“校级优秀毕业生”。

一系列的组织工作让我积累了宝贵的社会工作经验，使我学会了思考，学会了做人，学会了如何与人共事，锻炼了组织能力和沟通、协调能力，培养了吃苦耐劳、乐于奉献、关心集体、务实求进的思想。沉甸甸的过去，正是为了单位未来的发展而蕴积。我的将来，正准备为贵公司辉煌的将来而贡献、拼搏！如蒙不弃，请贵公司给予我一个工作和学习的机会。

感谢您在百忙之中给予我的关注，愿贵公司事业蒸蒸日上，屡创佳绩，祝您的事业百尺竿头，更进一步！殷切盼望您的佳音，谢谢！

此致

敬礼！

应聘人：×××

××××年××月××日

评析》

这是一封求职信，对于即将走出校门，步入社会的大学生来说，很快地获得一份工作来历练自己、发挥所长是十分急切的事情。此信言语礼貌，情词恳切，是一篇不错的社交书信。

但是落款处使用了“应聘人”，显得稍有不妥。一般来说，应聘可能会有一个具体、明确的职位。从这封求职信的内容来看，并没有出现该公司有一个什么具体的职位或岗位进行招聘，求职者也没有具体提到适合哪一个职位或岗位。

知识点击

一、求职信的涵义

求职信是求职者向用人单位介绍自己情况以求录用的专用性文书。求职信集自我介绍、自我推销和提出面试建议于一体。求职信不只是概括简历的内容，更要突出和读者密切相关的有关求职者的背景资料的方方面面，因为老板们都很忙，收到的求职信有几十封甚至数百封，他们只会花几秒钟大概浏览一下，所以这就要求求职信一定要突出老板们重视的技能、才干和经历。求职信在某种程度上也能展示你的交际能力、写作能力及你的个性。读者读完信之后，就能大致了解求职者是否可以参加面试，是否是公司所需要的人。

二、求职信的种类

求职信大约可以分为三种类型即应邀信、非应邀信和引荐信。每一种类型对应一种不同的求职方法。最成功的求职者不会仅仅使用一种求职方式或一种求职信，而是综合使用三种方式。为了更好地理解这三种求职信，我们首先来研究一下三种职位类型：

（1）公开的工作职位。大众可以通过报纸招聘广告、出版物以及网络广告等来了解这些信息。另外，职业代理机构和猎头公司是另外的信息来源。给公开职位写的求职信就是应邀信，一般是回复招聘广告的信。在应邀信中，你可以讲述能够达到应聘职位的各种要求和条件。

（2）封闭的工作职位。有些岗位只有靠深入挖掘才能找到，挖掘的形式是：收集所有你感兴趣的公司的资料并和它们进行联系，要求面试。写给这些公司的信件叫做非应邀信或冷接触信函。非应邀信能够使你预先寻找工作机会，而不是职位公布之后在做出回应。这是一种用来寻找隐藏的工作机会的非常有效的手段。你的信起码能给人留下一个印象，一旦有了工作机会，有人会想起你。你也可以通过讲述自身的能力来说服雇主，公司需要你这样的人才，或许能为自己创造一个就业机会。

（3）引荐信。引荐信和第二种类型的信一样，都属于非应邀信，但是它的明显优势在于它提及到收信人认识的人。引荐信是网络时代的产物，网络以其最单纯而且最有效的方式联络你认识的任何人来帮助你找工作，很多专家认为这是找工作最有效的方法。当然除了网络之外，能给你提供引荐信的渠道也有很多种，比如在各种会议场合，你可以向任何了解某个职位信息的人打听情况，在社交聚会上你的朋友可以告诉你他的朋友的公司需要招聘一位像你这样经历的人等。

引荐信的真正价值就在于它提到了老板认识的人，这一定会引起老板的注意，老板就会重视你的信，那么在竞争中你就会占有相当大的优势。

总之，一封充满活力的求职信能够激发老板的极大兴趣，极有可能让你获得一次宝贵的面试机会，最终找到一份理想的工作。

三、求职信的写作格式

求职信的内容与格式是相对固定的，大多由开头、主体、结尾三部分组成。

1.开头

（1）称呼。即对接收并阅读信件的人的称呼。如果是第一种形式的求职信，收件人应该是单位里有权录用你的人，因此要写清楚此人的姓名和职务。一般来讲，如果写给国家机关、事业单位的人事领导，最好是“尊敬的××处长”；如果写给企业老板，最好是“尊敬的××董事长（总经理、先生）”；如果写给学校的校长和人事处长，最好是“尊敬的××教授（校长、老师）”，另外注意，在学校里大部分人既有官衔又有职衔，通常以其高者、尊者称呼，例如招聘者既是博士、副教授又是人事处长，那么此时称博士也许效果会好些，因为人事处长是博士的不多，同时，作为刚刚毕业的大学生，你称呼他是博士既亲切又表明你对他了解；如果对收信人姓名不详时，在求职信中可直接称阅信人的职务，如“××集团总经理”等。如果是第二种形式的求职信，一般多用“尊敬的领导（负责同志）”等称呼。称呼既要严肃谨慎，又要有礼貌。称呼后面要有问候词“您好”，不能用“你好”“您们好”则会让人感觉你不懂礼貌或才疏学浅。

（2）开头（也叫引言）。常见的开头有以下几种：

应征式开头：就是开门见山介绍自己、写明申请什么职位和对用人单位的兴趣及热情。比如：“我是××教育学院2014届应届毕业生。近日看了贵公司在××日报上的招聘广告，我对贵公司的系统工程师这个职位十分感兴趣，很想在IT方面发挥我的专长。我平时对贵公司的情况也十分关注，也经常在许多媒体上了解到贵公司的发展。我非常想成为贵公司的一员。”

描述式开头：用一句重要的话描述自己的求职资格和能力。

提名式开头：提及一个推荐你去应聘并且是招聘者熟悉和尊敬的人，要慎用。

赞扬式开头：通过一翻赞扬，表达自己希望成为其中一员。

独创式开头：发挥想象力，用一些能够表现你才华的句子开头。

2.主体（正文）

正文是求职信的重点，主要讲你哪些素质和技能特长，胜任某项工作。素质可以包括专业素质、人品素质，技能特长可以包括操作技能、实践经验、兴趣爱好等。

3.结尾

结尾主要是进一步强调求职的愿望，希望并请求对方给予面谈的机会。求职信结尾之后，因供求双方是陌生的，所以要讲究必要的、礼节性的致敬语。一般的祝福语，即在求职愿望阐述完毕后，另起一行空两格写“此致”二字，后面不需要标点符号，再在“此致”的下一行，顶格书写“敬礼”二字。最后在敬语右下方，签署求职者的姓名及具体的日期。

四、求职信的写作原则和技巧

（1）语气自然：语言和句子要简单明了。写信就像说话一样，语气可以正式但不能僵硬。

（2）通俗易懂：写作要考虑读者对象的知识背景，不要使用生僻词语、专业术语。

（3）言简意赅：在重点突出、内容完整的前提下，尽可能简明扼要，切忌面面俱到。

（4）具体明确：不要使用模糊、笼统的字眼，多使用实例、数字等具体的说明。

五、毕业生求职信的四个误区

求职写信是一种常见的求职方式，但必须避免以下四种失误以提高求职命中率。

（1）不够自信，过于谦虚。求职者应当在信中强调自己的强项，即使不可避免地要说明自己的弱项，也没有必要那么坦率。

（2）主观意愿，推理不当。许多求职者为了取悦于招聘单位，再三强调自己的成绩，而不知有关经验与能力对职位的重要性。

（3）过于主观，一厢情愿。对于招聘单位来讲，他们大都喜欢待人处世比较客观与实际的人，因而求职者在信中尽量要避免用“我认为”“我觉得”“我看”“我想”等字眼。

（4）措词不当，造成反感。写求职信最忌用词不当，例如：有我这样的人才前来应聘，你们定会大喜过望。对方看到这样的词语，怎么会不反感呢？

六、求职信与个人简历的区别

凡是找工作或者打算跳槽的人，都会认认真真地写一份简历和求职信，那两者有何区别？十有八九的人会说求职信就是简历，简历就是求职信，这种观点是错误的。

个人简历是针对某个特定工作或职位所写的文件记录或证明，而求职信是求职者为了和雇主建立个人联系或情感而写的信件，求职信要突出求职者与具体职位相关的背景或经历。求职信能够在简历、个人经历和将要获得的工作三者之间建立一座桥梁，你可以在信中简单介绍相关的工作经历，也可以详细描述和这一工作相关的与众不同的阅历，也可以提出面试的要求。

有关简历和求职信的区别，请看下表：

求职信与简历的差别对比列表

对比项目	求职信	简历
1.版本	量身定做，一稿独投 注明收信公司及收件人	通用版本，一稿多投
2.侧重点	强调自己能为招聘公司做出的贡献	侧重对过去业绩和已有能力的描述
3.具体性	综合介绍自身能力 必要时才点出体现能力的具体事件作为论据	通过描述在具体公司中所做的一些事件来体现自身工作能力
4.评价角度	可有主观自我评价色彩，但内容不能太多、评价不能太主观	要显出是在客观地描述自身能力
5.必要性	以下情况可以不必有求职信 （1）来校招聘公司没有要求一定要附求职信 （2）求职信内容与简历内容区别不大	必须提交

规范例文

求职信

尊敬的领导：

您好！

我是××艺术学院美术系美术学专业的应届本科毕业生。从事美术设计一直是我的梦想，××艺术学院的几年历练为我实现梦想打下了坚实的基础，大学期间所认识的各类人物使我明确了择业目标：做一名美术设计者。

久闻贵单位是培养人才的重要基地，是设计者成长展才的沃壤，重视对年轻一代培养教育，有雄厚的实力，对此我十分仰慕。现把一个真实的我以自荐书的形式展现给您，望贵单位给我一个展示才华的机会，为贵单位出力争光，同时也圆我做一名美术设计者的梦想。

美术设计，需要有很好的审美能力，也只有提高了审美，才能让设计更新颖而又不唐突。进入大学以后，我抓紧每一天进行专业知识的积累和教学基本功的培养，不断充实自己的头脑。在学习之余，我还不断丰富我的社会实践能力。由于社会条件的允许，我曾多次为一些青年画家排版画册，因而也得到了市美协一些美术编辑的指导，收获不少。在能力培养上，我在校内积极参加各项活动和学生干部工作，校外也广泛尝试、多处交流，多次为青年画家在××画院参加布展，既实践了所学，又锻炼了我为人处世的能力和组织协调能力。

大鹏展翅，骏马飞驰都需要有自己的天地。贵单位科学的管理体制和明达的用人理念，使我坚信到贵单位工作是我的明智选择。

最后，祝贵单位广纳贤才，再创佳绩！

此致

敬礼！

×××

2012年6月22日

课堂练习

1.求职信有几种类型？

2求职信和应聘信有什么区别？

写作训练

1.请以自己的名义写一封适合你所学专业的求职信。

2.请根据某企业或公司的招聘信息拟写一封应聘信。

第五节 欢迎词 欢送词 答谢词

目标要求

一、知识目标

1. 认识欢迎词、欢送词和答谢词的涵义；

2. 明确欢迎词、欢送词和答谢词的特点和类型；

3. 知晓答谢词的写作要求。

二、能力目标

掌握各类欢迎词、欢送词和答谢词的写法。

三、素质要求

能够写出规范的欢迎词、欢送词和答谢词。

案例分析

例文

欢迎新战友

亲爱的新战友们：

在这万象更新，阳光明媚的日子里，你们胸怀祖国，心系国防，积极响应祖国的召唤，从五湖四海，山南海北应征入伍，风尘仆仆地来到了你们渴望已久的军营，来到了我们的连队，你们的新家。首先，我代表连队党支部和全连的官兵对你们的到来表示热烈的欢迎，向大家问候一声“一路辛苦了”！

今天，我在这里以一名老兵的身份欢迎你们的到来，你们来到了这个有着光荣历史的战斗集体，这个集体将成为你们百炼成钢的熔炉，希望你们在这个集体里以你们身边的老战友为榜样，学习他们雷厉风行的作风、学习他们百折不挠的意志、学习他们刻苦耐劳的精神，学习他们雷打不动的纪律观念，虚心求教，刻苦训练，尽快实现由普通青年到合格军人的转变！

今天，我在这里也是以一名兄长的身份欢迎你们的到来，你们来到这个连队，这个连队就是你们的家。在你们身边的战友，你们的班长、排长、连长和我本人都是你们的亲人，你们可信赖的朋友，在你们遇到困难的时刻，到处都会有热情的手，有了这些无私的帮助，一切困难都将不再是难题，希望你们树立以连为家的观念，谦虚谨慎、自立自强、尽快适应军营团结、紧张、严肃、活泼的生活，齐心协力把连队这个家建设好，续写连史的光辉新篇章！

今天，我还是以组织的名义欢迎你们的到来，你们来到这个连队，这里就是你们发奋成才的学校，希望你们不负家乡父老的重托，不负亲人的期望，不负这美好的青春年华，刻苦钻研政治、军事和科学文化知识，熟练掌握手中的武器，争当跨世纪的军人楷模！

“正是一路好春光，快马加鞭更奋蹄”。战友们，人民因为有了你们而安宁，祖国因为有了你们而骄傲！

评析

这是一篇部队迎接新战友老兵代表致的欢迎词，首先是称呼，有了一句“亲爱的”，拉近了与新兵的距离，让听讲的新兵倍感亲切。紧接着说到连队就是家，更使得新兵有归属感，心里温暖异常。接着表达了欢迎，说一句“辛苦了！”

正文第二段、第三段、第四段以老兵、兄长和组织的身份对新兵提出希望和要求，从自身的努力到战友们的帮助，都在激励着这些新生力量，让他们对从普通青年到合格军人的转变中成长起来，肩负起保家卫国的重任。

最后结尾处语句中以“春”喻“新”，以“奋”喻“进”，颇有意味，含蓄表达了新兵要从各方面努力上进，为国争光。不过美中不足的是，最后人称的使用上有待商榷，“你们”似乎把新兵与老兵割裂开来，有些不妥，若使用第一人称效果会更好，不过语句要做适当改动。比如“新战友们，欢迎加入我们，让我们共同保护人民，保卫国家。”

欢迎词

一、欢迎词的涵义

欢迎词是行政机关、企事业单位、社会团体或个人在迎接宾客仪式上或会议、宴会开始时，主人对客人的到来表示欢迎的讲话文稿。

二、欢迎词的特点

（1）欢愉性。中国有句古话是“有朋自远方来，不亦乐乎”，所以致欢迎词当有一种愉快的心情，言词用语务必富有激情和表现出致词人的真诚。只有这样才可给客人一种“宾至如归”的感觉，为下一步各种活动的顺利进行打下好的基础。

（2）口语性。欢迎词是现场当面向宾客口头表达的，所以口语化是欢迎词文字上的必然要求，在遣词造句上要运用生活化的语言，即简洁又富有生活的情趣。口语化会拉近主人同来宾的亲切关系。

三、欢迎词的种类

欢迎词从表达方式上分，有现场讲演欢迎词和报刊发表欢迎词；从社交的公关性质上分，有私人交往欢迎词和公事往来欢迎词。

四、欢迎词的格式

欢迎词一般由标题、称呼、正文、结尾、落款五部分组成。

（1）标题。第一行的正中位置写上“欢迎词”三个字，也可写成“×××在欢迎×××会上的讲话”。

（2）称呼。第二行顶格写，一般应写全尊称，有的在名称前加上表示亲切程度的修饰语，如“尊敬的”“敬爱的”“亲爱的”等。

（3）正文。正文一般表达四层意思：

① 介绍来宾访问的背景情况，对客人的来访表示欢迎、问候或致意；

② 客观评价对方的业绩，阐明来访的意义、双方的友谊与合作；

③ 简单介绍本单位（或本地区、本国）的情况，如果是外宾，则以介绍我国的内外政策为主；

④ 热情地表示良好的祝愿或希望。

（4）结尾。欢迎词的结尾一般是再一次对来宾表示欢迎与祝愿。如“再一次对你们的光临表示热烈欢迎”“祝你们的来访取得圆满成功”“祝你们访问期间过得愉快”等。

（5）落款。落款包含署名和日期。落款为主人的姓名或单位名称，日期为致辞的日期。

五、欢迎词的注意事项

欢迎词是出于礼仪的需要而使用的，因此要十分注意礼貌。具体而言，要注意以下几点：

（1）礼貌。称呼要用尊称，感情要真挚，要能较得体地表达自己的原则立场。

（2）谨慎。措辞要慎重，勿信口开河，同时要注意尊重对方的风俗习惯，应避开对方的忌讳，以免发生误会。

（3）热情。语言要精确、热情、友好、温和、礼貌。

（4）精练。篇幅短小，言简意赅。一般的欢迎词都是一种礼节性的外交或公关辞令，宜短小精悍，不必长篇大论。

欢送词

一、欢送词的涵义

欢送词是行政机关、企事业单位、社会团体或个人在宾客来访即将离开或亲友即将离别时，东道主在欢送仪式或送别场合为表示欢送和祝福而发表的致词文稿。

二、欢送词的特点

欢送词具有惜别性和口语性。有句古诗说得好，“相见时难别亦难”，中国人重情谊这一千古不变的民族传统精神在今天更显珍贵。欢送词要表达亲朋远行时的感受，所以依依惜别之情要溢之言表，尤其是公共事务的交往，更应把握好分别时所用言辞的分寸。另外，欢送词的口语性也很强，遣词造句也应该注意使用生活化的语言，使送别既富有情趣又自然得体。

三、欢送词的格式

欢送词一般由标题、称呼、正文和落款等部分构成。

（1）标题。同欢迎词的标题大体相同，或由欢送对象与文种构成，如“欢送×××归国的讲话”，或单独以文种名为标题，如“欢送词”。

（2）称呼。与欢迎词的写法相同。

（3）正文。首先简要表达真挚、热情的欢送之意；接着叙述被送者或宾客的成绩、贡献或双方的友谊，并对此做出积极的评价；最后要再次表达惜别之情，以及对被送者或宾客的希望、勉励。

（4）落款。与欢迎词的写法相同。

答谢词

一、答谢词的涵义

答谢词是指特定的公共礼仪场合，主人致欢迎辞或欢送词后，客人所发表的对主人的热情接待和悉心关照表示谢意的讲话。答谢词也指客人在举行必要的答谢活动中所发表的感谢主人的盛情款待的讲话。自古以来，人们就提倡“礼尚往来”“知恩报德”“来而无往非礼也”，于是在人际交往中便有了“谢”的言行，或揖拳，或鞠躬，或以言辞道谢，或以纸笔作书（写成谢函、谢帖、感谢信），倘若在庄重的礼仪场合，那便要温文尔雅地致“答谢词”了。

二、答谢词的类型

依据不同的致谢缘由和致谢内容，答谢词可划分为两个基本类型：

1.“谢遇型”答谢词

“遇”，招待，款待。“谢遇型”答谢词，即用来答谢别人的招待的致词，它常用于宾主之间，既可用于欢迎仪式、会见仪式上与“欢迎词”相应，也可用于欢送仪式、告别仪式上与“欢送词”相应。

2.“谢恩型”答谢词

“恩”，受到的好处，即别人的帮助。“谢恩型”答谢词，即用来答谢别人的帮助的致词。它常用于捐赠仪式或某种送别仪式上。

三、答谢词的格式与内容

（1）标题。第一行居中的位置写上“答谢辞（词）”。

（2）称谓。另起一行顶格写致辞对方的姓名、头衔，既可以是广泛对象，也可以是具体对象。称呼后加“：”以示引领全文。

（3）正文。首先对主人的盛情表示感谢，并对对方的优越性予以肯定，表达出自己的荣幸与激动。这是答谢词的写作重点。其次，要对对方的情况做较详细的介绍，以示尊重。第三，应提出希望与之进一步发展关系的强烈意欲。结语，再一次用简短的语言表示感谢。

四、答谢词的写作要求

（1）内容与结构要合乎规范。在写作中，一不可混淆，二不可随心所欲地“独创”，要尽可能地符合写作规范，否则将会张冠李戴、非驴非马。

（2）感情要真挚、坦诚而热烈。既然要“答谢”，就应该动真情、吐真言，这就是所谓“真挚、坦诚”；虚情假意、言不由衷或矫揉造作，只能引来对方的反感。

（3）评价要适度，要恰如其分。一般说来，对于对方的行动，“谢遇型”致词不宜妄加评论、说三道四。而“谢恩型”致词则可就其“精神”或“风格”做出评价，但要适度，要恰如其分，不可故意拔高、无限升华，以免造成“虚情假意”之嫌。

（4）篇幅要简短，语言要精练。礼仪“仪式”毕竟不是开大会，致词一般应尽量简短些，绝不可像某些领导的会议报告那么冗长。要想篇幅简短，语言必须精练，应尽可能地将可有可无的字、句、段删掉，努力做到“文约旨丰”，言简意赅。

例文1 欢迎词

欢迎词

女士们、先生们：

值此×××厂30周年厂庆之际，请允许我代表×××厂，向远道而来的贵宾们表示热烈的欢迎。

朋友们不顾路途遥远专程前来贺喜并洽谈贸易合作事宜，为我厂30周年厂庆更添了一份热烈和祥和，我由衷感到高兴，并对朋友们为增进双方友好关系做出的努力行动，表示诚挚的谢意！

今天在座的各位来宾中，有许多是我们的老朋友，我们之间有着良好的合作关系。我厂建厂30年能取得今天的成绩，离不开老朋友们的真诚合作和大力支持。对此，我们表示由衷的钦佩和感谢。同时，我们也为能有幸结识来自全国各地的新朋友感到十分高兴。在此，我也向新朋友们表示热烈欢迎，并希望能与新朋友们密切协作，发展相互间的友好合作关系。

“有朋自远方来，不亦乐乎！”在此新朋老友相会之际，我提议：

为今后我们之间的进一步合作，为我们之间日益增进的友谊，为朋友们的健康幸福——干杯！

×××厂

××××年××月××日

例文2 欢送词

让我们扬眉出剑

——在解放军外国语学院毕业典礼上的讲话

同学们：

花开花谢，潮起潮落，三年的大学时光马上就要结束，作为即将跨出校门的毕业生应该做些什么？应该怎样把我们自己的形象、最后的努力和自己的梦想联系在一起？我们蓦然发现，“毕业生”这三个沉甸甸的字眼今天终于落在我们头上。这并不是什么耀眼的光环，反而是一种压力，甚至可以说是一种无奈，但这也是一种催人奋进的动力，一种青年人不可推卸的责任。

不久，我们就会握手言别，各奔东西，但无论你是远赴天涯，戍守边疆，还是工作于条件优越的大都市，有一点是相同的，那就是我们真正开始了从军报国的生涯。父辈已经把希望寄托在我们身上，我们靠什么来实现父辈那为之梦回千转的希望呢？靠的是我们手中的“剑”！我们手中的“剑”，不光是指自己过硬的专业知识，还有那坚定的报国思想和优秀的职业素质，所有这些铸成了我们手中这把来日依其建功立业的长剑！十年磨一剑！这把剑我们已经磨了很久，就要派上用场了。

毕业来临时，祖国、人民都会凝视着我们拔出长剑，看我们手中的长剑是否寒光闪闪？看纷繁的日月，许多勇士冲锋陷阵，谱写了一曲又一曲惊天动地、荡气回肠的歌。我们相信，年轻的军人大学生们也一定能擎天一柱立辉煌。

同学们，让我们扬眉出剑吧。

×××

××××年××月××日

例文3 答谢词

×××公司代表在×××集团公司欢送酒会上的答谢词

尊敬的×××先生、尊敬的×××集团公司的朋友们：

首先，请允许我代表×××公司代表团全体成员对×××先生及×××集团公司对我们的盛情接待表示衷心的感谢！

我们代表团一行五人代表公司首次来贵地访问，此次来访时间虽短，但收获颇大。仅三天时间，我们对贵地的电子业有了比较全面的了解，与贵公司建立了友好的技术合作关系，并成功地洽谈了×××电子技术合作事宜。这一切，都得益于主人的真诚合作和大力支持。对此，我们表示衷心的感谢。

电子业是新兴的产业，蒸蒸日上，有着广阔的发展前景。贵公司拥有一支由网络专家组成的庞大队伍，技术力量相当雄厚，在网络工作站市场中一枝独秀。我们有幸与贵公司建立友好的技术合作关系，为我地电子业的发展提供了新的契机，必将推动我地的电子业迈上一个新台阶。

最后我代表×××公司再次向×××集团公司表示感谢，并祝贵公司迅猛发展，再创奇迹。更希望彼此继续加强合作，共创明天。

在此，我提议：为我们之间正式建立友好合作关系，为我们之间日益增进的友谊，干杯！

×××

××××年××月××日

课堂练习

1.欢迎词都要注意哪些内容？

2.答谢词都在什么时候使用？

写作训练

1.××省高职高专学生社会实践交流会将于××××年××月××日在×××宾馆举行，请你为×××宾馆总经理写一篇欢迎词。

2.×××职业学院院长带领会计系部分师生到××大学商学院参观学习，受到了该院领导和师生的热情欢迎和款待。××大学商学院在×××职业学院师生到来时召开了欢迎会，临别时召开了欢送会。请你为××大学商学院院长写一篇欢送词，为×××职业学院院长写一篇答谢词。

第六节 开幕词 闭幕词

一、知识目标

1.认识开幕词、闭幕词的涵义；

2. 明确开幕词、闭幕词的特点和类型；

3. 知晓开幕词的作用。

二、能力目标

掌握各类开幕词、闭幕词的写法。

三、素质要求

能够写出规范的开幕词、闭幕词。

校运会开幕词

各位裁判、运动员、老师们、同学们：

秋高气爽，金桂飘香。我们豪情满怀地迎来了第八届学校田径运动会。首先，我谨代表本届运动会组委会向全体运动员、裁判员、教练员和大会工作人员致以崇高的敬意和亲切的问候！体育是一个国家精神文明建设的重要方面，是民族素质、人民精神面貌的集中体现，而学校体育则是一个国家体育工作的基础和重点。

自建校以来，我校全面贯彻党的教育方针，积极推进素质教育，切实采取有效措施，把体育摆到学校工作的重要位置。教师队伍充满生机，体育设施不断完善，推动着学校体育工作的蓬勃发展。在全市中小学田径运动会上，我校夺取了初中组团体总分第一名和广播操比赛第一名的好成绩。

刚刚上个月，我校参加市“升华杯”体育传统项目中学生健美操比赛，又荣获了市级第一名的优异成绩，让我们以热烈的掌声，向为我校争光的体操健儿和教练员，表示衷心的感谢和祝贺！本届校运会场地小、赛程短、任务重，参赛运动员共有1200名，分9个单项6个组别，赛前还将举行入场式的评比和广播操比赛。

希望全体运动员发扬“团结、友谊、奋进”的良好风格，弘扬“更快、更高、更强”的体育精神，严格遵守竞赛规程，自觉服从裁判，顽强拼搏，赛出风格，赛出水平。希望裁判员以严谨、公正的态度自始至终做好裁判工作，大会工作人员各尽其职、通力合作，为大家提供优质服务。同时更希望全体同学提高安全意识，做文明观众，使本届校运会开得安全、文明、有序、高效。

最后，预祝本届校运会圆满成功！谢谢大家！

评析》

本篇开幕词标题是“校运会开幕词”，直接点明会议的性质。“各位裁判、运动员、老师们、同学们：”这样的称谓全面具体。

正文中阐明举办运动会的重要意义，回顾了过去体育工作的成绩，并向大会通报参赛运动员人数，以示本次运动会的普及性和全面性，表现了学校体育的基础性和全员性。随后还介绍了本次运动会的比赛进程。

结尾处以“预祝本届校运会圆满成功”做结，简洁明了。“谢谢大家！”表示了对听取致辞的广大师生的尊重和礼貌。

开幕词

一、开幕词的涵义和作用

开幕词是在重要会议或重大活动开始时，为会议主持人或主要领导人讲话所用的文稿。开幕词的主要特点是宣告性和引导性。不论召开什么重要会议，或开展什么重要活动，按照惯例，一般都要由主持人或主要领导人致开幕词，这是一个必不可少的程序，标志着会议或活动的正式开始。

开幕词通常要阐明会议或活动的性质、宗旨、任务、要求和议程安排等，集中体现了大会或活动的指导思想，这对引导会议或活动朝着既定的正确方向顺利进行、保证会议或活动的圆满成功有着重要的意义。

二、开幕词的特点和种类

开幕词是在一些大型会议开始时，由会议主持人或主要领导人所做的开宗明义地讲话。它具有宣告性、提示性和指导性的特点。另外它还有两个特点：一是简明性，开幕词要简洁明了、短小精悍，最忌长篇累牍，言不及义，多使用祈使句，表示祝贺和希望；二是口语化，开幕词的语言应该通俗、明快、上口。

开幕词按内容可以分为侧重性开幕词和一般性开幕词两种。侧重性开幕词往往对会议召开的历史背景、重大意义或会议的中心议题等做重点阐述，其他问题一带而过；一般性开幕词则只对会议的目的、议程、基本精神、来宾等做简要阐述。

三、开幕词的格式

开幕词一般由标题、称呼语、正文和结束语四部分组成。

（1）标题。开幕词的标题常见的有三种写法。

① 在文种前加上会议名称。如“中国共产党第十五次全国代表大会开幕词”。

② 开幕词如果在报刊上发表使用，往往用“在××会议开幕式上的讲话”的形式。

③ 文章标题式。如毛泽东在中华人民共和国第一届全国人民代表大会第一次会议上的开幕词标题是“为建设一个伟大的社会主义国家而奋斗”。此类标题可将会议讲话的时间居中写在标题之下，用括号括上。致辞领导人的姓名一般写在时间之下，居中位置。如标题采用的是第二种方式，致辞人姓名也可写入标题中。

（2）称呼语。称呼语主要是指对与会者的统称，常见的有“同志们”“各位代表”“各位嘉宾，女士们、先生们”等。称呼语在第一行，顶格式写，后要加冒号。

（3）正文。开幕词正文一般包括开头、主体和结尾三部分。

① 开头：宣布会议开幕，也可对会议的规模及与会者的身份等做简要介绍，并对会议的召开及对与会人员表示祝贺。需要说明的是，开头部分即使只有一句话，也要单独列为一个自然段，将其与主体部分分开。

② 主体。包括三项内容：一是阐明会议的意义，通过对以往工作情况的概括总结和对当前形势的分析，简要介绍会议的筹备过程；二是阐明会议的指导思想，提出大会任务，说明会议主要议程和安排；三是为保证会议顺利进行向与会者提出要求。

③ 结尾：通常是提出会议任务、要求和希望，再一次表示祝贺、欢迎、感谢，表达祝愿、希望及共勉之类的话语。

（4）结束语。常以祝颂语“预祝大会圆满成功”结束全文。祝颂语要另起一段，要求简短有力，有号召性和鼓动性。

闭幕词

一、闭幕词的涵义

闭幕词，是会议的主要领导人代表会议举办单位，在会议闭幕时的讲话。其内容一般是概述会议所完成的任务，对会议的成果做出评价，对会议的经验进行总结，对贯彻会议精神提出要求和希望。

二、闭幕词的特点

闭幕词与开幕词一样，具有简明性和口语化两个共同特点，其种类与开幕词相同。凡重要会议或重要活动，与开幕词相对应，一般都有闭幕词，这是一道必不可少的程序，标志着整个会议或活动的结束。

（1）总结性。闭幕词是在会议或活动的闭幕式上使用的文种，要对会议内容、会议精神和会议进程进行简要的总结恰当的评价，肯定会议的重要成果，强调会议的主要意义和深远影响。

（2）概括性。闭幕词应对会议进展情况、完成的议题、取得的成果、提出的会议精神及会议意义等进行高度的语言概括。因此，闭幕词的篇幅一般都短小精悍，语言简洁明快。

（3）号召性。为激励参加会议的全体成员实现会议提出的各项任务而奋斗，增强与会人员贯彻会议精神的决心和信心，闭幕词的行文充满热情，语言坚定有力，富有号召性和鼓动性。

（4）口语化。闭幕词要适合口头表达，写作时语言要求通俗易懂、生动活泼。

三、闭幕词的格式

闭幕词的格式与开幕词相同，也是包括标题、称呼语、正文及结束语四部分。

（1）标题和开幕词标题形式一样，只不过文种由开幕词换为闭幕词。

（2）称呼语与开幕词相同。

（3）正文。闭幕词的正文也包括开头、主体和结尾三部分。

① 开头：简要说明大会经过，是否圆满完成了预定任务。

② 主体：对大会进行概括总结，包括：简要回顾会议议程进行的情况，对会议取得的成果、作用、意义等进行简要评价，对与会者的努力给予充分的肯定；对会议通过的重要决议、完成的主要任务和会议的基本精神进行概括和总结；向与会者提出贯彻落实会议精神，做好会后工作的要求和希望。

③ 结尾：发出号召，并对保证大会顺利进行的有关单位及服务人员表示感谢。

（4）结束语。郑重宣布大会胜利闭幕。通常只有一句话：“现在，我宣布，××××××大会闭幕。”

例文1 开幕词

在“中国国际××展览会”开幕式上的讲话

女士们、先生们：

早上好！由××有限公司主办、中国××协会与我分会所属的上海市国际贸易商务展览有限公司承办的“中国国际××展览会”今天在这里开幕了。我谨代表中国国际贸易促进委员会上海市分会、中国国际商会上海分会表示热烈祝贺！向前来上海参展的西班牙、比利时、新加坡以及我国各省市的中外厂商表示热烈的欢迎！

本届展览会将集中展示具有国际水准的各类××产品及生产设备，为来自全国各地的科技人员提供一次不出国的技术考察机会；同时也为海内外同行共同切磋技艺创造了条件。

朋友们，同志们，上海是中国最重要的工业基地之一，也是我国经济、交通、科技、工业、金融、会展和航运中心之一。上海港货物吞吐量和集装箱吞吐量均居世界第一，是一个良好的滨江滨海国际性港口。上海还是中国大陆首个自贸区“中国（上海）自由贸易试验区”所在地。上海以其得天独厚的地理优势和广阔的消费市场，吸收着全国各地的公司企业来此投资建厂。为了更好更快地发展，上海将进一步改善投资环境，扩大与各国各地区的合作领域。我真诚地欢迎各位展商到上海来参观，寻求贸易和投资机会，寻找合作伙伴。作为上海市的对外商会——中国国际贸易促进委员会上海市分会将为各位朋友提供卓有成效的服务。

最后，预祝“中国国际××展览会”圆满成功！感谢大家！

例文2 闭幕词

××市科学技术协会第×次代表大会闭幕词

（××××年××月××日）

×××

各位代表、各位来宾、同志们：

××市科学技术协会第×次代表大会，在市委、市政府和省科协的亲切关怀下，在与会同志们的共同努力下，已经圆满地完成了预定的各项任务，今天就要胜利闭幕了。这是我市科技界具有历史意义的大会，是继往开来、团结奋进的大会，也是动员××特区广大科技工作者为我市率先基本实现社会主义现代化建功立业的大会！

这次代表大会得到了市领导和上级科协的重视和关怀，省委常委、市委书记×××同志，市委副书记×××同志代表市委、市政府在大会中做了重要讲话，市委常委、宣传部长×××为全体代表做了一场生动的形势报告。我们决不辜负省市领导对我们的期望，决心紧紧团结全市广大科技工作者，自觉肩负起历史的重任，为把××早日建成现代化国际性港口城市建功立业！

全体代表经过认真地讨论和审议，一致通过了×××同志所做的工作报告；一致通过了《××市科学技术协会章程》；大会还表彰了全市科协系统先进集体和先进工作者；向第×届全市自然科学优秀论文获奖者颁奖；向全市广大科技工作者发出了倡议书；大会选举产生了××市科学技术协会第×届委员会；聘请了一批德高望重的两院院士、专家学者担任市科协名誉主席、顾问和荣誉委员。大会圆满完成了各项预定的任务。

原 × 届委员会中部分老专家、学者由于年事已高或其他原因，这次没有参加市科协新的领导机构。他们多年对我市科技工作和科协工作做出了突出的贡献，赢得了广大科技工作者的爱戴和信赖。在这里，我们谨向他们表示崇高的敬意！我们也希望老前辈们能一如既往地关心市科协事业的发展，指导和帮助我们的工作。

同志们，我们即将进入一个新的世纪和关键的历史发展时期，回顾过去，令人鼓舞；展望未来，令人振奋！我们的使命艰巨而光荣，我们任重而道远。× 届科协，恰逢世纪之交和千年交替，正处在我国进入全面建设小康社会，加快推进现代化建设的新的发展阶段，我们 × 届委员会要更加努力地学习邓小平同志关于“科学技术是第一生产力”的理论，在市委、市政府的领导下，进一步弘扬“献身、创新、求实、协作”的精神，满腔热情地为我市的广大科技人员服务，加强 ×× 特区科技工作者的团结、协作，做好“三主一家”工作，在改革开放和社会主义现代化建设中，奉献才智，再立新功，再创辉煌！

最后，我代表全体与会人员向为本次会议提供热情、周到服务的全体工作人员和有关单位的同志们表示衷心的感谢！

现在，我宣布 ×× 市科学技术协会第 × 次代表大会胜利闭幕！

课堂练习

1. 开幕词的格式一般由哪四部分组成？
2. 闭幕词的特点有哪些？

写作训练

1. 请为学校领导拟写运动会开幕仪式上的讲话稿。
2. 请为学校军训闭幕式拟写闭幕词。

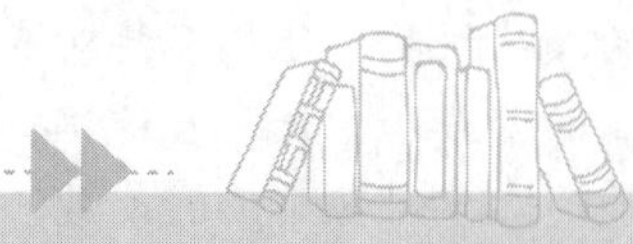

第四章 财经文书

第一节　合同

目标要求

一、知识目标

1. 掌握合同的涵义；

2. 明确合同的特点和分类；

3. 知晓合同的主要内容。

二、能力目标

掌握合同的基本写法和要求。

三、素质要求

培养撰写合同的能力。

案例分析

例文

杨××是酒店管理专业二年级学生。2003年7月，他与同班另二位同学一起去某酒店应聘。岗位有主管、前台服务、客房服务，顺利通过面试后，酒店给他们三人出示了用工合同。

三人对合同条款仔细阅读后一致讨论通过。其中尤为令人满意的是“月薪800元”“免费提供食宿”。暑假期间，吃住不用愁，既能赚点儿学费，又可以积累一定的工作经验……三人欣然签订了合同。

合同签订后，酒店要求每人先付300元押金，并开具了“合同违约金”的收据。次日，三人就参加了为期七天的短期培训。

第一天，三人着上酒店员工制服，从上午八点一直工作至晚上十点，中途只有短暂的“快餐”时间是自己的。工作内容是擦地板、刷盘子。

第二天，一切照常进行。第三天，一切仍旧照常。第四天，三位同学商量决定不干了。找到了主管要求退还300元钱，却被告知是他们不干活先违约，300元不予退回。

杨××等人有一定的合同意识，但他们只看中了其中有利于自己的相应条款，而忽略了对合同条款中工作细节的考虑，比如工作岗位、具体工作内容和工作时间等，这些都无形中给自己带来了麻烦。当感觉到工作内容对自身利益有所侵害或约束时就提出解除合同，并想要回违约押金时被用人方以合同约定为由拒绝，这就是他们对合同约定及条款理解不够深入所致。

知识点击

一、合同的涵义

《中华人民共和国合同法》："合同是平等主体的自然人、法人、其他组织之间设立、变更、终止民事权利义务关系的协议。"

合同的签订方可以是单位与单位、单位与个人或个人与个人，合同关系是一种法律关系，具有强制性质，一经签订，各方当事人都要严格遵守，认真执行，不能单方面修改或废止。

经济合同则是自然人、法人、其他组织之间为实现一定的经济目的，明确相互的权利义务关系而订立的书面协议。经济合同具有法律约束力。

二、合同的种类

合同按性质分，主要有经济合同、技术合同、人员聘用合同、文化交流合同、社会服务合同等。合同按内容分，可从不同合同内容得到相应的类别，如买卖合同、赠与合同、租赁合同、承揽合同、建设工程合同、运输合同等。合同按格式和写法分，主要有条款式合同、固定式合同、条款和表格结合式合同等。

按照《中华人民共和国合同法》，可将合同分为15种，即：买卖合同、供用电水气热力合同、赠与合同、借款合同、租赁合同、融资租赁合同、承揽合同、建设工程合同、运输合同、技术合同、保管合同、仓储合同、委托合同、经纪合同、居间合同等。

三、合同的特点

（1）限定性。立约人必须是具有法律行为能力者，签订合同的签约双方，须具法人资格。

（2）协商性。立约双方或多方必须经过认真协商，确立彼此的权利义务，并能获得认可。

（3）平等性。立约人无论公私、大小、在本约当中都是平等的主体。

（4）互利性。平等相待，协商一致，立约人一定处于自愿、公平、诚信、互利、互惠。

（5）约束性。合同一旦签订，对每一位立约人均具法律约束力，以此保证各自的权利。

四、合同的内容及写法

合同的写法是依据《合同法》规定的主要内容确定的。

1.合同的主要内容

《合同法》规定，合同的内容由当事人约定，一般包括以下条款：①当事人的名称或者姓名和住所；②标的；③数量；④质量；⑤价款或者报酬；⑥履行期限、地点和方式；⑦违约责任；⑧解决争议的方法。

标的：双方当事人权利义务共同指向的对象。如：保管合同的标的是物，运输合同的标的是行为，技术转让合同的标的是智力成果。

数量：指衡量合同当事人权利义务大小的尺度，通常用数字和计量单位来表示。

质量：包括规格、性能、款式、标准、材质等。

价款或者酬金：价款是取得标的物应当支付的代价，酬金是获得服务应当支付的代价。

履行期限、地点和方式：指履行合同的时间限度、交付标的物的方式、支付价款的方式等。

违约责任：承担违约责任的主要方式有支付违约金、赔偿损失。

解决争议的方法：当事人关于解决争议的程序、方法等的约定。

2.写法

（1）首部。包括：①标题。即合同的名称。②当事人。当事人指具有法人资格的法人单位和具有公民资格的自然人。在合同标题的左下方，分行并列写明签订合同当事人的单位名称及法定代表人或自然人姓名，并在名称或姓名前面注明谁是甲方，谁是乙方。也可在名称或姓名的后面用括号注明“甲方”和“乙方”。③合同编号与签订地点、时间。在合同标题的右下方，分行并列写明该合同的编号、签订地点及时间。

（2）正文引言。在合同标题的下方，第一段开始，应将双方签订合同的依据和目的进行交代，一般用“为了”开头。合同条款是双方行使权利、享受义务的依据，按照《合同法》的规定，合同应具备以下主要条款：①标的；②数量；③质量；④价款或者报酬；⑤履行期限、地点和方式；⑥违约责任；⑦解决争议的方法。合同的履行期限一般为“本合同自双方代表人签章日起生效”。合同的保存一般为一式两份，甲、乙双方各执一份为据，如果有表格、图纸等附件，正文后另起一行应写上“附件”两字，并注明件数。

（3）尾部。包括：①双方当事人签名、盖章。②双方单位住址、电话号码、电报挂号、传真号码、邮政编码。③双方开户银行、银行开户名、账号。必要时由双方自愿可请有关机构鉴证或公证，鉴（公）证机构可在双方当事人情况栏后签署有关意见。有的合同不将签订时间签于合同上方，而是落在合同全文右下方，这也是可以的。

五、合同撰写的注意事项

（1）内容合法、约定合理：合作事项一定要符合国家的法律和相关规定，邀约双方必须处于平等地位，约定事项也要符合法律，合情合理。

（2）格式规范、态度严谨：严格遵守《合同法》的有关规定，认真写作、审慎落笔。

（3）条款完备、逻辑缜密：合同所必备的各个构成部分不能缺少，关键条款不能遗漏；一条条款写一项完整的内容；前后行文具体、思维严密。

（4）语言准确、表述清晰：不使用“最近”“基本上”“可能”“大概”“上一年”一类模糊词语；价款与酬金数字必须大写。

（5）知己知彼、便于取舍：了解合作方的资格、资信和履行合同的能力，如果合作方有某一方面的缺陷就要考虑是否有合作的必要。

航空运输合同

托运人（姓名）与中国××航空公司（以下简称承运人）

经友好商定，由（发货地点）空运（货物名称）到（到达地点），双方特签订本合同，并共同遵守下列条款：

第一条　托运人于××月××日起需用××型飞机××架次运送（货物名称），其航程如下：

××月××日自××××至××，停留×日；

××月××日自××至××××，停留×日；

运输费用总计人民币××××元。

第二条　根据飞机航程及经停站的条件，可供托运人使用的载量为×××公斤（内含客座）。如因天气或其他特殊原因需增加空勤人员或燃油时，载量照减。

第三条　飞机吨位如托运人未充分利用，承运人可以利用空隙吨位。

第四条　承运人除因气象、政府禁令等原因外，应依期飞行。

第五条　托运人签订本合同后要求取消飞机班次，应交付退机费××××元。如托运人退机前承运人为执行本合同已产生调机费用，应由托运人负责交付此项费用。

第六条　托运人负责所运货物的包装，运输中如因包装不善造成货物损毁，由托运人自行负责。

第七条　运输货物的保险费由承运人负担，货物因承运人一方的人为问题所造成的损失，由承运人赔偿。

第八条　在执行合同的飞行途中，托运人如额外要求停留，应按规定收取留机费。

第九条　本合同如有其他未尽事宜，由双方共同协商解决。

凡涉及航空运输规则规定的问题，按运输规则办理。

托运人：×××	承运人：中国××航空公司
开户银行：中国××银行	开户银行：中国××银行
银行账号：××……××	银行账号：××……××
××××年××月××日	××××年××月××日

例文2

购销合同

立合同者：××市肉联加工厂（以下简称甲方），××市食品公司（以下简称乙方）。

为了繁荣市场，保证食用猪油供应，经双方协商，签订本合同，以资共同遵守。

一、由甲方向乙方订购食用猪油贰佰吨，按每吨叁仟伍佰元计算，甲方付给乙方货款共柒拾万元。

二、乙方于××××年4～5月分4次在××火车站向甲方交付完所订购的食用猪油。

三、付款办法采取银行托收承付。甲方在验收第一批货物后5日内先付款50%，在验收全部货物后的5日内付清余下货款。

四、采用铁桶包装，铁桶回空，回空时由甲方运至××站，运杂费由乙方负担。货物发运后的铁路运费及卸车费由甲方负担。

五、质量标准。按食用油规格水分不超过1%为合格，不符合质量标准甲方拒收。

六、双方按规定日期交付货物或货款，逾期不履行合同的，违约方按每天1%的尾款或货物折价款付对方违约金。

七、本合同一式四份，双方各执正副本各一份保存备查。

甲方：××市肉联加工厂（公章）
代表人：×××（签名）
地址：×××××××××××××
电话号码：××××××××××××
开户银行：中国××银行
账号：××……××
××××年××月××日

乙方：××市食品公司（公章）
代表人：×××（签名）
地址：×××××××××××××
电话号码：××××××××××××
开户银行：中国××银行
账号：××……××
××××年××月××日

课堂练习

1. 什么是合同？合同有多少种？

2. 你能熟练说出合同应具备哪些主要条款吗？

写作训练

1. 下面是因合同引起的不愉快事件，你能否根据所学知识，为双方拟写一份责任明确、条款完备的合同。

某矿山机械厂（甲方）与某钢铁公司（乙方）签订了合同。合同规定：由乙方提供原料，甲方为其加工烧成车50台，总价款250万元。乙方提供图纸（要求保密），并先付定金5万元。合同规定，由乙方2002年7月底自提货物，验收合格后就价款转账结算。

2002年7月，乙方去甲方提货。检验后以20台烧成车与图纸不符，另30台质量低劣为由拒绝收货并要求甲方承担违约责任。甲方认为，与加工图纸不合是合理的技术误差，另30台质量低是因为乙方供料不合格。双方为此发生了纠纷。

2. 郑浩刚从一家工厂辞职，来到一家建筑公司应聘，该公司面试后同意录用，准备与他签订一份用工合同，你能拟写一份用工合同供他参考吗？

第二节　意向书　协议书

一、知识目标

1. 掌握意向书、协议书的涵义、用途；

2. 明确意向书、协议书的特点和类型；

3. 知晓、协议书的法律效应。

二、能力目标

掌握意向书、协议书的基本写法和要求。

三、素质要求

培养撰写意向书、协议书的能力。

例文1

开展技术经济合作意向书

×××对外经济办公室（甲方）与河南××××有限公司工贸发展部（乙方），经双方协商同意，确定如下技术经济合作关系：

一、双方合作范围

1. 高科技产品开发。
2. 农副产品深加工与综合利用。
3. 外贸出口。
4. 合办第三产业。
5. 技术咨询。
6. 高新技术以及资金等方面的引进合作。

二、双方义务

1. 甲方负责提供其资源、项目及资料和项目的落实。
2. 乙方负责提供合作开发项目的技术资料，组织有关技术力量，以及协调开发项目的有关关系。协助或代理甲方的产品出口，合作项目产品的出口，以及甲方所需或双方合作项目所需的设备、技术的引进。
3. 双方确定具体的联络人员，进行经常的联络工作。

三、双方合作程序

由双方商定在适当时间相互考察，根据考察结果，共同商拟双方合作项目、方式、内容和步骤。

四、双方合作方式

双方本着互惠互利、利益共享、风险共担的原则，根据不同的项目采用相应的合作方式。具体合作项目由双方另行签订合同。

五、本意向书一式四份，双方各执两份。

甲方：×××对外经济办公室代表：张××

联系地址：×××××××××××××　　电话：×××××××××

乙方：河南××××有限公司工贸发展部代表：李××

联系地址：×××××××××××××　　电话：×××××××××

××××年××月××日

评析》

这份意向书，标题由项目和文种构成。导言写签订意向书的单位，承上启下惯用语导出本文的主体。主体部分写合作的范围、双方义务、合作程序、合作方式等方面的意向性意见。文尾写意向书份数、双方代表的签字及通联信息。

全文目标具有导向性、各条款内容注重只确定原则意向，而不涉及具体的数字等细则，可为日后签订实质性、具体性的项目合同奠定基础。这是一则写得较好的意向书，可资借鉴。

例文2

协议书

甲方：________________

乙方：________________

甲乙双方经充分协商，就双方合作事宜达成如下协议：

一、双方是商业合作关系，甲方系专业咨询经纪公司，因乙方拥有商业信息，但须以甲方之名义对外签订代理协议。

二、双方以甲方名义对外之代理协议签订后，由甲方负责具体操作，乙方只负责将客户介绍给第三方（即总代理商），由第三方与甲方协商具体操作步骤。

三、房产销售或预售合同签订后，乙方只负责应得佣金到达甲方账户，若佣金到账后，则甲方须在到账之次日起七日内，以现金方式支付给乙方应得佣金，佣金具体分配比例为甲方10%（含营业税）、乙方90%。

四、本协议仅为乙方提供对外业务开展之便利条件。

五、本协议一式两份，甲乙双方各执一份，每份具有同等法律效力。

甲方（公章）：______________　　乙方（公章）：______________

代表人（签字）：____________　　代表人（签字）：____________

电话：____________________　　电话：____________________

日期：________年____月____日　　日期：________年____月____日

评析

这份协议书只以文种作为标题，只有从正文才知晓协议内容。协议双方都是做信息服务的，只是服务层面不同，从条款上来看，双方没有约定违反条款应该有什么处罚措施和承担什么样的责任，条款对双方的约束力不是十分严格，更多指向的是合作层面。

知识点击

意向书

一、意向书的涵义和用途

意向书是当事人各方就某一项目在进入实质性谈判前所形成的表达合作意愿的文书。

意向书用途：奠定合作双方以后谈判的基础。提供基本依据，是签订合同的先导。

二、意向书的特点

（1）协商性：不具法律效力。只是初步协商的产物。

（2）意向性：意向书的文字比较灵活，内容也比较原则，对关键问题只表达原则性意向。

三、意向书的类型

从文体格式分，意向书可分下列两种类型：

（1）条款式意向书。

（2）书信式意向书。

四、意向书的结构与写法

（一）标题

形式有两种：一种直接写文种，即“意向书”；另一种由项目名称和文种构成。

（二）正文

1. 导言

一般写各方当事人的单位名称，因何事项进行了协商以及合作的指导思想，用“双方就有关事宜，达成如下意向”一类惯用语导出主体。

2. 主体

写双方的意图、初步商谈后达成的倾向性认识和比较认同的事项。采用分条列项的形式写。各条项的内容相对完整。条款间界限清楚。

3. 结尾

应写明“未尽事宜，在签订正式合同时予以补充”这类语句，以便留有余地。

（三）落款

写各方单位的名称、签订时间、通联地址、电子邮箱、电话号码等。

五、意向书写作的注意事项

（1）要忠实地表达各方协商的事项。

（2）表述语言要适应意向书的特点。

（3）意向书表述的内容比较原则、笼统，使用留有余地、富有弹性的语言，不把关键问题的条款尤其是数字写得太具体、太精确。

（4）各条款的内容要合理合法。

协议书

一、协议书的涵义

协议书是社会生活中，协作的双方或数方，为保障各自的合法权益，经双方或数方共同协商达成一致意见后，签订的书面材料。协议书是契约文书的一种。是当事人双方或多方为了解决或预防纠纷，或确立某种法律关系，实现一定的共同利益、愿望，经过协商而达成一致后，签署的具有一定法律效力的记录性应用文。

二、协议书的种类

口头协议一律无效。书面协议有三种形式，即合同中的条款、独立的协议书及信函、电报、传真、电子邮件等其他书面形式。

三、协议书的格式

（1）标题。一般由当事双方单位名称、事由、协议书三部分组成。

（2）正文。条款的主要内容包括：协商目的、协商目的责任、协议的时间和期限、协商目的条款和酬金（价格明确、总额大写、必须明确货币种类）、履行条款期限、违反条款的责任处理。

（3）结尾。包括：落款，签署当事人姓名或单位名称；签署日期。

四、协议书的法律效应

订立协议书，其目的是为了更好地从制度上乃至法律上，把双方协议所承担的责任固定下来。作为一种能够明确彼此权利与义务、具有约束力的凭证性文书，协议书对当事人双方（或多方）都具有制约性，它能监督双方信守诺言、约束轻率反悔行为，它的作用与合同基本相同。

例文1

创办联营综合服务公司意向书

××市化工厂（以下简称甲方）和×××公司（以下简称乙方）于××××年××月××日在××会议中心就创办联营综合服务公司的问题进行了初步协商。根据双方需要，为更合理利用双方优势，提高经济效益和社会效益，双方在平等互利的基础上达成如下联营意向：

一、联营综合服务公司在创建之初的生产经营项目主要有二：一是利用甲方在生产过程中产生的废渣石灰脚料生产煤渣砖；二是代客户运输。

二、甲方提供运输工具载重车数辆给综合服务公司，按月收取适当的租用费。乙方提供土地一块给联营公司，按月收取适当的租用费。乙方一并提供综合服务公司所需的生产人员。

三、此联营项目投资总额估计十万元（包括基建、厂房、设备及流动资金）。甲方投资比例约七成，乙方投资比例约三成，实现的利润按投资比例分成。

四、综合服务公司是具有法人资格、实行独立核算、自负盈亏的企业。

五、双方各派代表若干人组成筹建小组，具体负责筹建工作。筹建小组应于明年春完成可行性研究并提交工作方案。

六、有关具体问题双方在进行可行性研究后进一步协商。

七、本意向书一式四份，双方各执两份。

甲方单位（盖章）：××市化工厂　　　　乙方单位（盖章）：×××公司

甲方代表（签字）：×××　　　　　　　乙方代表（签字）：×××

××××年××月××日

例文2

外出旅游安全协议书

为明确客户在外出旅游时和员工人身伤害等事故发生时双方的责任，保证工作的顺利进行。甲乙双方自愿签订如下协议：

甲 方：__________

乙 方：__________

第一条：乙方自愿组织客户外出集体旅游，并承诺遵守本协议之规定。

第二条：乙方在组织客户外出旅游时可能出现的个人安全、经济、疾病等不可预测因素，均由乙方自己承担，甲方不承担任何责任。

第三条：在乙方组织客户外出旅游期间发生的一切安全事故均由乙方承担责任，甲方不承担任何责任。

第四条：乙方所招聘的员工与甲方不存在劳动关系，医疗、保险等各种费用及发生的任何安全事故均与甲方无关。

第五条：本协议一式两份，甲乙双方负责人各执一份。

甲方签字：______________ 乙方签字：______________

时　　间：______________ 时　　间：______________

课堂练习

1. 意向书、协议书与合同之间有什么关系？

2. 协议书与合同有无区别，谈一谈你的看法。

写作训练

1. 李云江同学很快就要毕业了，学校在毕业前夕安排他去实习，根据学校的要求，需要签订一份毕业实习协议书，下面是一份学校拟定好的协议书，你能根据所学的知识，帮助他进一步完善这份实习协议书吗？

大学生毕业实习协议书

甲方：____________ 大学学生处

乙方（用人单位）：__________

丙方（学生）：______________

为保证就业实习工作的顺利进行，保护学校、用人单位及学生的合法权益，甲乙丙二方本着自愿合作的原则，经慎重协商，甲乙丙三方承认《__________大学大学生就业实习管理规定》对三方均有的约束力，并达成如下就业实习协议：

一、乙方要求甲方为其介绍丙方从事就业实习工作，其中

1. 工作内容：______________

2. 工作时间：______________

二、在办理实习信息登记时，乙方在就业实习报酬外应向甲方支付管理费用______元（即按实际聘用人数，每人管理费______元或按学生酬金的______%计）。

三、乙方在丙方实习期间，不得无故克扣丙方的劳动报酬。无论乙方辞退或丙方辞职，乙方均需付足学生自劳动开始之日至离开之日的全部报酬。乙方有权根据其用工需要而终止与丙方实习用工关系，乙方终止用工关系需提前三天通知甲方、丙方。

四、乙方在______日以前，将丙方的报酬付给甲方，统一由甲方发放，乙方不直接与丙方发生经济关系。

五、丙方就业实习依法享受劳动保护，乙方不得安排丙方从事易对人体造成伤害或危险的特殊行业或专业的劳动及违法活动；乙方应对丙方的人身安全提供保障，不得损害或变相损害丙方在劳动保护方面的合法权益。

六、甲方是具体负责指导大学生就业实习的组织管理机构。在工作中甲方教育丙方遵纪守法，执行用人单位及学校的规章制度，履行就业实习协议中的各项义务，如乙方与丙方发生纠纷，甲方主持调解双方的争议。

七、乙方有权与丙方签订有关知识产权、保密义务等协议。甲方督促丙方执行上述协议。

八、本协议发生的争议适用中华人民共和国法律，由甲方所在地法院管辖。

九、本协议一式三份，甲乙丙三方各执一份。

甲　方（盖章）：____________________　　乙　方（盖章）：__________________

负责人（签字）：____________________　　负责人（签字）：__________________

_________年_____月_____日　　_________年_____月_____日

签订地点：__________________________　　签订地点：_________________________

2.宋晓莹任上海××造漆厂公关部经理，此厂与××进出口公司上海分公司、××有限公司作为大陆合作方同香港××油漆有限公司决定在香港开办合资公司，现在厂长要求她拟写一份合作意向书，以便同大陆和香港的合作有进一步的发展。

第三节　招标书

目标要求

一、知识目标

1.掌握招标书的涵义；

2.明确招标书的特点和类型；

3.知晓招标书的编制原则。

二、能力目标

掌握招标书的基本写法和要求。

三、素质要求

培养撰写招标书的能力。

案例分析

例文

××大学修建图书馆楼的招标书

××大学经上级主管部门批准，拟修建一座图书馆楼，从××××年1月20日起开始建筑招标。现将具体事宜告知如下：

1.工程名称：××大学图书馆楼。

2.建筑面积：××××平方米。

3.施工地址：××市××路××号。

4.设计及要求：见附件。（略）

5.材料中钢材、木材、水泥由招标单位供应，其余由投标人自行解决。所需材料见附表。（略）

6.交工日期：××××年12月。

7.凡愿投标的国营、集体建筑企业，只要有主管部门和开户行认可，具有相应建筑施工能力者均可投标。

8. 投标人可来函或来人索取招标文件。

9. 投标人请将报价单、施工能力说明书、原材料来源说明书以及上级主管部门的有关签证等密封投寄或派人直送我校基建处招标办公室。

10. 招标截至××××年2月10日止（寄信以邮戳为准）。2月15日，于我校办公楼会议室，在××市公证处公证下启封开标。

××大学基建处（公章）

××××年一月二日

评析

本文标题由单位名称、招标项目名称和文种三部分组成。正文将建设单位名称、工程项目、建筑地点、建筑面积、建设工期、设计和质量要求等事项和要求逐条列出，简明扼要，符合一般工程项目招标书的要求。

一、招标书的涵义

招标书又称招标通告、招标启事、招标广告，它是将招标主要事项和要求公告于世，从而招使众多的投资者前来投标。一般都通过报刊、广播、电视等公开传播媒介发表。在整个招标过程中，它是属于首次使用的公开性文件，也是唯一具有周知性的文件。

招标书是招标人利用投标者之间的竞争达到优选买主或承包方的目的，从而利用和吸收各地优势于一家的交易行为所形成的书面文件，属于邀约的范畴。

一般来说，招标书是业主按照规定条件发招标书，邀请投标人投标，在投标人中选择理想合作伙伴的一种方式。招标书也是招标过程中介绍情况、指导工作、履行一定程序所使用的一种实用性文书，因此属于告知性文书。

二、招标书的特点

（1）广告性。招标书一般以招标通知、招标公告、招标启事的形式予以发布，是一种告知性文件，并且多数都通过大众传媒公开，因此也称招标广告，具有广告性。

（2）竞争性。招标书是吸引竞争者加入的一种文书，它具有相当的竞争性。

（3）紧迫性。招标书要求在短时间内获得结果，因此，又具有时间的紧迫性。

三、招标书的种类

按方式划分：有公开招标书、邀请招标书。

按时间划分：有长期招标书、短期招标书。

按内容及性质划分：有企业承包招标书、工程招标书、大宗商品交易招标书。

按招标范围划分：有国际招标书、国内招标书。

四、招标书的结构与写法

招标书一般由标题、正文、结尾三部分组成：

1. 标题

标题写在第一行的中间。常见写法有四种：一是由招标单位名称、招标性质及内容、招标形式、文种四元素构成；二是由招标性质及内容、招标形式、文种三元素组成；三是只写文种名称“招标书”；四是广告性标题，例如：《谁来承包×××工厂》。

2. 正文

正文由引言、主体两部分组成。

（1）引言。应写明招标原因、目的、依据以及招标项目的名称。

如《××住宅小区建筑安装工程施工招标通告》：“本公司负责组织建设的××住宅小区工程的施工任务，经××市城乡建设委员会批准，实行公开招标，择优选定承包单位，现将招标有关事项通告如下：”。

（2）主体。这是招标公告的核心，要详实交代招标方式（公开招标、内部招标、邀请招标）、招标内容、招标范围、招标程序、招标内容的具体要求、双方签订合同的原则、招标过程中的权利和义务、组织领导、其他注意事项等内容。一般采用横式并列结构，将有关要求逐项说明，有的还需要列表。具体包括了如下几个方面：

① 招标内容。如标明工程名称、建筑面积、设计要求、承包方式、交工日期等。

② 招标范围。投标单位资格及应提交的文件，如：凡持有一二级建筑安装企业营业执照的单位皆可报名参加投标。报名时应提交下列文件：A. 投标单位概况表；B. 技术等级证书（复制件）；C. 工商营业执照（复制件）；D. 外地建筑企业在本市参加投标许可证。

③ 招标程序。包括内容：A. 报名及资格审查；B. 领取招标文件；C. 招标交底会（交代要求及有关说明）；D. 接受标书；E. 开标；F. 交招标文件押金或购买招标文件。

④ 招投标双方的权利和义务、双方签订合同的原则、组织领导以及其他事项等。

3. 结尾

招标书的结尾，应签具招标单位的名称、地址、电话、电报挂号等，以便投票者参与。

五、编制招标书的原则

1. 遵守法律法规

招标文件是一份具有法律效力的文件，接到采购项目委托以后，首先要考虑该项目是否有可行性论证报告、是否通过国家相关管理部门的批准、资金来源是否已落实等。招标文件的内容应符合国内法律法规、国际惯例、行业规范等。

2. 反映采购人需求

招标代理机构面对的是采购单位对自己的项目了解程度差异非常大，再加上采购项目门类繁多，招标代理机构编制招标文件前就要对采购单位状况、项目复杂情况、具体要求等所有需求有一个真实全面的了解。在编招标文件时应该考虑的都要考虑到，即使当时不能确定具体要求，也应把考虑到的要求提出来，让投标者根据自己的经验来建议。

3. 公正合理

公正是指公正、平等对待使用单位和供应商。招标文件是具有法律效力的文件，双方都要遵守，都要承担义务。

合理是指采购人提出技术要求、商务条件必须依据充分并切合实际。技术要求根据可行性报告、技术经济分析确立，不能盲目提高标准、提高设备精度等，否则会多花不必要的钱。合理的特殊要求，可在招标文件中列出，但这些条款不应过于苛刻，更不允许将风险全部转嫁给中标方。由于项目的特殊要求需要提供出合同条款，如支付方式、售后服务、质量保证、主保险费及投标企业资格文件等，这部分要求的提出也要合理。验收方式和标准应采用我国通用的标准或我国承认的国外标准、欧洲标准等。

4.公平竞争

公平竞争是指招标文件不能存有歧视性条款。只有公平才能吸引真正感兴趣、有竞争力的投标厂商。招标文件不能含有歧视性条款，政府采购监管部门对招标工作的监管最重要的任务之一就是审查招标文件中是否存有歧视性条款。当然技术规格要求制定得过低，看似扩大了竞争面，实则给评标带来了很大困难，评标的正确性很难体现，最后选择的结果可能还是带有倾向性。

5.科学规范

以最规范的文字，把采购的目的、要求、进度、服务等描述得简捷有序、准确明了。使有兴趣参加投标的所有投标人都能清楚地知道需要提供什么样的货物、服务才能满足采购需求。不允许使用大概、大约等无法确定的语句，不要委婉描述，不要字句堆砌，表达上的含混不清，会造成理解上的差异。不要在某一部分说清楚了的事，又在另外章节中复述，弄不好，可能产生矛盾，让投标人无所适从。如对设备的软件问题，也应根据需要合理提示，以防在签约时出现价格问题。

6.维护政府、企业利益

招标文件编制要注意维护采购单位的秘密，如给公安系统招网络设备就要考虑安全问题。不得损害国家利益和社会公众利益，如噪音污染必须达标，为了维护国家安全，给广电部门招宽带网项目时就要注意这个问题。总之考虑要尽量地细致、全面，执行起来就越顺当。招标项目门类繁多，只有多积累、多调查、多思索、多积累经验，才能深入浅出，编出一份合乎规范的招标文件来。

六、编制招标书的注意事项

（1）真实合法、周密严谨。招标书是签订合同的依据，是一种严肃的工作，是一种具有法律效应的文件，在内容和措辞上都要十分严谨。

（2）用词准确、简洁清晰。招标书没有必要长篇大论，只要把所要讲的内容简要介绍，突出重点即可，切忌没完没了地胡乱罗列、堆砌。

（3）语言平和、注意礼貌。招标书涉及的是交易贸易活动，要遵守平等、诚恳的原则，切忌盛气凌人，更反对低声下气。

规范例文

________________装修工程招标书

一、概况

1.项目名称：________________装修工程

2.招标单位名称：

3.招标单位地址：

4.邮政编码：

5.招标项目地点：

6.招标项目实施时间：

7.规划内容：

建筑面积总计为______m^2，实际使用面积为______m^2。

建筑分为______层，______层实际使用面积为______m^2，　层实际使用面积为______m^2

整体布局分为______________

8. 总体设计原则：

9. 设计主题：

10. 功能划分：

11. 其他设计要求：

二、报名条件

1. 报名企业条件：参加该项目投标的企业具独立法人资质、有三年以上成熟工程建设或装修施工经验。

2. 报名材料：报名时应提供企业营业执照复印件、企业法人代表身份证复印件、专业资质证书、类似工程施工业绩、单位介绍信（委托代理人应随带本人身份证书和授权委托书）及项目经理证书。

3. 投标单位在参加投标领取相关资料时应交纳投标保证金人民币伍仟元整。如未中标，建设单位应于定标之日起7个工作日内将投标保证金无息退还投标单位。

4. 建设单位在检验中标单位提供的各项有效证件（原件）确认无误后，与中标单位签订施工工程合同。并在进场施工后将投标保证金无息退还给中标单位。发现中标人提供的各项证件（原件）有伪造的情形，以及中标人违反招标文件要求的，取消其中标资格并不予退还投标保证金。

5. 各投标人在投标期间发生的一切费用自理，提交的相关资料，招标人概不退还。

三、施工要求

为了确保工程质量符合工程施工要求，对有关材料实行指定品牌和规格。

1. 招标范围内有关建材的品牌和规格应严格按工程清单要求提供；施工范围为图纸中工程清单。

2. 投标人在报价时应按招标人指定的品牌和规格进行报价。

3. 其他未定品牌和规格的按施工图纸要求报价。

4. 施工图纸或招标文件未推荐的材料由投标人自行报价（应注明品牌和规格），但其质量和技术性能应符合施工图要求及国家或行业的相关标准。若投标报价未注明品牌和规格，招标人将在不进行加价的情况下有权更换其品牌和规格。

5. 在合同实施时，招标人有权更换产品的品牌和规格，并按合同约定的调价原则进行价格调整。

6. 如发现设计图纸有错误或根据施工现场情况对原设计图纸需做某些变动，必须经招标人确认，由设计单位出具修改通知，再进行工程量调整，投标人不得擅自改动。

四、承包方式

1. 本工程采用固定价格包干。即价格是以明确的设计施工图纸为计算基础，除施工期间的设计变更或增减项目外，投标后均不做价格调整。

2. 若施工期间发生设计变更而增减工程量的，按承包人在投标时所报价格，计算所增减工程量款项。

3. 施工过程中因建设单位或设计更改增加工程项目的，根据当年或最接近时间的北京市建筑工程预算定额、北京市市场信息价及北京市市场行情按实签证进行调整。

4. 投标人应根据招标人提供的招标文件、施工图纸、工程量清单、补充通知编写投标文件及报价。

5.对工程量有异议的，应在招、投标前说明清楚，工程量有差错的在投标前必须调整正确。中标人实行________式承包，不得转包或分包。

五、施工工期

工期为________天，从合同签订的第________天开始计算至工程完工。工期每拖延一天扣工程总价款0.5%。

六、报价须知

1.投标人应对工程现场和其周围环境进行踏勘，以获得有关编制投标文件和签署实施工程合同所需的各项资料。投标人应承担现场踏勘的责任和风险，现场踏勘的费用由投标人自己承担。

2.投标人应按建设单位提供的图纸、工程量清单及招标人提供的资料中要求的材料品牌和规格等技术、质量参数如实填报标价，不得随意改动，否则按废标处理。

3.投标报价时，不得更改工程量清单中的项目（定额子目）内容及工程量，必须按各个项目（定额子目）分别填报综合单价，不得仅报总价，否则其投标文件无效。

4.投标人应以人民币（元）为单位填报所有单价和总价，合同实施时亦以人民币支付。

5.投标人必须严格按招标人提供的《工程项目报价清单》认真填写，格式可以按照使用的应用软件自定。

6.报价文书必须包含装修施工说明书。

七、入围及评标办法

1.本项目的招标、评标以及标书解释工作由人民日报数字传播有限公司招投标小组负责。

2.评标时间由人民日报数字传播有限公司另行通知。

3.本次招标采用资格预审的方法确定合格投标单位。从报名单位中，经资格预审合格的单位里评比效果图后确定3～5家工程投标单位。

4.评标办法：评标以公开、公正、合理、规范为原则。中标条件有两种（实际采用的中标条件在评标会中现场评比决定）：①投标价为入围价中的最低价者中标；②投标价低于入围平均价且最接近入围平均价者中标。

其中，(1)若排序出现并列时，由招标工作小组根据企业的生产业绩、技术力量和信誉等综合比较，集体确定排序先后，确定第一中标候选人；(2)招标人确定排名第一的中标候选人为中标人。排名第一的中标候选人放弃中标、因不可抗力提出不能履行合同，而在规定的期限内未能提交的，招标人可以依排名顺序确定中标候选人为中标人。

八、合同签订

中标人在接到招标人的中标通知书后第一日起三日内，向招标人提供合同签订本（范本合同）。逾期，招标人有权取消中标人的中标资格。

九、工程质量、安全及验收标准

中标人必须严格按照设计施工图纸及有关施工和验收规范进行施工，保证工程质量通过有关部门验收达到标准要求。

1.应符合国家现行产品标准的规定，同时应有出厂合格证。

2.产品质量验收应符合招标人提供的品牌和规格要求。

3.中标人在施工中应确保整个项目的施工安全，保证工程进度，严把工程质量关。

4.工程质量严格按国家的行业标准和规范进行验收。

5.有关涉及消防、环保等专业规范要求的产品须经当地消防、环保等部门同意认可。

6.工程施工质量必须达到合格标准。

7.验收中发现产品材料不符合要求，有掺杂别的品牌、规格不足等现象，责令退回并返工，所发生的损失由中标人承担。

8.工程完工后，由有关的质量验收部门对工程进行验收。

十、工程款拨付

1.工程完成50%，由建设单位派员验证后，支付40%的进度款，工程完工经建设单位组织验收合格，决算经审计通过后付至80%，留下20%质保金，一年后一次性付清。

2.保修期定为一年，完工一年后不发生工程质量问题，建设单位退还质保金。若发生质量问题，中标人必须重新返工，使工程质量达到合格以上。

详情请电话联系：

公司招标网站网址：

×××××有限公司

××××年××月××日

课堂练习

1.什么是招标书？

2.招标书的写作都有哪些要求？

写作训练

根据政府采购的有关文件规定，受××市政府采购管理部门委托，按照公开、公平、公正的原则，××市公共资源交易中心对××市行政事业单位2013年1月6日至2013年12月31日的办公自动化设备、空调等协议供货进行公开招标，请以××市公共资源交易中心的名义拟写一份招标书。

第四节 投标书

一、知识目标

1.掌握投标书的涵义；

2.明确投标书的特点和类型；

3.知晓投标书的编制原则。

二、能力目标

掌握投标书的基本写法和要求。

三、素质要求

培养撰写投标书的能力。

例文

培训楼工程施工投标书

根据××学院兴建培训楼工程施工招标书和设计图的要求，作为建筑行业的×级企业，我公司完全具备承包施工的能力与条件，决定对此项工程投标。具体说明如下：

一、综合说明

工程简况（工程名称、面积、结构类型、跨度、高度、层数、设备）：培训楼一幢，建筑面积10700m^2，主体6层，局部2层。框架结构：楼全长80m，宽40m，主楼高28m，二层部分高9m。基础系打桩水泥浇注，现浇梁柱板。外粉全部采用玻璃马赛克贴面，内粉采用混合砂浆面刷涂料，个别房间贴壁纸。全部水磨石地面，教室呈阶梯形，个别房间设空调。

二、标价（略）

三、主要材料耗用指标（略）

四、总标价：总标价3408395.20元，每平方米造价370.23元。

五、工期：开工日期：××××年2月5日；竣工日期：××××年8月20日。施工日历天数：547天。

六、工程计划进度（略）

七、质量保证

全面加强质量管理，严格操作规程；加强各分项工程的检查验收，上道工序不验收，下道工序决不上马；加强现场领导，认真保管各种设计、施工、试验资料，确保工程质量达到全优。

八、主要施工方法和安全措施

安装塔吊一台、机吊一台，解决垂直和水平运输；采取平面流水和立体交叉施工；关键工序采取连班作业，坚持文明施工，保障施工安全。

九、对招标单位的要求

招标单位提供临时设施占地及临时设施40间，我们将合理使用。

十、坚持勤俭节约原则，尽可能杜绝浪费现象。

投标单位：××建筑工程总公司（公章）　　　　负责人：李××（盖章）

电话：××××××××　　传真：××××××××　　电报：××××

附件：本公司基本情况介绍（略）

评析 》

这是一篇工程建设项目投标书。正文先介绍了工程概况，然后说明了标价、耗材指标、工期、计划进度等，对招标书做出了明确的回答。这可以说是投标单位的正式报价单，是评标与决标的依据。本投标书还包括了保证工程质量的措施和达到的等级、主要施工方法、安全措施和对招标单位的要求等。文末附上公司基本情况，让他人对己方建立信心，是一份写得较完整、较规范的投标书。

一、投标书的涵义

投标书是指投标单位按照招标书的条件和要求，向招标单位提交的报价并填具标单的文书。它要求密封后邮寄或派专人送到招标单位，故又称标函。它是投标单位在充分领会招标文件，进行现场实地考察和调查的基础上所编制的投标文书，是对招标公告提出的要求的响应和承诺，并同时提出具体的标价及有关事项来竞争中标。

投标书是招标工作时甲乙双方都要承认遵守的具有法律效应的文件，因此逻辑性要强，不能前后矛盾，模棱两可，用语要精练、简短，对政策法规的理解与执行要准确，有利于标书制作者剔除歧视性条款，是对甲方（采购方或发包工程方）“出钱想买什么就买什么”传统观念的强力阻击。

二、投标书的种类

（1）按投标方人员组成情况划分，可分为：个人投标书、合伙投标书、集体投标书、全员投标书和企业投标书等。

（2）按投标的范围划分，可分为：国际投标书和国内的投标书。

国际招标书和投标书要求两种版本，按国际惯例以英文版本为准。一般是以建设采购方所在地的语言为准。如国外的企业进行国际投标，一般是以英语（或当地语言）为准。如果是中国单位进行国际投标，投标文件中一般注明，当中英文版本产生差异时以中文为准。

（3）按投标的标的物划分，又可分为三大类：货物投标书、工程投标书、服务投标书。

根据具体标的物的不同还可以进一步细分。如工程类进一步可分为施工工程投标书、装饰工程投标书、水利工程投标书、道路工程投标书、化学工程投标书等。每一种具体工程的投标书内容差异非常大，货物投标书也一样，简单货物如粮食、石油；复杂的货物如机床、计算机网络等。

三、投标书的特点

（1）公开性。随着我国的市场经济发展的日趋成熟，经济活动中的招投标竞争也逐步规范起来，以促进正当、合法的竞争，因而大都实行公开竞标，以体现公开、公平、公正的原则。

（2）针对性。投标书必须针对招标项目和招标条件、要求来写。

（3）求实性。投标虽然具有竞争性，但是必须实事求是，决不能为了中标夸大其词，失去诚信。投标单位必须实事求是地对投标项目进行分析、介绍己方、提出措施和承诺等。

（4）合约性。对投标书承诺的各项条件（包括项目标价、规格、数量、质量及进度要求等），承诺单位务必保证其可行性，一旦中标，必须严格履行承诺，绝不能反悔。

（5）限定性。招投标活动一般都有严格的时间限定，必须在限期内将投标书递交招标单位，过期将视同自动放弃。同时，对投标项目的进度要求也有严格的时间限定。

（6）规范性。投标书的制作既要遵守国家对招投标工作的有关规定和具体办法，又要执行国家颁布的技术规范和质量标准，不能随心所欲，任意制作。

四、编制投标书的原则

1. 全面反映使用单位需求的原则

招标将面对的使用单位对自己的工程、项目、货物了解程度的差异非常大，再加上项目的复杂程度大，投标单位就要组织好专家编制好标书，做到全面反映使用单位需求。

2. 科学合理的原则

投标的技术要求要根据项目现场实际情况、可行性报告、技术经济分析来进行确立，不能盲目提高标准、提高设备精度、房屋装修标准等，否则会带来浪费。

3. 公平竞争（不含歧视性条款）

投标的原则是公开、公平、公正，只有这样才能吸引真正感兴趣、有竞争力的投标厂商竞争，通过竞争达到采购目的，才能真正维护使用单位利益、维护国家利益。作为投标单位要认真审定招标书，看其中是否含有歧视性条款。如果有就要向政府招标管理部门、监督部门反映，要求删除该歧视性条款，这是保证投标是否公平、公正的关键环节。

4. 维护本企业商业秘密及国家利益的原则

五、投标书的结构与写法

1. 标题

一般由投标单位名称、投标项目名称和文种构成，或由投标单位名称和文种构成。

2. 正文

（1）引言：说明投标的依据、指导思想和投标意愿。

（2）主体：紧紧围绕招标书提出的目标、要求而写，介绍投标企业的现状、具备投标条件，提出标价（常用表格表示），完成招标项目时间，明确质量承诺和应标经营措施，填写标单等。

（3）结尾：写投标单位的名称、法人代表、联系人地址、电话号码和传真。附件中附利于己方中标的有关材料等。

六、编制投标书的注意事项

（1）提供投标书的份数多少应根据标的物大小、参加评标专家人数而定，以便于评标为原则。一般是4～5份，多的有5～15份。

（2）一般来讲，国际招标必须要投标保证金，国内招标因开具保证金证明比较困难，而且保证金证明的信誉不够好，投标单位尽量筹备投标保证金。

（3）投标单位要实事求是，尽己所能满足招标要求，不可弄虚作假。

（4）编制投标书是一定要做到语言简洁、语气谦和，充分表达出对招标单位的尊重。

（5）投标书的附件一定要准备周到、全面，内容详尽，这也是投标书最重要的内容，因为这些资料是使用单位和招标机构必须要的材料，也是表现投标单位竞争优势和能否中标的重要参考依据。

规范例文

________工程投标书

建设单位：________________________________

1. 根据已收到的招标编号为______的__________工程的招标文件，遵照《工程施工招标投标管理办法》的规定，我单位经考察现场和研究上述工程招标文件的投标须知、合同条件、技术规范、图纸、工程量清单和其他有关文件后，我方愿以______万元的总价，按上述合同条件、技术规范、图纸、工程量清单的条件承包上述工程的施工、竣工和保修。

2. 一旦我方中标，我方保证在________年____月____日开工，________年____月____日竣工，即____天（日历日）内竣工并移交整个工程。

3. 如果我方中标，我方将按照规定提交上述总价5%的银行保函或上述总价10%的由具有独立法人资格的经济实体企业出具的履约担保书做履约保证金，共同地和分别地承担责任。

4. 我方同意所递交的投标文件在“投标须知”规定的投标有效期有效，在此期间内我方的投标有可能中标，我方将受此约束。

5. 除非另外达成协议并生效，招标方的中标通知书和本投标文件将构成约束我们双方的合同。

6. 我方金额为______元的投标保证金与本投标书同时递交。

投标单位：（公章）　　　　　　　　单位地址：

法定代表人：（签字、盖章）　　　　邮政编码：

电话：　　　　　　　　　　　　　　传真：

开户银行名称：

银行账号：

开户行地址：

银行电话：

日期：________年____月____日

课堂练习

1. 什么是投标书？

2. 投标书的写作要求有哪些？

写作训练

马强是一家印务公司的经理，接到一家出版社的招标函，很想获得这次拓展业务的机会，现在他想根据对方的招标条件，编制投标书，你能根据所学替他拟写一份投标书吗？

第五节　市场调查和预测报告

一、知识目标

1. 掌握市场调查和预测报告的涵义；

2. 明确市场调查和预测报告的特点和类型；

3. 知晓市场调查和预测报告的作用。

二、能力目标

掌握市场调查和预测报告的基本写法和要求。

三、素质要求

培养撰写市场调查和预测报告的能力。

钢市上涨或将昙花一现　下游钢铁业回暖遇阻

上周，北方螺纹钢现货市场价格在钢坯报价不断上调的基础上展开大幅反弹，北京现货螺纹钢价格三天上涨150元/吨，随即期货市场也反弹，主力1510合约反弹67元/吨，涨幅明显不如现货，华东、华南、西南现货价格也有所上涨。在这种氛围的影响下，螺纹钢价格反转的言论不绝于耳。但笔者认为，国内外经济环境不利于钢铁行业复苏，下游需求持续低迷和钢厂销售压力增大压制螺纹钢价格反弹，螺纹钢价格将长时间在低位盘整振荡。

国内外经济环境不利于钢市复苏

刚刚结束的全国两会明确了稳定经济发展、加强经济转型的大基调，资源环境约束加大，劳动力等要素成本上升，高投入、高消耗、偏重数量扩张的发展方式已经难以为继。这些内容已经从资金和需求上预先限制了螺纹钢大幅上涨的可能性。

钢铁行业作为产能过剩行业，本身已经不会再得到国家政策的过多扶持，目前整个行业正在通过市场化方式淘汰和兼并一些技术含量低的落后产能以及不合适生存的钢企。钢材价格上涨只会继续给这些企业带来更合适的生存空间，这点不符合目前经济形势需要。国家通过调结构在资金和需求两方面压缩，致使整个钢铁行业的产能过剩加剧，从而加快了钢铁行业淘汰和重组的速度。过剩时代价格大幅上升的可能性非常小，钢企各自为了生存，会更侧重产品质量、营销手段、成本控制、价格、融资等环节的竞争，新常态、新形势下适者生存将在今年得到更好的诠释。

同时，国际环境形势复杂，主要经济体经济复苏缓慢，需求也不如以往。一些国家对钢铁产品不断进行反倾销，这也对我国今年出口产生了不利影响。

需求低迷，钢厂销售压力较大

目前，局部地区螺纹钢库存有一些下降，但全国整体库存并未大幅下降。价格上升只会让有利可图的钢企不断复产，钢企之间的竞争会更加激烈。为了生存，库存较大区域的钢企会参与高价区域的销售竞争，从而压制价格上行的空间和幅度。经过冬季长时间停滞，当前北方市场需求有所恢复，这种需求从无到有的过程释放的能量非常大，从而拉动价格快速大幅上涨。不过，这种情况毕竟是阶段性的，需求可持续性上升是需要下游客户采购量不断增长的。

自去年下半年至今，房地产市场销售不畅，新开工项目和土地成交面积大规模减少间接导致钢材需求萎缩，而资金面持续紧张是螺纹钢价格不断下跌的直接原因。需求至少在今年上半年不会有很好的起色。另外，环保压力一直存在，只是目前放大了一些，后续的影响不会比前期强烈。因此，目前的价格上升只能定位为修复反弹而已。

钢市上涨将昙花一现

近年来钢贸行业逐渐萎缩，钢厂因市场蓄水池功能减弱而持续出现资金紧张，逐渐把代理制转变成库存前置的后结算模式，这把众多钢企推到了风险前沿，也为钢厂之间激烈竞争埋下了伏笔。当下众多钢厂自己开展直销和贸易，在市场上公开争抢有限的需求订单，而竞争的核心就是价格。在产能过剩、需求有限的形势下，价格每一次大幅上升都是套保机会。螺纹钢价格在市场资金面、需求面、供应面达到有效的弱平衡之前，上涨只会昙花一现，更多是在低位盘整振荡。

评析

这篇报告从市场、企业、产品三个角度全方位分析预测了钢铁价格的走势，认为钢价上涨只是修复性反弹而已。

知识点击

一、市场调查和预测报告的涵义和特点

1.市场调查和预测报告的涵义

市场调查和预测报告是对商品市场的现状、发展趋势进行调查研究、综合分析的书面材料。对市场进行现状分析的书面材料，一般称为市场调查报告；对市场发展趋势进行分析的书面材料，称为市场预测报告。

2.市场调查和预测报告的特点

市场调查和预测报告的特点有：针对性、时间性、科学性和实践性。

二、市场调查和预测报告的种类

1.提供政策咨询的报告

这类报告具有较强的政策咨询性。在经济、金融改革过程中，新情况、新事物、新问题层出不穷，随时需要决策，以便制定出相应的市场开发政策来。但由于种种原因，有些事物还不能马上被人们认可和推广，有的政策也不能过早制定出台。这就需要进行市场调查分析，以便积累资料，摸索经验，作为制定有关政策的依据。

2.提供情况和揭示经营状况的报告

这类报告的用途很广。人们了解了市场环境和银行经营状况，既可以解决矛盾和问题，也可以开展工作、打开局面，还可以作为制定某种方针、政策的依据，有时又能够将其作为金融研究的资料。这种市场分析报告，无论是综合性质的，还是专题性质的，都要反映市场环境和银行经营状况的真实面貌及其发展趋势，总结带有普遍性的规律和存在的问题。它要列举大量的实例，更必须重视经济指标、经济数据的运用。因为市场环境和经营状况的实际情形，主要从经济指标中表现，靠经济数据来描述。这类报告尤其注重定性分析和定量分析这两种方法的结合，既说明事物的性质，又说明事物的发展变化程度。所以，在写作时，往往先由数学分析形成概念，然后再用经济范畴加以概括。

三、市场调查和预测报告的作用

1.为决策者提供材料或依据。

2.为经营者和消费者提供经验或教训。

四、市场调查的方法

一般工作调查的方法有普查、抽样调查、典型调查和重点调查等，同样适用于市场调查。除此之外，还常采用询问调查法、直接调查法、实验调查法和统计分析法。

五、市场调查和预测报告的写法

市场调查和预测报告的结构包括标题、正文、署名三部分。

1.标题

（1）公文式。一般由作者、事由和文种三部分组成。

（2）文章式。例如：《××火柴市场透视》《2002年应届毕业生需求情况预测》《电信资费调整预测》。

（3）新闻式。例如：《加入WTO——企业最关心什么？》。

2.正文

正文分为开头、主体、结尾三部分。

（1）开头。包括调查的原因、时间、对象（地区、范围）、经过、方法（是普查，还是随机抽查）等。其形式有：说明式、议论式和结论式。

（2）主体。一般有以下三方面内容：①基本情况。②分析或预测。③建议或措施。

（3）结尾。如写有前言，一般要有结尾，以照应开头，或重申观点或加深认识。

3.署名

六、市场调查和预测报告的写作要求

（1）有明确的调查或预测目的。

（2）调查和搜集材料，要真实、准确和典型。

（3）讲究方法，体现科学性。

（4）防止以偏概全，片面得出结论。

（5）要讲究时效，及时发挥作用。

股指剧烈震荡　市场分歧加大

（时间：2014-12-26　来源：每日经济新闻）

本周四A股剧烈震荡，沪综指在盘中创本轮行情以来新高2243.60点后出现跳水，收盘时跌0.29%至2311.68点。深综指走势略强，收盘跌0.17%至1283.03点。两市成交额显著放大，创本轮行情以来新高，这预示着市场分歧正快速扩大。

昨统计局公布，我国8月份CPI同比涨2.0%，较7月回落了0.3个百分点，不及预期的涨2.2%；8月PPI同比降1.2%，弱于预期。这些数据大体上反映了经济的低迷，原本会增加经济刺激的可能性，但目前这种机会可能不大，因总理的言论似乎在暗示，就业情况仍好，经济即使稍有些低迷，整体情况仍是好的。

最近有消息称，8月货币供应量意外减少，该情形主力必看在眼里。当主力已有所警觉时，虽然仍会维持一定的炒作节奏，但暂时可能不会再大举加仓。另外，当股指创出新高时，亦不排除部分主力逢高减持。

这几天钢铁等周期类股随便找个理由便能乱涨一气，加上航空股已连续数日走强，故大盘调整时点可能正日益逼近。大盘本轮上涨势头虽然较强，但技术面已经超涨，可能需要稍微像样些的调整才能走得更远。

对于创新高后的风险及部分调整理由，昨日笔者正巧提示过。股指虽然连调两天，但近期仍可能创新高，只是创新高后不再是买入机会，而是减持契机。

从昨股指分时走势看，大盘昨日调整显得十分陡峭，下跌速度也比较快。对于这样的跌势，笔者认为大盘未必会陷入更深或更久的调整。一般而言，当杀跌太过气势汹汹时，小资金调头快，通常能够及时走人，而大资金一般很难撤离。因此，周四陡峭杀跌可能预示着股指杀跌或已一步到位，接下来大盘可能陷入横盘震荡格局，真正像样的下跌可能得等到下一轮新股发行之时。

就新股发行看，下周3家新股总发行市值有限，可能还不至于对大盘构成太重压力，但更以后的新股发行情况就很难说了。如果发行了过多新股，那么大盘难免会受到重击。从以往管理层表态的“年内发百家”来计算，未来每月将有17家左右新股，投资者可参考这个数字。若发行量远不及该数字，大盘可能还有机会维持强势。

今日为周五，估计大盘能探底企稳，部分主力未及派发的高位个股及一部分刚启动的个股或有机会大涨，前者为报复性拉升，后者正好借助大盘杀跌完成了最后的洗盘工作，故不排除就此连涨的可能。这个市场有太多主力，先知先觉与后知后觉均有，个股走势有时会差别很大。

挑选此类短炒品种并不很容易，仓重者最好少参与。一般而言，仓轻的投资者应回避高位已搭出平台而又忽然杀跌的个股，更应注意正在拉升兴头上、却又忽然被大盘暴跌所冲撞的品种。

课堂练习

1. 什么是市场调查报告？
2. 市场调查报告与市场预测报告有什么不同？

写作训练

1. 就在校大学生的饮食消费情况做一次市场调查和预测报告。
2. 就大学生参与体育健身情况做一次健康消费的市场调查和预测报告。

第六节 经济活动分析报告

一、知识目标

1. 掌握经济活动分析报告的涵义；
2. 明确经济活动分析报告特点和类型；
3. 知晓经济活动分析报告的功能。

二、能力目标

掌握经济活动分析报告的基本写法和要求。

三、素质要求

培养撰写经济活动分析报告的能力。

例文

××市电力局2005年上半年经济活动分析

半年来，在××的正确领导下，经济态势运行良好。各种营销经济指标较去年均有较大幅度的增长，经济效益明显增强，然而由于受各种条件的限制，尤其是受经济环境和买方市场的约束，使我局部分经济指标离系统的要求仍有差距，未能达到预期目标。为了更好地总结经验、找出差距，现将我局1～6月份营销活动综合分析如下：

一、上半年各项指标完成情况及分析

（一）购电量

1.购电量完成情况

2005年1月～2005年6月购网电量完成7512384千瓦时，较2004年1月～2004年6月份完成电量7515552千瓦时，少购电量3168千瓦时，基本与去年持平。

购网电量与去年同期持平的主要原因是：由于林区木材产量下降，多种经营、林产工业等替代产业滞后，导致用电量明显下降，影响了我局购电目标的完成。我们采取各种措施拓宽电力市场，建立了增供扩销激励机制，制定了增供扩销奖励办法，分解指标层层考核，调动了营销人员的积极性。

（1）根据市场的实际情况，经过多方比较、反复测算，制定了线路台区经济指标承包责任制，激发了广大职工的劳动积极性，取得了明显的经济效果。

（2）“两改”工程的实施，使我局电网电能质量和安全可靠性大大提高，给用户带来了放心电，用电负荷不断上升。

（3）“诚信工程”的实施，密切了供用电双方关系，一定程度上激发了用户用电的积极性。提高服务质量，简化用电报批手续，推进无障碍办电，缩短了办电时间，加快了办电速度，争取时间多供电。

2.按用电类别分析

分析各类别购电量增减原因，列举诸如新装、增装容量，同比增长率。

（二）购电平均单价

1.今年1～6月份完成平均电价××元/千瓦时，与去年同期完成××元/千瓦时相比上升了××元/千瓦时。完成内部利润××万元。

平均单价虽然较去年同期有较大的提高，但与系统要求相比较仍然较低，主要受用电构成影响的，今年1～6月各类用电见下表（略）

由此可见：居民电量所占比重较大，而商业、工业电量比重较低，由于林区经济持续低迷，工业电量呈现负增长，影响了购电单价的提高。

2.购电平均单价同比增长的因素（略）

3.分析影响购电平均单价同比下降的因素（略）

（三）电费收缴完成情况

1～6月实现电费结零，收回陈欠电费13.2万元。电费收缴之所以能月月结零，与我们将此项工作作为重中之重、常抓不懈是分不开的。我们与营业签订了电费回收责任状，积极催激，严格考核，对拖缴、拒缴电费的用户及时依法停电，有效遏止用电不交费行为。同时，采取各种措施和办法筹措资金保证电费的按时上缴。

（四）节能降损工作

2005年1月～2005年6月综合线损率完成24.33%，与去年同期完成的25%下降了0.67个百分点。

今年，我们下大气力抓好按线、按台区考核线损工作的落实，按实际情况制定线损指标，把线损管理工作承包到班、组奖罚到个人，充分调动了广大职工的工作积极性。在抓好常规降损工作的前提下，将生产、用电两个职能部门以搞好线路的无功补偿和三项平衡作为降损工作的重点，并取得了明显的效果。

二、上半年主要工作

一是狠抓用电管理，大力降低线损。推行了组包线、人包变的管理模式，把线损指标任务到班组、责任到个人，线损指标完成情况直接与工资挂钩，对抄表员按实际线损与核定线损完成比例进行奖罚，连续超出核定线损指标的抄表员实行待岗。

二是提高经济效益，普查商业用电。年初以来，我局每月定期组织人员进行用电普查，并把普查情况及时输入电脑，更正电价比例，到目前为止查出高价低接6户，追回电费约1万元，每月合理增收约6千元。

三是动力用户及商服用户的计量装置按标准进行了改造，并对大用户单独加封上锁，进行特殊管理。目前以改造该类用户××户，占全部的67%，从而保证了计量准确，防止了电量流失。

四是加大了清欠工作，按××市电力局对清欠工作的要求，将欠费按时限和责任区落实到人，以清欠的难易程度、时间长短、额度大小对有关人员进行奖罚，确保了我局对上级电费月月结零。

五是落实服务承诺，提高服务质量。坚持“人民电业为人民”的宗旨，本着“优质、方便、高效、规范、真诚”的服务方针，不断提高服务质量，增强服务意识，规范服务内容。

（1）定期对员工进行服务理念教育，不定期地进行现场抽查，严肃纪律，全年来未发现投诉事件。

（2）在营业窗口设立了客户意见簿，这样确保了能在第一时间了解自身存在的问题及客户的需要，做到了企业与客户心与心的沟通。

（3）将每次计划或非计划性停电的有关情况及时通知事业、企业单位及个体等用电大户。

三、目前工作中存在的问题和不足

1.线损达标率仍不尽如人意，部分公变低压线损依然较高，离“两改”后的标准差距较大，用电检查和反窃电力度不够，因此降损工作仍有潜力可挖。

2. 10kVA以上台区及用户端没有电容补偿（林业局没有这方面的资金投入），对功率因数存在较大的影响，至使线损增加。

3.营业管理体制有待按××市电力系统进行全面改革，规章制度有待进一步完善。

4.长期以来，我们虽然狠抓员工队伍建设，在这方面也投入了大量财力、物力，但员工的整体素质仍不是很高。

四、下半年工作思路

1.增强以电力市场为导向的思想观念，做好市场需求预测工作，以人为本，加强营销队伍的培训工作，提高队伍整体素质，发展人才战略，进一步完善管理机制和制约机制，量化责任追究制和激励机制。

2.加强实抄考核工作，杜绝估抄、代抄、错抄、漏抄现象的发生。

3.加强电费回收管理，按时上缴电费，对部分信誉不佳的用户和用电大户加装磁卡表、实行每月三次抄表，确保电费结零。

4.加强线损管理，狠抓无功管理工作，提高网络的功率因数，积极开展低压线损理论计算工作，加强线损分析，分析出的问题按时限责任到人，坚持问题查不清、问题不解决、措施不落实决不放过的原则。

5.加强计量装置管理，强化计量器具轮换和轮校，严把计量关，使计量准确无误。

6.严格执行营业用电手续管理，继续深入开展营业大普查工作。

7.开展好供电文明窗口建设活动，加强优质服务工作，增强服务意识，依法经营，诚实守信，遵守承诺，完善服务与信息功能，加强营销与服务一体化管理，达到社会效益、经济效益双丰收。

8.提高规范化管理水平，建立健全各岗位的考核制度，真正达到各项管理规范化。

××市电力局

××××年××月××日

评析》

这篇经济活动分析报告，整体上结构清晰严谨，内容安排合理，具有较大的参考价值和切实可行性。从标题结构上看属于公文式标题；从该报告的内容来看，该篇报告主要针对某电力局2005年1月～2005年6月份营销活动进行了综合分析，属于微观分析报告。从分析上看充分体现了经济活动分析报告客观性、指导性和阶段性的特点；同时在行文方面有理有据、分析科学，问题准确、观点鲜明，层次清楚、关联紧密也符合此类文种的写作要求。

知识点击

一、经济活动分析报告的涵义

经济活动分析报告是金融企业根据会计报表（有按月编报的主表：资产负债表、损益表、财务状况变动表。有按年编报的附表：利润分配表，应收、应付利息情况表，其他应收、应付款项表，递延资产明细表，固定资产明细表。另有在年度报告中附送的财务情况说明书、会计报表附注）计划指标、会计核算、统计资料等数据材料，对经济、金融某一业务领域、某一经营单位的经济活动状况有重点、有针对性地逐一加以分析和考察，对金融企业的财务状况、理财过程和经营成果做出正确的评价，为报表使用者决策提供依据的一种书面报告。

二、经济活动分析报告的功能

1.评价过去的经营业绩

为了进行正确的投资决策，提高金融企事业的获利能力，无论是金融企业的投资者、债权人还是管理当局，必须了解企业过去的经营情况，如利润总额多少、投资报酬率的高低、资金的营运等。分析金融企业会计报表，有助于金融企业的利害关系人和管理当局正确评价过去的经营业绩，并与同业比较检验其成败得失。

2.衡量目前的财务状况

由于金融企业会计报表只能概括地反映企业的财务现状，如果不将报表上所列的数据进一步加以剖析，就不能充分理解数字的涵义，无法对企业的财务状况是否良好做出有事实根据的结论。只有运用会计报表分析，揭示各项数据的经济涵义，观测金融企业的营运绩效、获利能力，为金融企业的管理当局、投资者和债权人正确衡量金融企业的现状提供依据。

3.预测未来的发展趋势

在市场经济环境里，金融企业在现代经营决策中必须拟定数项可供选择的未来发展方案，然后针对目前的情况，权衡未来发展的可能趋势，从中做出最佳选择，加以实施。因此，在决策之前，必须做好会计分析。只有这样，才能把金融财务方面可能出现的各种因素及其作用弄清楚，明确重点、要点，促进有关因素的最佳组合，帮助有关决策者做出正确的经营决策。

三、经济活动分析报告的特点

经济活动分析报告是以经济活动数据的分析说明为主要内容的书面报告。报告的关键在于分析说明，即对过去、现在的经济情况加以分析研究，其特点是：

1.分析性

经济活动分析报告不仅要将各种数据进行定量、定性、定时的分析，以便找出相互间的关系，而且还要从不同的侧面、角度对宏观和微观的、全面和局部的、有利和不利的因素进行深入地分析和比较说明，这样才能综合地反映出一个时期以来的经济、金融形势，以及银行或工商企业的经营活动情况，因此，分析性是经济活动分析报告的主要特点。

2.说明性

报告中必须对所涉及的经济现象、特征、指标、数据等进行详细地说明，以此揭示经济活动的变化规律，为银行工作者提供管理的依据。

3.目的性

写分析报告的最终目的在于准确地指出经济活动存在的得失，从中寻找提高银行经济效益的最佳途径，使经济活动沿着正确的方向发展。

四、经济活动分析报告的种类

1.按分析的时间划分

（1）事前分析报告。事前分析报告也叫预测分析报告。在制订计划、对全年应完成的各种计划进行预测分析时，应充分考虑各种因素，对能否完成计划做出切合实际的准确判断。在分析的过程中，对完成计划的有利因素要心中有数，并促使其最大限度地发挥作用，对影响计划完成的薄弱环节和关键问题，要提出有针对性的改进措施。

（2）事中分析报告。事中分析报告就是在计划的执行过程中经常对各项指标的完成情况进行分析研究，通过分析及时了解并掌握经济活动变化和进展情况，及时总结经验，发现问题，从而保证经济活动正常顺利地进行。

（3）事后分析报告。在年度或计划期结束后，通常对上一年度或上一计划期的工作进行总结分析。

2.按金融业务的性质划分

（1）经济、金融形势的分析报告。经济、金融形势的分析报告，就是对某一地区某一时期的经济、金融形势进行简析，反映出工农业生产成效、市场动态、消费变化、现金信贷计划执行情况等，着重从统计数据中说明趋势变化工作的开展，确定经营策略和方向。

（2）工商企业的经济活动分析报告。工商企业的经济活动分析报告，就是银行对工商、乡镇等企业生产经营、商业流通以及资金活动情况进行分析后写成的报告。一般可以对一定时期内企业各项重要经济指标完成的情况，以及经营管理的全面情况进行综合分析，也可以对企业生产、经营管理中的突出问题进行重点分析。如对企业资金运用情况的分析、对企业业绩状况的分析、对企业产成品资金的分析等。

（3）银行资金活动的分析报告。大多是定期分析，如月份、季度、年度的现金、信贷计划执行情况的分析报告、银行资金营运情况的分析报告等。如果是专题分析报告，则是对中心工作中出现的问题进行分析而写的报告，多为不定期的报告，如逾期贷款的分析报告、城镇储蓄存款的分析报告等。

（4）银行财务状况的分析报告。银行财务状况分析报告，就是评价银行财务收支计划的执行情况、考核银行的业务经营成果、分析财务收支和损益情况的报告。一般在年中、年末写，有时在月份、季度末也要写分析报告或简要分析报告。

3.按内容涉及范围分

（1）宏观分析报告。从大的国内外形势入手，对大的经济环境进行分析。

（2）微观分析报告。从某个现象入手，对某个行业进行分析。

五、经济活动分析报告的撰写

1.进行经济活动分析的原则要求

（1）经济活动分析的针对性。针对性是确保经济活动分析信息价值的前提条件。经济活动分析报告是一种文字产品，要首先明确一个分析对象，确定要分析什么，怎样进行分析，然后紧紧围绕分析主题，有的放矢地从错综复杂的经济现象中抓住主要问题进行分析，不要眉毛胡子一把抓，抓不住要害，偏离分析主题，迷失分析目标。

（2）经济活动分析的时效性。时效性是确保经济活动分析信息价值的关键所在。经济活动分析的目的是为了总结经验、寻找差距、改进工作。所以，在一定时期循环结束或一定分析对象活动完结后，就应及时进行分析，以便对下一期循环或一定分析对象再次活动过程进行及时有效地调整、改进和控制。否则，时过境迁，再好的信息也只能是束之高阁或降低信息的使用价值。

（3）经济活动分析的准确性。准确性是确保经济活动分析信息价值的决定性因素。经济活动分析必须准确客观地揭示经济现象的变化过程及规律，总结经验，找出问题，提出建议。所以，在进行分析时，要运用唯物辩证法的科学原理，坚持全面、科学、发展和一分为二的观点，从事物的相互依存、相互制约中观察问题，从事物发展变化中分析问题，透过现象看本质，从经验中找不足，准确、全面、深刻地认识事物，使感性认识上升到理性认识，使分析结果得出科学的判断和客观的结论。

（4）经济活动分析的逻辑性。逻辑性是确保经济活动分析信息价值的重要方法。经济活动分析是一种从感性到理性的认识活动，即从概念形成判断，由判断进行推理，并由此得出正确结论的思维过程。它体现了逻辑与分析之间的密切关系。所以，在掌握大量数据和情况的基础上，坚持实事求是的原则，应用判断、推理的逻辑方法，进行合乎事实的逻辑分析，才能如实反映客观事物的内在联系，使分析结论正确反映经济现象的变化规律。

2.撰写经济活动分析报告的基本要求

（1）标题要简括。标题就是经济活动分析报告的精华缩写，它与主题密切相关。所以，选择主题要简要明确，高度概括地揭示出经济活动分析报告的主题思想，做到题文相符，使人一目了然。标题还要体现经济活动分析的范围或时间。如“二〇一四年度经济活动分析报告”，从标题上就可以知道这是一份对企业全年经济活动进行评价的全面分析报告。

（2）开头要简要。开头就是经济活动分析报告全篇的引子，又是正文不可分割的部分。通常有两种写法：一是简要介绍一定时期的经济活动状况，以此作为分析的依据展开分析。如“我厂今年实现利润××万元，完成目标利润的××%，为总结经验，找出差距，吸取教训，以利再战，特作如下分析”。二是首先说明作者的观点，然后说明分析对象的经济状况，以此作为分析的依据展开分析。

（3）主题要突出。主题就是经济活动分析报告的纲，它贯穿全篇的始终，成为全文的中心。一篇经济活动分析报告只能有一个主题，不能多中心。

（4）结构要明晰。结构就是经济活动分析报告的支架，是表现分析报告的手段，如果结构混杂不清，人们难以理解。

3.撰写经济活动分析报告的具体要求

（1）情况要清楚。经济活动分析报告虽然是从指标入手，以经济数据作为主要的分析依据“顺藤摸瓜”，深入实践调查研究，做到心中有数，把指标数据的分析和具体情况的掌握紧密联系起来，相互印证和补充，才能去粗取精，去伪存真，使分析的结果既能正确说明问题，又能有效解决问题。

（2）表现要多样。经济活动分析报告虽然是使用文字语言描述、使用数字语言表述经济现象数量变化过程及变化规律，但不能写成仅有文字、数字表述，还要应用分析表格列示，集中、直观、有序地显示数据，便于观察对比分析，易看易懂。

（3）语言要简练。经济活动分析报告是用文字语言进行描述的，它阐明了经济现象变化过程和规律及发展趋势。所以，在描述过程中的语言要言简意赅，用少而精的文字去描述客观事物和表达作者的观点，做到用语通顺简晰、生动流利、描述准确、观点鲜明。

（4）数字要准确。经济活动分析报告是用经济数据作为分析的主要依据，通过分析掌握经济现象的数量变化和错综复杂的数量关系，使人们的认识进一步深化，从而应用数字来表述事物数量的变化过程及规律。

六、经济活动分析报告的格式

经济活动分析报告大体包括标题、前言、主体、结尾和落款五个部分。

1.标题

（1）公文式标题：一般由单位名称、分析时间和文种三部分构成。

（2）论文式标题：直接标明分析报告的结论或论点。如：《提高服务品质，提升品牌效益——海尔公司2015年上半年经济分析报告》。

2.前言

经济活动分析报告的开头，通常是开门见山地概述主要经济指标的完成情况、存在问题、分析的必要性和目的、分析的中心内容、经济活动的基本情况。

3.主体

这是经济活动分析报告全文的核心部分，要运用科学的经济活动分析方法，从不同的角度对有关数据进行运算推导，对影响经济指标的各种因素进行剖析研究，既分析经济活动的成效和经验，又揭露矛盾，找出存在的问题及其主客观原因，然后针对上述分析结果，做出客观、恰当的评价，得出结论。

在主体部分运用数据有两种方式：一种是数据表格相对集中，先列出表格和主要数据，然后分析评价，得出结论；另一种是边列举数据边分析评价，最后再附上完整的表格，给予总的评价，得出总的结论。

4.结尾

这部分主要是在提出问题、分析问题的基础上提出对策，即提出解决问题的意见、建议或措施。也有的在结尾部分概括与总结全文，重申作者的观点，或者对未来的发展趋势做出预测。

5.落款

一般要写明报告单位或报告人的名称或姓名，有的还要签字、盖章，最后注明报告日期递交主管部门，也有一些用于研究的报告不需要落款。

绸布呢绒商店2002年度经济分析报告

一、基本情况

我店以经营绸布呢绒买卖为主要业务。近年来，由于人民生活水平的不断提高，绸布呢绒类商品市场需求变化较大。过去不重视市场调查，只凭经验确定进销指标，致使一部分商品因不对路、不适销而造成积压。在既要大力组织适销商品以满足消费需要，又要处理积压商品降低库存的原则下，19××年度商品流转指标中的进货、销货均超额完成计划，库存商品也从上年的80万元减少到62万元，但比计划安排的要求尚有相当大的差距。主要是积压多年的商品，处理上存在一定困难。而且由于削价出售这些商品，造成销售额超额完成6.2%但利润反而比计划降低了1.24%的情况。不过与上年各项指标相比，经济效益有显著提高，发展趋势基本上是好的。

二、各项经济指标的完成情况

2002年的计划，进货保持在2002年已实现的销售额（成交价）的基础上，同时扩大计划年度的销售来减少库存商品30万元，压缩流动资金。但实际执行结果，只减少了18万元，未能达到预计目标。不过从2002年起，我店加强了市场预测，实行以销定进。因此在进货超计划9%的情况下，没有产生新的积压，整个商品流转计划的执行，基本上是正常的。

销售收入比计划增长6.2%，比上年增长10.9%，在扩大商品流通，满足市场供应方面，取得了一定的成绩。主要问题是：

1.销售额增加120万元，利润额反而减少5万元，没有达到计划指标。这主要是由削价处理积压商品造成的。虽然商品积压也是本店经营管理上存在的问题，但不是19××年度的责任。

2.费用比计划增加9万元，这是抵除水电、文具、印刷等办公费节约1万余元后的净超支，除其中因扩大商品销售而增加包装、运输、保险、仓储保管、利息支出以及处理积压商品而支出整理费等7万余元属于正常外，其他如修理费、差旅费、会议费、广告样品费等，都发生了不同程度的超支，总数达2万元左右，这是管理上存在的主要问题。

三、改善经营管理的意见

1.加速处理积压商品。2002年处理了一批，达10余万元。尚存10余万元是更不适销的商品，积压时间愈久，处理将更加困难，因此必须采取积极的措施，如降低售价、运销到消费水平较低的地区或加工改制成成品出售等。

2.加强财务监督。2002年超支的固定费用，虽然没有不合法的支出，但没有精打细算，存在不讲支出效果的情况。如有些差旅费、会议费、广告费并无必要，但财务部门对这种合法而不合理的支出，也只好照付。今后对这些支出，有关部门应慎重考虑。

财务科经济分析小组

××××年××月××日

课堂练习

1.结合例文《绸布呢绒商店2002年度经济分析报告》，简要分析标题的构成。

2.请指出例文《××市电力局2005年上半年经济活动分析》哪里是前言部分。

写作训练

1.吴雨丰在一家鞋业公司企划部工作，最近市场不够景气，公司经理责成他写一份经济活动分析报告，你能为他拟写一份报告提纲吗？

2.国际原油价格波动剧烈，请你参考网络权威机构分析以及历年来国际原油价格走势，提出你独到的分析理论。

第七节　可行性研究报告

一、知识目标

1.掌握可行性研究报告的涵义、用途；

2.明确可行性研究报告的特点和分类；

3.知晓可行性研究报告的内容。

二、能力目标

掌握可行性研究报告的基本写法和要求。

三、素质要求

培养撰写可行性研究报告的能力。

养殖商品羊可行性研究报告

畜牧业可持续发展是从持续农业的角度和我国畜牧业发展的实际情况出发，使资源、环境、人口、技术等因素与畜牧业的发展相协调。然而伴随着我国畜牧业的发展，出现了诸多畜产品药物残留、不合格食品添加剂、饲料原料不足、环境遭到污染等严重制约着我国畜牧业可持续发展的问题。

农村的分散养殖为主不适合畜牧业发展，在农村房前屋后的家庭养殖已经没有发展规模所需要的空间，扩大生产受到场地、资金、技术等因素约束，同时没有一定的规模，畜牧生产科学技术在散养户中难以得到推广和应用。农村散养户养殖不能有效地对畜禽粪便加工处理，让粪便裸露院内，臭气熏天，夏季苍蝇、雨天污水横流，造成浅表水源污染，使农村居民生活环境受到严重污染。

本项目通过建设微生物活化发酵床可以减少和避免环境污染问题；通过规模化养殖可以在较大程度上统一地区的养殖业，避免恶性价格竞争，避免一哄而上或一哄而下；通过严格的养殖技术和管理方法，防止违规使用添加剂和易残留药物，最大限度保证畜产品质量；通过进行品种杂交选育，既保留当地优势品种又可以提高产量和质量。因此，本项目的建设有助于促进我国畜牧业的可持续发展。

1.政策可行

从国家战略到地方政策都大力支持发展畜牧养殖业。国家规划“十二五”中指出要重点推动农业产业化的发展，鼓励农区畜牧业发展饲草动物，鼓励企业投入农业产业化经营。本项目完全符合国家及地方发展政策。

2.市场可行

据统计，我国居民肉类消费结构中羊肉和禽肉合计所占比例仅为32%，远低于世界45%的平均水平，而且我国居民人均肉类消费量也低于世界平均水平30公斤左右。因此，就目前来看，我国羊肉和禽肉的表观消费缺口达1716万吨。因此，本项目所养殖商品羊需求量十分巨大，本项目市场可行。

3.区位可行

本项目位于××省××市××县××街道办事处。××高速公路、××铁路纵贯南北，××高速、××高速两条公路东西分布，另外还有国道205由此经过；此外还有众多二三级公路贯穿全境，村镇公路四通八达，交通十分便利。××县××街道办事处位于××市南部，镇内拥有完善的道路、水、电、热、气、通讯基础设施，为项目的发展提供了良好的发展平台。因此，本项目区位可行。

4.建设方案可行

本项目的用地指标、建设布局，符合国家对农业、养殖业、食品安全卫生等方面的各项指标，且建筑物布局合理。该项目采用的养殖技术和先进的养殖设备，且养殖工艺技术成熟、可靠，建设方案切实可行。

5.效益可行

社会效益可行。本项目建成后将直接带动15人就业，间接带动100多人就业，人均增加收入3万元左右，在创造就业岗位的同时，提高了该街道办事处当地人民的生活水平。

经济效益可行。本项目总投资400万元，达产后可实现产值600万元，按照GDP与投资的关系，每年将带动GDP增长120万元，预计每年将为政府提供稳定的税收达23.36万元。

生态效益可行。本项目将生产过程中产生的污染全部降到最低，控制在国家要求的合理的排放范围内，不会对周围环境产生污染。

综上所述，本项目符合国家及地方发展规划和产业政策，产品市场前景较好，技术、环境、经济均是可行的，项目的实施具有良好的经济效益和社会效益。

评析 》

这是一篇关于养殖商品羊的可行性研究报告。从畜牧业可持续发展、我国畜牧业相关政策和市场规模等方面进行阐述、论证，得出了可行性的结论。但对于一个投资项目来书，就本文篇幅上及论证深度上还有许多不足之处。

知识点击

一、可行性研究报告的涵义

可行性研究报告是从事一种经济活动（投资）之前，双方要从经济、技术、生产、供销直到社会环境、法律等各种因素进行具体调查、研究、分析，确定有利和不利的因素、项目是否可行，估计成功率大小、经济效益和社会效果程度，为决策者和主管机关审批的上报文件。

可行性研究是在投资决策之前，对拟建项目进行全面技术经济分析的科学论证，在投资管理中，可行性研究是指对拟建项目有关的自然、社会、经济、技术等进行调研、分析比较以及预测建成后的社会经济效益。在此基础上，综合论证项目建设的必要性、财务的盈利性、经济上的合理性、技术上的先进性和适应性以及建设条件的可能性和可行性，从而为投资决策提供科学依据。

二、可行性研究报告的分类及内容

1. 可行性研究报告的分类

可行性研究报告分为政府审批核准用的可行性研究报告和融资用的可行性研究报告。审批核准用的可行性研究报告侧重关注项目的社会经济效益和影响；融资用的可行性研究报告侧重关注项目在经济上是否可行。具体可分为政府立项审批、产业扶持、银行贷款、融资投资、投资建设、境外投资、上市融资、中外合作、股份合作、组建公司、征用土地、申请高新技术企业等各类可行性研究报告。

2. 可行性研究报告的主要内容

（1）基本情况：中外合资经营企业名称、法定地址、宗旨、经营范围和规模；合营各方名称、注册国家、法定地址和法定代表人姓名、职务、国籍；企业总投资、注册资本股本额（自有资金额、合营各方出资比例、出资方式、股本交纳期限）；合营期限、合营方利润分配及亏损分担比例；项目建议书的审批文件；可行性研究报告的负责人名单；可行性研究报告的概况、结论、问题和建议。

（2）产品生产安排及其依据。要说明国内外市场需求情况和市场预测的情况，以及国内外当前已有的和在建的生产装备能力。

（3）物料供应安排（包括能源和交通运输）及其依据。

（4）项目地址选择及其依据。

（5）技术装备和工艺过程的选择及其依据（包括国内外设备分批交货的安排）。

（6）生产组织安排（包括职工总数、构成、来源和经营管理）及其依据。

（7）环境污染治理和劳动安全保护、卫生设施及其依据。

（8）建设方式、建设进度安排及其依据。

（9）资金筹措及其依据（包括厂房、设备入股计算的依据）。

（10）外汇收支安排及其依据。

（11）综合分析（包括经济、技术、财务和法律方面的分析）。要采用动态法和风险法（或敏感度分析法）等方法分析项目效益和外汇收支等情况。

（12）必要的附件。如合营各方的营业执照副本；法定代表人证明书；合营各方的资产、经营情况资料；上级主管部门的意见等。

三、可行性研究报告的特点

1. 科学性

可行性研究报告作为研究的书面形式，反映的是对行为项目的分析、评判，这种分析和评判应该是建立在客观基础上的科学结论，所以科学性是可行性研究报告的第一特点。例如某地地铁在规划时，简单依据公安局的户籍人口数据，设计的地铁运能与实际流量完全不符，造成严重失误，这就是缺乏科学性的教训。可行性研究报告的科学性，一是体现在可行性研究的过程中，即整个过程的每一步都力求客观全面；二是体现在分析中，即用正确的理论和依据的相关政策来研究问题；三是体现在对可行性研究报告的审批过程中，这种审批过程，对科学的决策起到了重要的保证作用。

2. 详备性

可行性研究报告的内容越详备越好。如果是关于一个项目的报告，一般说来，应从它的自主创新、环境条件、市场前景、资金状况、原材料供应、技术工艺、生产规模、员工素质等诸多方面进行必要性、适应性、可靠性、先进性等多角度的研究，将每一种数据展现出来，进行比较、甄别、权衡、评价。只有详尽完备地研究论证之后，其“可行性”或“不可行性”才能显现，并获得批准通过。

3. 程序性

可行性研究报告是决策的基础。为保证决策的科学正确，一定要有可行性研究这么一个过程，最后的获批也一定要经过相关的法定程序。在写作上，有些需要加上封面，按照不同的内容性质而分章分节地逐一说明。这些程序性的要求和处理手法，是可行性研究报告的一大特色。

四、可行性研究报告的用途

可行性研究报告是项目建设论证、审查、决策的重要依据，也是以后筹集资金或者申请资金的一个重要依据。可行性研究编写时要注意数据方面的真实性和合理性，只有报告通过审核后，才能得到资金支持，同时也能为项目以后的发展提供重要的依据。

可行性研究报告通过对项目的市场需求、资源供应、建设规模、工艺路线、设备选型、环境影响、资金筹措、盈利能力等方面的研究调查，在行业专家研究经验的基础上对项目经济效益及社会效益进行科学预测，从而为客户提供全面的、客观的、可靠的项目投资价值评估及项目建设进程等咨询意见。

五、可行性研究报告的一般要求

可行性研究工作对于整个项目建设过程乃至整个国民经济都有非常重要的意义，为了保证可行性研究工作的科学性、客观性和公正性，有效地防止错误和遗漏，在可行性研究中一定要做到：

（1）首先必须站在客观公正的立场进行调查研究，做好基础资料的收集工作。对于收集的基础资料，要按照客观实际情况进行论证评价，如实地反映客观经济规律，从客观数据出发，通过科学分析，得出项目是否可行的结论。

（2）可行性研究报告的内容深度必须达到国家规定的标准，基本内容要完整，应尽可能多地占有数据资料，避免粗制滥造、搞形式主义。

在做法上要掌握好以下四个要点：

① 先论证，后决策。

② 处理好项目建议书、可行性研究、评估这三个阶段的关系，哪一个阶段发现不可行都应当停止研究。

③ 要将调查研究贯彻始终。一定要掌握切实可靠的资料，以保证资料选取的全面性、重要性、客观性和连续性。

④ 多方案比较，择优选取。对于涉外项目或者在加入WTO等外在因素的压力下必须与国外接轨的项目，可行性研究的内容及深度还应尽可能与国际接轨。

3. 为保证可行性研究的工作质量，应保证咨询设计单位有足够的工作周期，防止因各种原因的不负责任草率行事。

六、可行性研究报告的基本构架

1. 项目总论

总论作为可行性研究报告的首要部分，综合叙述研究报告中各部分的主要问题和研究结论，并对项目的可行与否提出最终建议，为可行性研究的审批提供方便。这里包括：项目概况、项目可行性研究主要结论、主要技术经济指标表、存在问题及建议。

2. 项目背景

这一部分主要应说明项目的发起过程、提出的理由、前期工作的发展过程、投资者的意向、投资的必要性等可行性研究的工作基础。为此，需将项目的提出背景与发展概况做系统地叙述。说明项目提出的背景、投资理由、在可行性研究前已经进行的工作情况及其成果、重要问题的决策和决策过程等情况。在叙述项目发展概况的同时，应能清楚地提示出本项目可行性研究的重点和问题。

3. 市场分析

项目产品市场分析在可行性研究中的重要地位在于任何一个项目其生产规模的确定、技术的选择、投资估算甚至厂址的选择，都必须在对市场需求情况有了充分了解以后才能决定。而且市场分析的结果，还可以决定产品的价格、销售收入，最终影响到项目的盈利性和可行性。在可行性研究报告中，要详细研究当前市场现状，以此作为后期决策的依据。

4. 用地选址

项目建设用地对项目开展十分重要，地理位置、自然情况、资源情况、经济情况、人口情况、厂房建设、厂房建设造价、内外运输、能源供应、水源状况都是考查的因素。

5. 安全环保

在项目建设中，必须贯彻执行国家有关环境保护、能源节约和职业安全卫生方面的法规、法律，对项目可能对环境造成的近期和远期影响，对影响劳动者健康和安全的因素，都要在可行性研究阶段进行分析，提出防治措施，并对其进行评价，推荐技术可行、经济，且布局合理，对环境的有害影响较小的最佳方案。按照国家现行规定，凡从事对环境有影响的建设项目都必须执行环境影响报告书的审批制度，同时，在可行性研究报告中，对环境保护和劳动安全要有专门论述。

6. 人员安排

在可行性研究报告中，根据项目规模、项目组成和工艺流程，研究提出相应的企业组织机构，劳动定员总数及劳动力来源及相应的人员培训计划。

7. 进度安排

项目实施时期的进度安排也是可行性研究报告中的一个重要组成部分。所谓项目实施时期亦可称为投资时间，是指从正式确定建设项目到项目达到正常生产这段时间。这一时期包括项目实施准备、资金筹集安排、勘察设计和设备订货、施工和生产准备、试运转直到竣工验收和交付使用等各工作阶段。这些阶段的各项投资活动和各个工作环节，有些是相互影响的、前后紧密衔接的，也有些是同时开展、相互交叉进行的。因此，在可行性研究阶段，需将项目实施时期各个阶段的各个工作环节进行统一规划，综合平衡，做出合理又切实可行的安排。

8. 不确定性分析

在对建设项目进行评价时，所采用的数据多数来自预测和估算。由于资料和信息的有限性，将来的实际情况可能与此有出入，这对项目投资决策会带来风险。为避免或尽可能减少风险，就要分析不确定性因素对项目经济评价指标的影响，以确定项目的可靠性，这就是不确定性分析。通常人们将产品价格、产品产量、主要原材料或动力价格、建设投资、汇率、固定资产投资、建设工期等作为考察的不确定因素，对其有影响的经济指标有净现值、折现值、还本期和内部收益率等。

9. 效益评价

在建设项目的技术路线确定以后，必须对不同的方案进行财务、经济效益评价，判断项目在经济上是否可行，并比选出优秀方案。本部分的评价结论是建议方案取舍的主要依据之一，也是对建设项目进行投资决策的重要依据。本部分就可行性研究报告中财务、经济与社会效益评价的主要内容做一概要说明：

财务评价是考察项目建成后的获利能力、债务偿还能力及外汇平衡能力的财务状况，以判断建设项目在财务上的可行性。财务评价多用静态分析与动态分析相结合，以动态为主的办法进行。并用财务评价指标分别和相应的基准参数——财务基准收益率、行业平均投资回收期、平均投资利润率、投资利税率相比较，以判断项目在财务上是否可行。

财务评价包括：财务净现值、财务内部收益率、投资回收期、项目投资收益率、项目投资利税率、项目资本金净利润率、项目测算核心指标汇总表等。

国民经济评价是项目经济评价的核心部分，是决策部门考虑项目取舍的重要依据。建设项目国民经济评价采用费用与效益分析的方法，运用影子价格、影子汇率、影子工资和社会折现率等参数，计算项目对国民经济的净贡献，评价项目在经济上的合理性。国民经济评价采用国民经济盈利能力分析和外汇效果分析，以经济内部收益率（EIRR）作为主要的评价指标。根据项目的具体特点和实际需要，也可计算经济净现值（ENPV）指标，涉及产品出口创汇或替代进口节汇的项目，要计算经济外汇净现值（ENPV），经济换汇成本或经济节汇成本。

在可行性研究中，除对以上各项指标进行计算和分析以外，还应对项目的社会效益和社会影响进行分析，也就是对不能定量的效益影响进行定性描述。

10. 风险及防控

项目建设中存在大量的不确定因素，在各个环节上都可能出现一定的风险，比如：建设风险、法律政策风险、市场风险、筹资风险等，这些风险因素都要做出必要的预测和分析，同时要给出相应的防控措施。

11.结论与建议

根据前面各节的研究分析结果，对项目在技术上、经济上进行全面地评价，对建设方案进行总结，提出结论性意见和建议。主要内容有：

（1）对推荐的拟建方案建设条件、产品方案、工艺技术、经济效益、社会效益、环境影响的结论性意见。

（2）对主要的对比方案进行说明。

（3）对可行性研究中尚未解决的主要问题提出解决办法和建议。

（4）对应修改的主要问题进行说明，提出修改意见。

（5）对不可行的项目，提出不可行的主要问题及处理意见。

（6）可行性研究中主要争议问题的结论。

××地区葡萄种植可行性研究报告

葡萄鲜果，果色艳丽、汁多味美、营养丰富，深受广大消费者的青睐。葡萄是见效最快的果树之一，具有高产、稳产等优势，一般当年种植，第二年即可量产，第三年就能大丰收。在正常管理条件下，一般无大小年现象，产量相当稳定。

一、气候及土壤要求

葡萄抗抗逆性强，生长旺盛，到目前为止，无论是东北三省还是西北高原，无论是黄河流域还是多雨江南，幅员辽阔的中国遍地可见葡萄的影子。葡萄对土壤的要求极低，除严重沙化、重盐碱地等极端土质不适合种植葡萄外，其他的诸如黑土、黄土、红土、冲积平原、河滩淤地整改土地都可以种植葡萄，尤其是土壤肥沃的平原地段，更适宜种植葡萄。

二、经济效益

葡萄的适应性强，具有广阔的发展前景。其经济寿命一般20 ~ 30年，若管理精细，可长达30 ~ 40年。鲜果供应期长，自5月上旬鲜果陆续上市，直至10月。定植后，第二年开始结果，一般两年生葡萄亩产就达1000千克，三年生的亩产可达2000千克，四年生的亩产可达3000千克。葡萄除鲜食外，还可用来酿制葡萄酒，制成葡萄汁，具有防暑、止渴、降血脂、血压的功效。另外，还可晾成葡萄干、制成糖水葡萄罐头和果浆、果冻等。在管理好的条件下，每亩可获得近两万元的收益。

三、营养价值

葡萄的营养价值高，据测定，葡萄含有65% ~ 85%水分，15% ~ 25%糖类，0.5% ~ 1.5%有机酸，0.3% ~ 0.5%矿物质，含有多种维生素和蛋白质、氨基酸。每千克鲜葡萄可产3千焦耳的热量，经自然风干或人工烘制的葡萄干，含糖量达60%以上，每千克葡萄干可产生1万4千焦耳的热量。葡萄汁发酵酿成的葡萄酒是一种营养保健型饮料，含有大量的氨基酸和维生素，含有24种微量元素及其他营养成分。《本草纲目》中记载有“暖腰肾、耐寒、驻颜色”的功能。美国《科学》杂志1997年1月发表的研究报告称在葡萄及其产品中有抗癌物质。适量饮用葡萄酒尤其是红葡萄酒，能够减少脂肪在血管里的沉积，减少心血管疾病发生的危险。

四、社会和生态效益

1.改善当地生态环境

在生猪规模生产中，存栏数两三百头，每日排猪粪约三四吨，若任其流淌将严重污染周围土壤、河流及空气。葡萄生长需要大肥大水，含有丰富有机质的猪粪水正好应用于此。在农村除大面积连片种植外，还可在畜禽、水产养殖场及房前屋后、田边隙地栽培葡萄，能起到遮阴、降温、净化空气的生态效应。

2.美化环境

葡萄又是绿化树种，花朵开放时香气浓郁，人入园中顿觉清香扑鼻、流连忘返。它的果粒，千姿百态，不但颜色各异，形态也不相同。其枝叶茂盛，也极有观赏价值。近年来我国很多城市以"葡萄棚"来点缀市容。沈阳、上海等地的盆栽葡萄已进入千家万户，用以美化阳台、走廊、天井等。

3.旅游添加景色

近年来兴办了一些观光果园，为城市居民郊游时增添情趣。这是一项既有社会效益又有经济效益的新兴农业经营方式。

五、市场前景分析

加入世界贸易组织后，对我国葡萄生产既有机遇也有压力。未来十年，我国葡萄及葡萄酒人均消费量有可能达到世界平均水平，年产量将达到1200万吨，种植面积要扩大到1500万亩，国内葡萄发展空间较大，只要加大科技投入，利用国内劳动力成本较低的优势使生产成本低于国外葡萄，届时既可占领国内市场，还可望出口占领部分国际市场。批量发展名优鲜食品种，实现优质高效。预计近十年，在普通的低端葡萄供应日趋饱和的情况下，发展重点应定位在名优鲜食品种，如夏黑、红地球、金手指等品种。从质量上看，国产与进口不相上下，而价格上相差3～6倍，当前的主要问题是国产货尚未形成批量生产。我国的鲜食葡萄市场，整体上而言处于一种供不应求的状态，未来数十年随着老百姓生活水平的不断提高，对高档葡萄的需求量越来越大，而我国葡萄产区又相对集中，广大的中部及西南地区种植葡萄种植规模很小，市场前景相当广阔。

六、葡萄品种选择

品种的选择十分关键,为延长市场供应期,避免葡萄集中成熟造成的劳力紧张,尽量提倡早、中、晚熟搭配,可结合栽培目的、供应方向、消费习惯、市场趋势来确定。近几年早熟中熟葡萄销量大,早熟晚熟葡萄价格高，中熟葡萄产量高。

（1）东方黑珍珠——夏黑（早熟品种）欧美种，华北地区6月中下旬成熟上市，该品种浓甜爽口，有浓郁草莓香味，不裂果、不落粒、不回味，是适于大面积发展的优质早熟鲜食品种。经赤霉素处理后，果粒增大1倍以上，产量增加。盛果期亩产4500斤左右，树势强健，抗病力强，适合全国各地露天种植。

（2）颗粒最大、效益最高的葡萄——藤稔（中熟品种）欧亚种，又名乒乓球葡萄。果穗大，果粒特大。华北地区7月下旬至8月初成熟，不仅具有早果、丰产、优质、抗病等优良特性，而且落花落果轻，小果粒少，盛果期亩产6500斤左右，且与其他葡萄品种相比，管理较简易，是初次种植葡萄的果农的最佳选择。藤稔葡萄以其优良的性状，在庞大的葡萄家族中独树一帜，是目前我国鲜食葡萄栽培的首选品种。

（3）晚熟葡萄之王——美国红提（晚熟品种）欧亚种，又名红地球，华北地区9月中旬成熟上市。盛果期亩产6000斤左右，果实可远途运输和长期贮藏，可贮藏到翌年3月份。北方地区除黑龙江、吉林两省外，其余各省都进行了引种及栽培，果实品质优，晚熟，耐贮运，丰产，是发展葡萄的优质高效品种。

七、启动资金及未来收益预算

按照华北地区栽培管理模式，结合最近三年的物价水平进行计算。以一亩藤稔葡萄为例，今年秋后10月份定植，明年××××年为第一年，葡萄需要长一整年，完成根系和枝条的生长发育，第二年即××××年春天挂果，实现量产，第三年即××××年进入丰产期，产量达到稳定状态。

投资预算：

土地承包费用按每年800元计算，一年一结。苗木为550株，每株3.8元。即基础设施包括搭建葡萄架所用水泥柱及铁丝。临时雇工人员按每天60元计算，长期雇工按每月1600元计算。第一年葡萄园工作量小，用工少，将葡萄栽种计入第一年的管理。第二年葡萄量产，第三年进入丰产期，由于葡萄管理集中在每年的开花时的4月到葡萄采收完后的8月，第二年每三亩地需长期雇工1人，第三年之后，这段时间每两亩地需长期雇工1人。葡萄开花季节和采收季节每两亩地需增加雇佣临时工人1人，合计20天。

收益预算：

第二年亩产2900斤商品葡萄，第三年及之后亩产6000斤商品葡萄，每斤葡萄按照最近三年市场收购均价3.2元计算。得最近五年收支明细表如下（略）。

分析：第一年的投资主要为苗木，化肥农药需求量小，第二年之后，人工成本占开支大多数，其次是化肥农药投资。种植一亩葡萄，第二年即可收回前两年投资，并有少量盈余，三年之后每亩获得稳定纯收益一万二千余元。××当地葡萄种植规模小，市场需求旺盛，在未来××年内，可保持此收益。

八、风险分析与防控

××地处我国南方，最近几年由于全球气候剧烈变化，易发生旱涝天气，会对葡萄的正常生产造成影响。为此需增加水利建设，打井防旱，同时建设排水沟，及时将过量降雨排除园外。

九、苗木基地配套服务宗旨

××苗木基地以保证品种纯度为根本、提高苗木质量为追求、提供技术服务为职责、赢得客户赞誉为光荣、共同致富始终是××基地的奋斗目标。二十多年来，××基地全体员工在苗木生产和销售上始终严把质量关，以过硬的生产技术与严格的管理制度，使生产上无病苗，销售上无次苗，果农栽到地里无假苗。从而建立了稳定的客户关系，树立了良好的市场信誉，赢得了同行及果农的不断赞誉。二十多年来，从没因为品种纯度与客户发生过纠纷。凡从××基地购苗的单位和个人一律免费提供技术资料，免费培训技术人员，提供最新农药、药具供销信息，协助果品销售。

××基地技术部均为多年从事栽培的技术人员，有丰富的栽培管理经验，对少量引种的客户，基地将免费提供技术资料，并长期提供技术咨询。对规模开发的客户，基地将派出专业人员现场指导，提供科学完整的规划论证及实施方案，确保客户如期见效。

课堂练习

1. 下面是可行性研究报告中的一段话，你能说出是哪一部分的内容吗？

隆回县位于距离邵阳火车站55公里、怀化火车站150公里、长沙市283公里；南接邵怀高速公路隆回出口处，北连320国道和219省道，东靠洛湛铁路邵阳站，前有郝水河经过，为隆回怡中豪苑建设项目提供了得天独厚的水陆交通条件。

2. 下面这段可行性研究报告中文字体现了什么理念？

本项目施工过程中，机械设备噪声及施工中粉尘对周围环境会造成污染。因此施工中对产生噪音较大的机械设备加装隔音装置，对粉尘拟采用喷水除尘。

3.如果你是一个项目建设负责人，你认为在一个工程项目中管理团队有如下规模可行吗？

本项目职工人数的确定为：董事长1人（经济师）；总经理1人（经济师）；副总经理1人（经济师）；销售招商部主管1人（经济师）、职员4人；工程技术部主管1人（高级工程师）、职员4人（含高级工程师1人，工程师2人）；计划财务部主管1人（会计师）、职员2人（会计师）；综合管理部主管1人、职员3人。职工人总数为20人。

写作训练

韩兆铭是某房地产开发公司的一位项目经理，公司准备在一座二线滨湖城市开发一处高档小区，公司总经理很信任他，希望他能与信息咨询公司沟通，写一份该项目的可行性研究报告，以便更好地获得地方政府的支持，你能为他拟写一份提纲吗？

第八节　财务分析报告

一、知识目标

1.认识什么是财务分析报告；

2.理解财务分析报告的作用；

3.熟悉财务分析报告的内容。

二、能力目标

能按照内容和格式撰写财务分析报告。

三、素质要求

培养数据累计工作的意识。

例文

××市商业局财务分析报告

省商业厅：

20××年，我局所属企业在改革开放力度加大，全市经济持续稳步发展的形势下，坚持以提高效益为中心，以搞活经济强化管理为重点，深化企业内部改革，深入挖潜，调整经营结构，扩大经营规模，进一步完善了企业内部经营机制，努力开拓，奋力竞争。销售收入实现×××万元，比去年增加30%以上，并在取得较好经济效益的同时，取得了较好的社会效益。

（一）主要经济指标完成情况

本年度商品销售收入为×××万元，比上年增加×××万元。其中，商品流通企业销售实现×××万元，比上年增加5.5%，商办工业产品销售×××万元，比上年减少10%，其他企业营业收入实现×××万元，比上年增加43%。全年毛利率达到14.82%，比上年提高0.52%。费用水平本年实际为7.7%，比上年升高0.63%。全年实现利润×××万元，比上年增长4.68%。其中，商业企业利润×××万元，比上年增长12.5%，商办工业利润×××万元，比上年下降28.87%。销售利润率本年为4.83%，比上年下降0.05%。全部流动资金周转天数为128天，比上年的110天慢了18天。

（二）主要财务情况分析

1.销售收入情况

通过强化竞争意识、调整经营结构、增设经营网点、扩大销售范围，促进了销售收入的提高。如第一百货商店销售收入比去年增加296.4万元；古都五交公司比上年增加396.2万元。

2.费用水平情况

全局商业的流通费用总额比上年增加144.8万元，费用水平上升0.82%。其中：①运杂费增加13.1万元；②保管费增加4.5万元；③工资总额3.1万元；④福利费增加6.7万元；⑤房屋租赁费增加50.2万元；⑥低值易耗品摊销增加5.2万元。

从变化因素看，主要是由于政策因素影响：①调整了“三资”“一金”比例，使费用绝对值增加了12.8万元；②调整了房屋租赁价格，使费用增加了50.2万元；③企业普调工资，使费用相对增加80.9万元。扣除这三种因素影响，本期费用绝对额为905.6万元，比上年相对减少10.2万元。费用水平为6.7%，比上年下降0.4%。

3.资金运用情况

年末，全部资金占用额为×××万元，比上年增加28.7%。其中：商业资金占用额×××万元，占全部流动资金的55%，比上年下降6.87%。结算资金占用额为×××万元，占31.8%，比上年上升了8.65%。其中：应收货款和其他应收款比上年增加548.1万元。从资金占用情况分析，各项资金占用比例严重不合理，应继续加强“三角债”的清理工作。

4.利润情况

企业利润比上年增加×××万元，主要因素是：

（1）增加因素：①由于销售收入比上年增加804.3万元，利润增加了41.8万元；②由于毛利率比上年增加0.52%，使利润增加80万元；③由于其他各项收入比同期多收43万元，使利润增加42.7万元；④由于支出额比上年少支出6.1万元，使利润增加6.1万元。

（2）减少因素：①由于费用水平比上年提高0.82%，使利润减少105.6万元；②由于税率比上年上浮0.04%，使利润少实现5万元；③由于财产损失比上年多16.8万元，使利润减少16.8万元。以上两种因素相抵，本年度利润额多实现×××万元。

（三）存在的问题和建议

（1）资金占用增长过快，结算资金占用比重较大，比例失调。特别是其他应收款和销货应收款大幅度上升，如不及时清理，对企业经济效益将产生很大影响。因此，建议各企业领导要引起重视，应收款较多的单位，要领导带头，抽出专人，成立清收小组，积极回收，也可将奖金、工资同回收款挂钩，调动回收人员积极性。同时，要求企业经理要严格控制赊销商品管理，严防新的“三角债”产生。

（2）经营性亏损单位有增无减，亏损额不断增加。全局企业未弥补亏损额高达×××万元，比同期大幅度上升。建议各企业领导要加强对亏损企业的整顿、管理，做好扭亏转盈工作。

（3）各企业程度不同地存在潜亏行为。全局待摊费用高达×××万元，待处理流动资金损失为×××万元。建议各企业领导要真实反映企业经营成果，该处理的处理，该核销的核销，以便真实地反映企业经营成果。

评析 》

这是一篇某市商业局的财务分析报告，呈报上级主管单位某省商业厅。文字相对简洁，但涵盖内容比较全面，经济指标完成情况、财务基本情况、存在的问题及建议都有所陈述。尤其运用大量的数据说明，让人一目了然。

知识点击

一、财务分析报告的概念与作用

财务分析报告是以会计核算和报表资料及其他相关资料为依据，采用一系列专门的分析技术和方法，对企业等经济组织过去和现在有关筹资活动、投资活动、经营活动、分配活动的盈利能力、营运能力、偿债能力和增长能力状况等进行分析评价的书面汇报材料。

财务分析报告的作用是为企业的投资者、债权人、经营者及其他关心企业的组织或个人了解企业过去、评价企业现状、预测企业未来做出正确决策提供准确的信息或依据。

二、财务分析报告的分类

从编写的时间来划分，可分为两种：一是定期分析报告；二是非定期分析报告。定期分析报告又可以分为每日、每周、每旬、每月、每季、每年报告，具体根据公司管理要求而定，有的公司还要进行特定时点分析。

从编写的内容来划分，可分为三种：一是综合性分析报告；二是专项分析报告；三是项目分析报告。综合性分析报告是对公司整体运营及财务状况的分析评价；专项分析报告是针对公司运营的一部分，如资金流量、销售收入变量的分析；项目分析报告是对公司的局部或一个独立运作项目的分析。

三、财务分析报告的格式

严格地讲，财务分析报告没有固定的格式和体裁，但要求能够反映要点、分析透彻、有实有据、观点鲜明、符合报送对象的要求。一般来说，财务分析报告均应包含以下几个方面的内容：提要段、说明段、分析段、评价段和建议段，即通常说的五段论式。但在实际编写分析时要根据具体的目的和要求有所取舍，不一定要囊括这五部分内容。

此外，财务分析报告在表达方式上可以采取一些创新的手法，如可采用文字处理与图表表达相结合的方法，使其易懂、生动、形象。

四、财务分析报告的内容

财务分析报告主要包括上述五个方面的内容，现具体说明如下：

1. 提要段

提要段，即概括公司综合情况，让财务报告接受者对财务分析说明有一个总括的认识。

2. 说明段

说明段，即对公司运营及财务现状的介绍。该部分要求文字表述恰当、数据引用准确。对经济指标进行说明时可适当运用绝对数、比较数及复合指标数。特别要关注公司当前运作上的重心，对重要事项要单独反映。公司在不同阶段、不同月份的工作重点有所不同，所需要的财务分析重点也不同。如公司正进行新产品的投产、市场开发，则公司各阶层就需要对新产品的成本、回款、利润数据进行分析。

3. 分析段

分析段，即对公司的经营情况进行分析研究。在说明问题的同时还要分析问题，寻找问题的原因和症结，以达到解决问题的目的。财务分析一定要有理有据，要细化分解各项指标，因为有些报表的数据是比较含糊和笼统的，要善于运用表格、图示，突出表达分析的内容。分析问题一定要善于抓住当前要点，多反映公司经营焦点和易于忽视的问题。

4. 评价段

评价段，即做出财务说明和分析后，对于经营情况、财务状况、盈利业绩，应该从财务角度给予公正、客观的评价和预测。财务评价不能运用似是而非、可进可退、左右摇摆等不负责任的语言，评价要从正面和负面两方面进行，评价既可以单独分段进行，也可以将评价内容穿插在说明部分和分析部分。

5. 建议段

建议段，即财务人员在对经营运作、投资决策进行分析后形成的意见和看法，特别是对运作过程中存在的问题所提出的改进建议。值得注意的是，财务分析报告中提出的建议不能太抽象，而要具体化，最好有一套切实可行的方案。

五、撰写财务分析报告应做好的几项工作

1. 积累素材，为撰写报告做好准备

（1）建立台账和数据库。通过会计核算形成会计凭证、会计账簿和会计报表。但是编写财务分析报告仅靠这些凭证、账簿、报表的数据往往是不够的，还需要求分析人员平时就做大量的数据统计工作，对分析的项目按性质、用途、类别、区域、责任人，按月度、季度、年度进行统计，建立台账，以便在编写财务分析报告时有据可查。

（2）关注重要事项。财务人员对经营运行、财务状况中的重大变动事项要勤于做笔录，记载事项发生的时间、计划、预算、责任人及发生变化的各影响因素。必要时马上做出分析判断，并将各类各部门的文件归类归档。

（3）关注经营运行。财务人员应尽可能争取多参加相关会议，了解生产、质量、市场、行政、投资、融资等各类情况。参加会议，听取各方面意见，有利于财务分析和评价。

（4）定期收集报表。财务人员除收集会计核算方面的有些数据之外，还应要求公司各相关部门（生产、采购、市场等）及时提交可利用的其他报表，对这些报表要认真审阅、及时发现问题、总结问题，养成多思考、多研究的习惯。

（5）岗位分析。大多数企业财务分析工作往往由财务经理来完成，但报告注材要靠每个岗位的财务人员提供。因此，应要求所有财务人员对本职工作养成分析的习惯，这样既可以提升个人素质，也有利于各岗位之间相互借鉴经验。只有每一岗位都发现问题、分析问题，才能编写出内容全面的、有深度的财务分析报告。

2. 建立财务分析报告指引

财务分析报告尽管没有固定格式，表现手法也不一致，但并非无规律可循。如果建立分析工作指引，将常规分析项目文字化、规范化、制度化，建立诸如现金流量、销售回款、生产成本、采购成本变动等一系列的分析说明指引，就可以达到事半功倍的效果。

×××××人民医院2014年度财务分析报告

一、医院基本状况

我院成立于1984年，是一所集医疗、教学、科研、急救、预防保健为一体的综合型二级医院、自治区爱婴医院，全市急救中心网络医院，医疗保险、新农合、社会保险、伤残鉴定、民政济困定点医院，血液透析指定医院。

医院现占地面积2.2万平方米，总建筑面积2.6万平方米。设22个临床科室，13个医技科室，15个职能科室，2个社区门诊部，已开放床位300张，全院职工达到378名，卫技人员274人，其中高级职称27人，中级职称61人。

二、2014年收入业绩摘要

本年度实现总收入7000万元，比上年度的5453万元增长了28.3%。其中医疗收入6028万元，其他收入36万元，分别比去年增长了21%和减少了18%。在医疗收入中，门诊收入2275万元，比去年增加了20.2%；住院收入3753万元，比去年增长了21.7%。

三、医院综合财务状况

2014年期末总资产12268万元，其中固定资产5824万元，流动资产1645万元，负债5704万元，净资产6564万元。

2014年总支出6996万元，其中人员经费2736万元，卫生材料费936万元，药品费1353万元，固定资产折旧费1007万元，无形资产摊销费1.2万元，提取医疗风险基金17.8万元，其他费用909万元；其他支出7.6万元。

期末亏损931万元。

四、财务分析

2014年期末总资产12268万元，比去年10410万元增长了17.8%，其中流动资产1645万元，占总资产的13.4%，非流动资产10623万元，占总资产的85.6%。

1.流动资产情况分析

流动资产1645万元，比年初1777万元降低了7.4%；其中货币资金396万元，占流动资产的24.1%，比年初586万元降低了32.4%；应收在院病人医疗款99.8万元，占流动资产的6%，比年初62万元增加了60.96%；应收医疗款106万元，占流动资产的6.4%；其他应收款460万元，占流动资产的27.96%；预付账款248万元，占流动资产的15.1%；存货348万元，比年初326元增长了6.7%。

2.非流动资产情况分析

固定资产原值7830万元，比年初5719万元增长了36.9%；累计折旧2006万元，比年初1051万元增长了90.9%；在建工程4754万元比年初4313万元增长了10.2%。

3.负债情况分析

流动负债2396万元，其中应付账款1597万元，比年初1004万元增长了59.1%；预收医疗款144万元，比年初63万元增长128.6%；应付职工薪酬220万元比年初143万元增长了53.8%；应付福利费23万元，与去年持平；应付社会保障费121万元，比年初116万元增长4.3%；其他应付款125万元，比年初70万元增长了78.6%，预提费用166万元，比年初204万元降低了18.6%。

4.净资产情况分析

净资产共计6564万元，比年初6409万元增长了2.4%，其中事业基金3293万元，专用基金757万元，财政补助结转（余）3.75万元。

五、收入情况分析

财政补助收入939万元；医疗收入6028万元，其中药品收入1585万元，占医疗收入的26.3%，比上年1481万元增长了7%。

门诊收入2275万元，比上年1893万元增长了20.2%，其中药品收入620万元，占门诊收入的27.2%，比上年586万元增长了5.8%。随着近几年我国经济的快速发展，人均可支配收入的增多，人们对健康意识的不断提高，使得做一些常规体检的人数越来越多，促使门诊人均费用提高，所以门诊收入也就相对有所提高。

住院收入3753万元，相比上年3085万元增长了21.7%，其中药品收入895万元，占住院收入的23.8%，比上年966万元降低了7.3%。今年我院新引进专用高端医疗设备数台，仪器设备的更新，医疗新项目的开展，使住院人数不断增加，所有这一切都促使住院收入不断增长。

六、支出情况分析

2014年年末总支出为7010万元，其中医疗业务成本5346万元，管理费用1642万元。2014年1月～2014年12月份医疗业务总成本明细中，人员经费2736万元，卫生材料费936万元，药品费1389万元，固定资产折旧费1007万元，无形资产摊销费1.2万元，提取医疗风险基金17.7万元，其他费用9091万元。从医疗业务成本明细表中可以看出，人员经费占业务成本的51.2%，同比去年有所增长，主要原因是职工人数的增加以及业务收入总额的增加；卫生材料费占业务成本的17.5%，同比去年501万元增长了86.8%，主要原因是高值耗材的化验及手术患者人数的增加；药品费占医疗业务成本支出的26%，因为业务收入总额的大幅增长，所以药品的增长也会同步增长；固定资产折旧费占医疗业务成本支出的18.8%，同比去年846万元增长了19%，专业设备和一般设备的增加使用，使得固定资产的大幅增加是必然的；提取医疗风险基金是17.7万元，去年是0.9万元，主要原因是科室的收入增加，医疗风险基金的计提也会相应增加。本年度医疗收支亏损931万元。

七、依据年终财务报表数据从静态角度分析财务状况

1.收入构成比例

财政补助收入占总收入13.4%，医疗收入占总收入的86.1%，其中药品收入占业务收入的26.3%。由于我院2014年核磁室、高压氧的投入使用，医疗服务质量的全面提高，使就诊环境有了很大的改善，因此门诊人次、住院人数、住院天数与去年同期相比有较大的提高，医疗收入、药品收入都呈增长趋势。

2.支出构成比例

人员经费占总支出的31.6%；卫生材料占总支出的13.4%；药品费占总支出的19.8%；固定资产折旧占总支出的14.4%；其他费用支出占总支出的13%。

3.偿还能力

流动比率68.7%，速冻比率44.3%。

综合以上数据显示，本年度我院的整体业务收入相对去年同期比亏损了；但我院的偿还能力还是比较好的，流动比率不太理想，但鉴于医院属于特殊的服务性行业，不像只靠商品的销售量获得利润，所以库存物资量没有企业高，流动比率也能相对低点。2015年财务管理有待进一步加强和控制，如：加强医疗专用设备的安全使用和维护管理；加强财务监督及控制职能；加强往来账目的管理，及时清欠回收资金，以加速资金周转，提高资金的利用率。继续发扬我院勤俭节约的优良传统，在保证优质医疗服务的基础上节能降耗，努力降低成本，调动员工积极性，为在新的一年再创辉煌做出努力！

课堂练习

1. 什么是财务分析报告？
2. 财务分析报告有什么作用？
3. 怎样才能写好财务分析报告？

写作训练

结合你熟悉的某一公司，试做一份财务分析报告。

第九节　财务会计检查报告

目标要求

一、知识目标

1. 认识财务会计检查报告的作用；
2. 理解财务会计检查报告的涵义；
3. 熟悉财务会计检查报告的特点。

二、能力目标

能辨别自查报告与检查报告的异同。

三、素质要求

培养经济活动合法、合规意识。

案例分析

例文

××公司财务会计工作自查报告

我公司积极组织，认真开展自查，现就自查情况报告如下：

一、财务收支情况

在财务工作过程中，本单位严格按照《会计法》的规定，依法设置会计账簿，并保证其真实完整，根据本单位实际发生的业务事项进行会计核算、填制会计凭证、登记会计账簿、编制财务会计报告。严格执行国家有关财务法规，所发生的各项业务事项均在依法设置的会计账簿上统一登记、核算，依据国家统一的会计制度的规定进行会计核算，确保数据真实、有效。在安排支出时，分轻重缓急，保证常规和重点支出需要，既体现实际工作需要，又考虑财力可能，根据办公室各项工作任务，在财力可能的情况下，有保有压，确保重点，统筹安排，合理支出。

二、单位内部控制制度建立和执行情况

根据本单位工作实际，在建立并实施内部监督和控制制度过程中，制定了《财产管理制度》。建立和完善各项制度的同时，相关人员在工作过程中严格遵守这些规章制度，有效地实施了内部监督和控制，保证了会计工作的真实性、完整性以及单位财产的安全，加强了对本单位财产物资的监督和管理，杜绝了各种漏洞的发生，达到了以下三点要求：

1.明确了记账人员与审批人员、经办人员的职责权限，使其相互分离、相互制约，以明确责任，防止舞弊，各项业务事项得以有序进行。

2.明确了财务收支审批程序和审批人的权限和责任，规范了各项资金的使用，提高了资金使用效益。

3.明确经费支出的范围和开支标准，采取各种有效措施控制经费开支，杜绝了浪费现象的发生。

三、固定资产管理和使用情况

为了加强固定资产管理和使用，在固定资产购置时，严格按照政府采购程序进行采购，并根据有关规定，建立了账簿、款项和实物核查制度，通过建立健全制度，会计人员对各项财物、款项的增减变动和结存情况及时进行记录、计算、反映、核对等。一方面做到账簿上所反映的有关财物、款项的结存数同实存数一致；另一方面通过账簿记录和记账凭证，原始凭证的核对，保证账账相符。无固定资产不入账，公物私用及其他违规问题。

四、存在问题

通过自查，我公司在财务管理和财务工作过程中还存在一些不足，在实施内部监督制度和内部控制制度时，还未能完全达到《会计法》所规定的要求，预算管理制度、财务分析制度、稽核制度尚未建立健全，今后要进一步完善这方面的制度，实行更有力的措施，力求将这方面的工作做得更好。

评析 》

这是一篇财务会计自查报告，这是属于向上级主管部门或相关业务主管单位汇报性的报告材料，应该说自查内容非常宽泛，不够具体，也不全面。如果是上级主管部门或业务主管单位亲自来检查，那问题就严肃多了，内容也具体多了。

知识点击

一、财务会计检查报告的涵义和作用

财务会计检查报告，是指财政、审计机关等财务检查执行部门对某一地区或某一单位在一定时期内进行全面的或单项的检查以后，向政府、上级检查机关、有关主管部门提出的检查活动情况和检查结果的书面材料。它不仅对被检查地区或单位财务情况具有客观评价作用，督促其改进工作，而且还是财务检查机关提供给政府和有关部门的检查工作结论，对于领导机关指导工作、解决问题、做出决策具有重要的参考价值。同时，它也是主管部门考核检查人员工作成果和工作水平的重要依据。

二、财务会计检查报告的特点

1.权威性

检查机关要通过检查报告，体现党和国家的方针政策，传达检查的决定和要求，被检查单位要据此贯彻执行。报告一旦成文发出，就具有一定的法律效力，不能随意更改和变动。

2.合法性

财务会计检查，最重要的就是检查经济活动的合法性、合规性。因此，检查报告要准确

体现党的方针政策，要以党的方针政策为依据。

3.准确性

检查报告是为解决检查工作中的问题而写的。因此，要求检查报告要具有高度的准确性。报告的观点要正确，材料要真实，推理要合乎逻辑。报告的格式、称谓、引用的法规条文和论述等都应该准确无误。

4.鲜明性

为了使有关方面明确了解检查机关的意向，要求检查报告的态度要明朗，论点要鲜明，切忌模棱两可。

三、财务会计检查报告的写法

（一）标题

财务检查报告的标题，一般有两种情况：一是出现被检查单位名称的标题，例如“关于对××××（单位名称）的财务会计检查报告”；二是不出现被检查单位名字的标题，只写“财务会计检查报告”即可。

（二）财务会计检查报告的内容

财务会计检查报告一般分为两大部分，即文字部分和附件部分。文字部分是检查报告的正文，即报告的主体部分。附件是指为说明检查报告所需的报告、账目、凭证等的影印本、复印件和向有关人员的调查记录、证明材料等。附件是为正文服务的，是正文有关问题的佐证。检查报告的文字部分包括以下内容：

1.检查的目的、任务和要求

这部分内容包括：检查的缘起，说明检查是政府交办、群众举报揭发、有关部门委托还是检查部门本身决定的；检查的目的、要求，说明是综合性全面检查，还是单项检查，是财经纪律检查，还是经济效益检查；检查的人员组成，说明人员的组成情况和所承担的工作；检查的简要介绍，说明检查的起止时间、主要方法和步骤等。

2.检查情况

（1）被检单位的基本情况。如经营业务、资产状况、经营方式、经营计划、效益目标等。

（2）检查情况。如果是年度决算检查，需写清对决算报表所反映的指标数字（财务收支、营业额、利润、税金、资金周转等）的核准情况（即真实性）；主要经济事项的财务处理是否合法合规（即合法性）；主要经济指标的完成情况（即效益性）；检查中所反映的成绩、问题、管理状况及其原因等。如果是专题检查，则要把核实后的事件始末、主要情节、主要当事人情况等反映清楚。如果是财经纪律检查，则要写清检查的范围、检查的起止时间和查出的主要问题。

3.检查评价和意见

这部分内容需要从检查的目的、要求出发，根据党的方针政策和有关法律规定，对检查的情况进行认真地分析研究并做出结论和恰如其分的评语，明确表明检查机关肯定什么、否定什么、如何处理等。例如，对于专案检查，要明确所检查问题的属性，分清是有意还是无意违纪，是失职还是营私舞弊等。态度要明朗，不能模棱两可。对于尚未查清、证据不够充分的问题，不要勉强做出结论，要实事求是地说明情况，提出参考意见。

4.检查建议

针对检查所得的情况，认真分析问题及其原因，提出建设性意见。如针对内控制度不健全、管理不严格等情况，提出改进和加强管理的建议；对财务收支和账务处理中存在的问题，提出加强内控、改进核算、健全责任制的建议；针对违反财经纪律方面的问题，提出健全规章制度，加强法纪教育的建议；针对贪污舞弊案，提出对事件和责任者的处理及预防措施的 建议。所提建议，要力求切实具体，避免含糊空论。

（三）财务会计检查报告写作的注意事项

（1）必须以国家法律法规为准绳，认真贯彻党的方针政策。

（2）熟悉业务，详细占有材料，认真分析研究，真实地反映财政经济与财务管理的实际情况。

（3）坚持实事求是的原则，客观公正，不偏不倚，严格履行检查机关的职责。

××有限公司财务会计工作检查报告

根据公司领导指示，依据《会计法》《会计基础工作规范》《会计基础工作规范化管理办法》《会计档案管理办法》《会计电算化管理办法》及《会计电算化工作规范》等财经法律法规的要求，对公司2011年至2013年的财务会计凭证进行了认真检查。现本人就凭证检查发现的问题及提出的整改措施意见报告如下：

一、会计基础工作存在的问题

（1）2011年1月27号记账凭证购入固定资产（电脑5台、复印机1台）4张发票金额共计28349元，但记账凭证少计28349−28063.99＝285.01元，未有情况说明。

（2）2011年1月28号记账凭证购入办公桌椅、书柜等32018元付款手续不全，凭证、发票上无领导、经办人、验收人签字，直至2011年7月7日后付款手续开始有领导审批。

（3）公司自筹备成立以来，财务往来款项均无收款方开具的“收款收据”（实收资本除外）。如2012年6月4号记账凭证收到了股东××汇款200万元，财务没有开“收款收据”。

（4）2012年6月7号记账凭证公司支付购买砖碴款两笔共10万元，收款人××有两份打印“付款申请”，但“收款人：××”亦为打印，没有签章，也没有“收款收据”。

（5）2012年8月3号记账凭证公司支付办公楼装修款30万元，虽然有了付款审批程序手续但仍然缺少双方签订合同、收款人张××的“付款申请”、身份证、“收款收据”及相关签章等。如发生纠纷要提起公诉会有困难，相关证据不完全。

（6）2012年8月10号记账凭证公司收到办公楼装修工程发票130万元一张，直接入账，既无结算单也无任何人签字。

（7）2012年9月7号记账凭证存入银行出租门面收入23189元，而收款收据合计为23128元，缴存款差额61元，未做说明，公司记账凭证没填制凭证人员、记账人员、出纳人员签名或者盖章。

（8）2012年9月15号记账凭证购办公室装饰用品29000元，两张领款条合计10000＋29000＝39000元。虽然将10000元领款条注明为附件，但仍然不合规定。

（9）已经收付款入账的原始单据发票没有加盖“银行存款收讫（付讫）或现金收讫（付讫）”。

（10）公司2011年9月20号记账凭证一笔经济业务需要填制三张记账凭证，没有采用分数编号法编号，只编一张号。

（11）公司自制记账凭证、工资单未留装订线，原始单据或发票整理折叠不合规，而且记账凭证编号、名目不规范，很难分辨某一经济事项，不能一目了然。如2011年9月14号记账凭证。

（12）2013年1月～2013年6月记账凭证没有装订、以前装订归档的记账凭证没有由装订人在装订线封签外签名或者盖章，也没有使用记账凭证盒归档。

二、会计核算存在的问题

（1）2012年4月2号记账凭证个人所得税滞纳金罚款63.94元、2012年5月6号记账凭证个人所得税滞纳金罚款27.64元都计入财务费用，违反财务原则和规定。

（2）2012年4月4号记账凭证发工资（2011年8～12月）232236元，没有通过“应付职工薪酬”会计科目核算，由此造成成本费用波动，导致个人所得税增加及个人所得税滞纳金。

（3）职工养老金、医疗费也未按正确的会计规定及方法做会计分录、核算。

（4）2012年7月11号记账凭证费用归集遗漏，业务招待费汇总少归集350元。

三、会计监督监管存在的问题

（1）2012年7月23日3号记账凭证提取大额现金129805元。2012年8月22日2号记账凭证将该笔现金存入此账务处理，反映的是存放保险箱（库存现金）内。这严重违反了《现金管理暂行条例》，也会导致公司资金安全问题，实为会计财务处理欠妥，应挂往来款项。

（2）2012年8月10号记账凭证公司收到办公楼装修工程发票130万元一张，直接入账，既无结算单也无任何人签字。

（3）2012年9月17日2号记账凭证支付购买办公用品款，发票三张9000×3＝27000元，没有明细清单。

（4）公司的财务手续费、养老医疗失业费、电话宽带费等均无经办人、领导人审核签字。

（5）2013年9月补交2012年1月～2013年6月土地使用税，造成滞纳金51088.99元，此损失是公司无资金还是管理工作失误？

（6）大额银行资金在各开户行之间转户，凭证反映的是手续不全，只是会计出纳办理，无领导审核批准。

四、会计档案管理存在的问题

（1）实行会计电算化后，打印出的机制记账凭证没有加盖制单人员、审核人员、记账人员印章或者签字。总账和明细账没有定期打印归档。

（2）会计电算化管理后，对计算机硬件、软件和数据管理不到位，没有做好对会计数据和会计软件的安全保密性，没有做好防止对数据和软件的非法修改和删除，没有做好对磁性介质存放的数据要保存双备份或归档。

五、主要整改措施及建议

（1）加强财务人员的财务法规意识和学习，严格执行财经法规、会计制度。

（2）加强会计基础工作，改进工作方法，规范会计行为，提升本公司的会计基础工作。如用贴签归集整理原始凭证发票，解决费用归集混乱、凭证不齐、数据不清晰等问题，使用凭证盒归档等；对以前年度的存在的问题应补救或返工。

（3）加强财务人员财经法规、业务学习和知识更新，掌握专业知识，提高财务人员业务素质及工作技能，根据公司经营管理需要，正确、灵活处理各项会计业务，既符合规章制度又满足公司经营要求。特别是要认真学习研究《房地产开发经营业务企业所得税处理办法》（国税发〔2009〕31号），正确研究公司各项应交税费款项，并节省各种开支。

（4）进一步加强会计基础工作，规范原始凭证和自制凭证，严格报销手续，杜绝开发成本、费用无审批无明细、手续不完善现象，正确进行开发成本核算。

（5）加强固定资产购置的验收、登记管理制度，严格固定资产的会计管理和核算办法。

（6）加强财务管理，完善内控制度。针对存在的一些问题，制订专项的财务内控、牵制、制约等制度，确保财务会计监管的时效性、有效性。

（7）从现在开始提前做好银行贷款业务的准备工作。即按各商业银行房地产开发项目贷款业务的要求整理所需资料或其他融资方式所需资料。

报告人：×××

2014年7月11日

课堂练习

1.什么是财务会计检查报告？

2.财务会计检查报告有哪些特点？

3.怎样理解自查报告和检查报告之间的区别？

写作训练

假如你是一名财务审计工作人员，就某一企业的财务工作拟写一篇财务会计检查报告。

第十节 审计报告

目标要求

一、知识目标

1.掌握审计报告的涵义；

2.明确审计报告的类型；

3.知晓审计报告的要素。

二、能力目标

掌握审计报告的基本写法和要求。

三、素质要求

培养撰写审计报告的能力。

案例分析

例文

2013年××市××石蛙养殖专业合作社财务审计报告

各位合作社成员：

合作社财务工作关系到合作社的稳定和发展。一年来，严格执行了收支两条线制度，有效提高了资金的使用效益。在合作社理事会的统筹安排下，在全体合作社成员的大力支持和协助下，我们本着“严谨、节约、规范”的管理原则，合理安排有限的资金，为合作社持续、稳定的发展做出了应有的贡献。

根据××市××石蛙养殖专业合作社章程，财务审计小组向各位合作社成员对合作社本年度财务进行审计报告如下：

一、2013年合作社收入总计5062692.5元，收入情况如下：

销售商品石蛙26000斤	3200210.00元
销售石蛙幼苗30000只	398031.00元
销售石蛙种苗600对	722700.00元
销售礼品石蛙	525100.00元
销售生产资料，如黄粉虫、蚯蚓种	130651.50元
上级扶持拨款	15000.00元
新增合作社成员入股	56000.00元
学员参观学习费	15000.00元

二、2013年合作社支出总计2771515.15元，支入情况如下：

基地建设费	400360.16元
收购合作成员养殖石蛙	1602106.07元
采购合作社成员所需生产资料	120014.52元
组织合作社成员交流经费	11000.00元
养殖石蛙种蛙繁殖成本	119000.00元
繁殖场人工工资	257034.30元
黄粉虫，蚯蚓养殖成本	167000.10元
合作社办公经费	19000.00元
合作社招待经费	30000.00 元
交通费	20000.00 元
维修（护）费	18000.00 元
电费	8000.00元

综上所述，合作社2013年财务年度经营状况总收入5062692.5元，除去总支出2771515.15元，合作社盈利2291177.35元，预留出2013年生产运营经费800000.00元，剩余的1491177.35元用于合作社成员分红。

问题与意见：其中收入中商品的不同季节、不同价格要标明，幼苗的大小、月份、价格明确标明，特别是开支中办公经费、招待费中必须有理事长与两位理事的签名。

各位成员，在今后的工作中，我们将严格执行财经纪律、法规和国家统一的财务制度，加强对合作社经费支出的管理与监督，提高财务管理水平，做到“取之得当，用之合理”。正确处理合作社及社内成员各方面的利益关系，维护合作社及社内成员的各项利益。

××市××石蛙养殖专业合作社

2013年12月

评析

从标题和内容上看这是一篇简要的审计报告，篇目虽短，但基本包含了审计报告应该具有的内容，但是从严格的审计报告写作程序上讲还是有几处不是十分专业，比如财务审计小组的构成是由哪些人参加，是否聘请了专业的会计师事务所的注册会计师，没有注册会计师的签名和盖章；报告日期只截止到月份，没有截止到具体日期。这些都要仔细斟酌，切不可模棱两可，模糊不清。

知识点击

一、审计报告的涵义

审计报告是具有审计资格的会计师事务所的注册会计师出具的关于企事业单位会计的基础工作即计量、记账、核算、管理会计档案等会计工作是否符合会计制度，企业的内控制度是否健全等事项的报告，是对财务收支、经营成果和经济活动全面审查后做出的客观评价。审计内容包括资产、负债、所有者权益、费用成本和收入成果等。

二、审计报告的分类

1.无保留意见的审计报告

无保留意见是指注册会计师对被审计单位的会计报表，依照中国注册会计师独立审计准则的要求进行审查后确认：被审计单位采用的会计处理方法遵循了会计准则及有关规定；会计报表反映的内容符合被审计单位的实际情况；会计报表内容完整，表述清楚，无重要遗漏；报表项目的分类和编制方法符合规定要求，因而对被审计单位的会计报表无保留地表示满意。无保留意见意味着注册会计师认为会计报表的反映是合法、公允和一贯的，能满足非特定多数利害关系人的共同需要。

2.保留意见的审计报告

保留意见是指注册会计师对会计报表的反映有所保留的审计意见。注册会计师经过审计后，认为被审计单位会计报表的反映就其整体而言是恰当的，但还存在着下述情况之一时，应出具保留意见的审计报告：个别重要财务会计事项的处理或个别重要会计报表项目的编制不符合《企业会计准则》和国家其他有关财务会计法规的规定，而且被审计单位拒绝进行调整；因审计范围受到局部限制，无法按照独立审计准则的要求取得应有的审计证据；个别会计处理方法的选用不符合一贯性原则。

3.否定意见的审计报告

否定意见是指与无保留意见相反。认为会计报表不能合法、公允、一贯地反映被审计单位财务状况、经营成果和现金流动情况。注册会计师经过审计后，认为被审计单位的会计报表存在下述情况时，应当出具否定意见的审计报告：会计处理方法的选用严重违反《企业会计准则》和国家其他有关财务会计法规的规定，被审计单位拒绝进行调整；会计报表严重歪曲了被审计单位的财务状况、经营成果和现金流动情况，而且被审计单位拒绝进行调整。

4.无法（拒绝）表示意见的审计报告

无法表示意见是指注册会计师对被审计单位会计报表的合法性、公允性和一贯性无法发表意见。注册会计师在审计过程中，由于审计范围受到委托人、被审计单位或客观环境的严重限制，不能获取必要的审计证据，以致无法对会计报表整体反映发表审计意见时，应当出具无法表示意见的审计报告。

三、审计报告的要素

审计报告应当包括下列要素：标题；收件人；引言；管理层对财务报表的责任；注册会计师的责任；审计意见；注册会计师的签名和盖章；会计师事务所的名称、地址及盖章；报告日期。

1.标题

审计报告的标题应当统一规范为“审计报告”。

考虑到这一标题已广为社会公众所接受，因此，我国注册会计师出具的审计报告中标题没有包含“独立”两个字，但注册会计师在执行财务报表审计业务时，应当遵守独立性的要求。

2.收件人

审计报告的收件人是指注册会计师按照业务约定书的要求致送审计报告的对象，一般是指审计业务的委托人。审计报告应当载明收件人的全称。

注册会计师应当与委托人在业务约定书中约定致送审计报告的对象，以防止在此问题上发生分歧或审计报告被委托人滥用。针对整套通用目的财务报表出具的审计报告，审计报告的致送对象通常为被审计单位的全体股东或董事会。

3.引言

审计报告的引言段应当说明被审计单位的名称和财务报表已经经过审计，并包括下列内容：

（1）指出构成整套财务报表的每张财务报表的名称。

（2）提及财务报表附注。

（3）指明财务报表的日期和涵盖的期间。

根据企业会计准则规定，整套财务报表的每张财务报表的名称分别为资产负债表、利润表、所有者（股东）权益变动表和现金流量表。此外，由于附注是财务报表不可或缺的重要组成部分，因此，也应提及财务报表附注。财务报表有反映时点的、有反映期间的，注册会计师应在引言段中指明财务报表的日期或涵盖的期间。

引言段举例如下：“我们审计了ABC股份有限公司（以下简称ABC公司）财务报表，包括20××年12月31日的资产负债表，20××年度的利润表、所有者权益变动表和现金流量表以及财务报表附注。”

4.管理层对财务报表的责任

管理层对财务报表的责任段应当说明，按照适用的会计准则和相关会计制度的规定编制财务报表是管理层的责任，这种责任包括：

（1）设计、实施和维护与财务报表编制相关的内部控制，以使财务报表不存在由于舞弊或错误而导致的重大错报。

（2）选择和运用恰当的会计政策。

（3）做出合理的会计估计。

在审计报告中指明管理层的责任，有利于区分管理层和注册会计师的责任，降低财务报表使用者误解注册会计师责任的可能性。

5.注册会计师的责任

（1）注册会计师的责任是在实施审计工作的基础上对财务报表发表审计意见。注册会计师按照中国注册会计师审计准则的规定执行了审计工作。中国注册会计师审计准则要求注册会计师遵守职业道德规范，计划和实施审计工作以对财务报表是否不存在重大错报获取合理保证。

（2）审计工作涉及实施审计程序，以获取有关财务报表金额和披露的审计证据。选择的审计程序取决于注册会计师的判断，包括对由于舞弊或错误导致的财务报表重大错报风险的评估。在进行风险评估时，注册会计师考虑与财务报表编制相关的内部控制，以设计恰当的审计程序，但目的并非对内部控制的有效性发表意见。审计工作还包括评价管理层选用会计政策的恰当性和做出会计估计的合理性，以及评价财务报表的总体列报。

（3）注册会计师相信已获取的审计证据是充分、适当的，为其发表审计意见提供了基础。

如果接受委托，结合财务报表审计对内部控制有效性发表意见，注册会计师应当省略本条第2项中“但目的并非对内部控制的有效性发表意见”的术语。

理解注册会计师的责任段内容时，应当注意以下几点：

第一段内容阐明注册会计师的责任、注册会计师执行审计业务的标准以及审计准则对注册会计师提出的核心要求。同时向财务报表使用者说明，注册会计师应当计划和实施审计工作以对财务报表是否不存在重大错报获取合理保证。不存在重大错报，是指注册会计师认为已审计的财务报表不存在影响财务报表使用者决策的错报。合理保证是指注册会计师通过不断修正的、系统的执业过程，获取充分、适当的审计证据，对财务报表整体发表审计意见，提供的是一种高水平但非百分之百的保证。

第二段内容阐明注册会计师执行审计工作的主要过程，包括运用职业判断实施风险评估程序、控制测试（必要时或决定测试时）以及实质性程序。同时向财务报表使用者说明，注册会计师的审计是建立在风险导向审计基础上的。在进行风险评估时，注册会计师考虑与财务报表编制相关的内部控制，以设计恰当的审计程序，但目的并非对内部控制的有效性发表意见。因此，审计报告对内部控制不提供任何保证。

第三段内容阐明注册会计师通过实施审计工作，获取了充分、适当的审计证据，具备了发表审计意见的基础。

6.审计意见

审计意见段应当说明，财务报表是否按照适用的会计准则和相关会计制度的规定编制，是否在所有重大方面公允反映了被审计单位的财务状况、经营成果和现金流量。

财务报表审计的目标是注册会计师通过执行审计工作，对财务报表的下列方面发表审计意见：（1）财务报表是否按照适用的会计准则和相关会计制度的规定编制；（2）财务报表是否在所有重大方面公允反映了被审计单位的财务状况、经营成果和现金流量。因此，当注册会计师完成审计工作，获取了充分、适当的审计证据，应当就上述内容对财务报表发表审计意见。

7.注册会计师的签名和盖章

审计报告应当由注册会计师签名并盖章，这样做有利于明确法律责任。《财政部关于注册会计师在审计报告上签名盖章有关问题的通知》（财会〔2001〕1035号）明确规定：

（1）会计师事务所应当建立健全全面质量控制政策与程序以及各审计项目的质量控制程序，严格按照有关规定和本通知的要求在审计报告上签名盖章。

（2）审计报告应当由两名具备相关业务资格的注册会计师签名盖章并经会计师事务所盖章方为有效。

① 合伙会计师事务所出具的审计报告，应当由一名对审计项目负最终复核责任的合伙

人和一名负责该项目的注册会计师签名盖章。

② 有限责任会计师事务所出具的审计报告，应当由会计师事务所主任会计师或其授权的副主任会计师和一名负责该项目的注册会计师签名盖章。

8. 会计师事务所的名称、地址及盖章

审计报告应当载明会计师事务所的名称和地址，并加盖会计师事务所公章。

根据《中华人民共和国注册会计师法》的规定，注册会计师承办业务，由其所在的会计师事务所统一受理并与委托人签订委托合同。因此，审计报告除了应由注册会计师签名并盖章外，还应载明会计师事务所的名称和地址，并加盖会计师事务所公章。

注册会计师在审计报告中载明会计师事务所地址时，标明会计师事务所所在的城市即可。在实务中，审计报告通常载于会计师事务所统一印刷的、标有该所详细通讯地址的信笺上，因此，无需在审计报告中注明详细地址。此外，根据国家工商行政管理部门的有关规定，在主管登记机关管辖区内，已登记注册的企业名称不得相同，所以，在同一地区内不会出现重名的会计师事务所。

9. 报告日期

审计报告应当注明报告日期。审计报告的日期不应早于注册会计师获取充分、适当的审计证据（包括管理层认可对财务报表的责任且已批准财务报表的证据），并在此基础上对财务报表形成审计意见的日期。

注册会计师在确定审计报告日期时，应当考虑：实施的审计程序是否已经完成；提请被审计单位调整的事项是否已经提出，并确认被审计单位是否已经做出调整或拒绝做出调整；管理层是否已经正式签署财务报表。

审计报告的日期非常重要。注册会计师对不同时段的资产负债表日后事项有着不同的责任，而审计报告的日期是划分时段的关键时点。在实务中，注册会计师在正式签署审计报告前，通常把审计报告草稿和已审计财务报表草稿一同提交给管理层。如果管理层批准并签署已审计财务报表，注册会计师即可签署审计报告。注册会计师签署审计报告的日期通常与管理层签署已审计财务报表的日期为同一天，或晚于管理层签署已审计财务报表的日期。在审计报告日期晚于管理层签署已审计财务报表日期时，注册会计师应当获取自管理层声明书日到审计报告日期之间的进一步审计证据，如补充的管理层声明书。

××××会计师事务所

××× 会专审字〔2012〕75号

关于×××× 有限公司2011年财务工作的审计报告

××××有限公司全体股东：

我们审计了××××有限公司财务报表，包括2011年12月31日的资产负债表，2011年度利润表和现金流量表以及财务报表附注。

一、管理层对财务报表的责任

按照企业会计准则和《企业会计制度》的规定编制财务报表是××××有限公司管理层的责任。这种责任包括：

1. 设计、实施和维护与财务报表编制相关的内部控制，以使财务报表不存在由于舞弊或错误而导致的重大错报。

2. 选择和运用恰当的会计政策。

3. 做出合理的会计估计。

二、注册会计师的责任

我们的责任是在实施审计工作的基础上对财务报表发展审计意见。我们按照中国注册会计师审计准则的规定执行了审计工作。中国注册会计师审计准则要求我们遵守职业道德规范，计划和实施审计工作以对财务报表是否不存在重大错报获取合理保证。

审计工作涉及实施审计程序，以获取有关财务报表金额和披露的审计证据。选择的审计程序取决于注册会计师的判断，包括对由于舞弊或错误导致的财务报表重大错报风险的评估。在进行风险评估时，我们考虑与财务报表编制相关的内部控制，以设计恰当的审计程序，但目的并非对内部控制的有效性发表意见。审计工作还包括评价管理层选用会计政策的恰当性和做出会计估计的合理性，以及评价财务报表的总体列报。我们相信，我们获取的审计证据是充分、适当的，为发表审计意见提供了基础。

三、审计意见

我们认为，××××有限公司财务报表已经按照企业会计准则和《企业会计制度》的规定编制，在所有重大方面公允地反映了××××有限公司2011年12月31日的财务状况以及2011年度的经营成果和现金流量。

附件：××××有限公司财务报表

××××会计师事务所（公章）　　中国注册会计师：×××（签名盖章）

中国××××××　　中国注册会计师：×××（签名盖章）

报告日期：2012年3月28日

课堂练习

1. 下面是一段审计报告的语段，你能说出这段话属于报告中的哪一部分吗？

我们的责任是在实施审计工作的基础上，对经营成果发表审计意见，按照《内部审计准则》的规定，计划和实施了审计工作。我们考虑与财务相关的内部控制，以设计恰当的审计程序，对内部控制的有效性发表意见，审计工作还包括评价经营情况。

2. 下面是一段审计报告的语段，你知道这是审计意见还是管理意见？

我们审计小组在取得专业技术人员的支持后，通过实施必要的审计程度，认为××项目部存在严重的管理漏洞，财务部门没能起到监督、审核的作用，管理层没能充分尽到保护企业资产安全完整的职责，使项目部造成亏损。

写作训练

小张刚刚考取注册会计师，应聘来到一家会计师事务所上班，正好公司想检验一下他的业务能力，把他和另一名同事派往一家房地产开发公司去做关于该公司“××工程竣工结算”的审计报告。请你为小张拟写一份审计报告提纲。

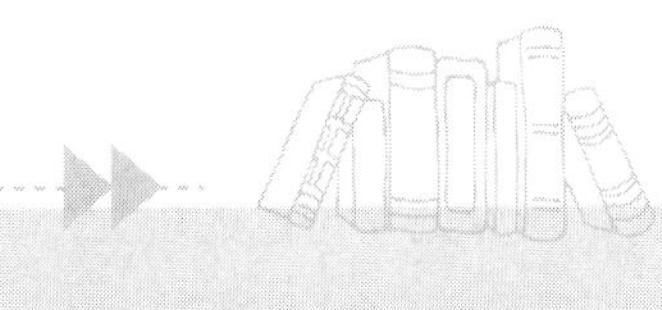

第五章 传播文书

一、传播文书的性质和作用

（一）传播文书的性质

传播是指为扩大政府、单位、人物、商品或某一事件的影响，向公众进行有目的的宣传的各种方式和手段的总和。而传播文书就是这种有目的宣传的专用文体。

（二）传播文书的作用

传播文书是以特定的文字作为宣传手段和信息传递媒介，对于信息的发布者来说，其目的就是让公众知晓自己及所发布的信息并给公众留下深刻的印象；对于公众来讲，他们通过阅读传播文书来获取大量有用的信息。

二、传播文书的分类

传播文书种类较多，如解说词、导游词、广播稿、新闻评论、新闻、通讯、广告、启事和海报等，也包括简报和快报。

三、传播文书的写作

传播文书的写作必须符合下列基本原则：

（1）内容的真实性原则。传播文书以传播信息为目的，所以不能等同于文学创作，必须客观地去反映存在的事实。

（2）表现的文学性原则。传播文书虽然不能等同文学作品，但它同样需要引起读者注意，调动他们阅读的积极性，来感染他们，以此达到宣传的目的。这就要求传播文书也要采用多种如比喻、叙述等文学的表现手法来使语言更加灵活生动。

第一节　消息

一、知识目标

1. 掌握消息的概念和要素；
2. 明确消息的特点和类型；
3. 知晓消息的结构。

二、能力目标

掌握消息的基本写法和要求。

三、素质要求

培养撰写消息的能力。

例文

华山景区过火面积约30亩 火势得到控制 仍有些许暗火【标题】

本报渭南讯（记者王晓光）【消息头】发生在9日下午的华山景区山火，经多方努力扑救，火势于昨日清晨6时许得到控制。昨日下午，一些暗藏在悬崖峭壁上的老树根内的暗火一度再次燃烧，后被扑灭。据森林公安初步统计，此次山火过火面积有30余亩。【导语】

据华阴市林业局、林业派出所工作人员介绍，发生在9日的山火，经华阴林业、消防、华山管理局、华山旅游总公司数百人员的一夜扑救，于10日清晨6时左右得到控制。救火指挥部在留下少许工作人员进行蹲守观察的同时，将大队扑火人员撤出火灾现场。到下午4时左右，华山西山门以西的山坡崖壁上又发现浓烟，经查，这是隐蔽在峭壁上的暗火。不久，这股火渐渐熄灭。【主体】

有消息称，此次山火的失火原因与3名当地小孩玩火有关。而林业派出所的一民警对这一看法不置可否，他说："我们手上有好几条线索，现在还在调查之中。"【背景材料】

（《西安晚报》2006年6月11日）

评析 》

这是一则结构完整、要素齐全的消息，篇幅虽短，内容却十分丰富。

知识点击

一、消息的概念

消息是新闻的狭义理解，想了解消息，先要了解什么是新闻。新闻一词早在唐代就已出现。唐代诗人李咸用诗《春日喜逢乡人刘松》有句"旧业久抛耕钓侣，新闻多说战争功"。新闻的定义，众说纷纭，莫衷一是。国内外学者关于新闻的定义少说也有几百种。

1.新闻定义的几种主要说法

"报道说"，把新闻看作是一种报道或传播活动。"新闻是已经发生或正在发生的事实的报道。"（[美] 卡斯柏·约斯特）"新闻是对新近发生的事实的真实报道。"（陆定一）

"事实说"，把新闻看作是一种事实。"新闻者，乃多数阅者所注意之最近事实也。"（徐宝璜）"新闻就是广大群众欲知、应知而未知的重大事实。"（范长江）

"功能说"，把新闻归结为媒介的功能。"新闻就是把最新的事实现象在最短的时间间距内连续地介绍给最广泛的公众。"（[德] 道比·法特）"新闻是根据自己的使命对具 有现实性的事实的报道和批评。"（[日] 小野秀雄）

"反常说"，把新闻看作是一种反常情况。"狗咬人不是新闻，人咬狗才是新闻。"（[美]

约翰·博加特）“好消息便是坏新闻，坏消息便是好新闻。”（[美] 查尔斯·丹纳）“新闻是建立在三个‘W’——Woman（女人）、Wampum（金钱）、Wrongdoing（坏事）——基础上的事实”。（[美] 斯坦利·瓦利克尔）

“手段说”，把新闻看作是一种手段。“新闻是报道或评述最新的重要事实以影响舆论的特殊手段。”（甘惜分）

在现当代新闻学研究中，不少学者也习惯于将“新闻”一词分作多种指向：一是当名词用，指新闻信息和新闻作品；二是当动词用，指新闻报道及其相关的新闻活动；或者把“新闻”分为狭义和广义两种界定——狭义的新闻指称新闻本源；广义的新闻则包括新闻和新闻报道，以及与之相关的新闻活动和新闻事业。

2. 新闻≠新闻报道

新闻是新闻报道的对象，新闻报道是对新闻的传播。在这里，新闻是本源，是新闻报道传播的客体和内容；新闻报道是新闻媒介和新闻记者对新闻信息经过选择之后的传播，是新闻赖以传播的载体和表现形式。

新闻是新近发生事实的信息，它是不以人的意志为转移的一种客观存在；“新闻报道”则是人们通过声音、文字、图像等形式对于新闻的传播。

3. 新闻≠事实

事实是事物的客观存在；新闻是客观事物在运动中释放出来的最新信息。

二、消息的要素

1. “五W”说

1902年，英国诗人吉布林写了这样一首诗：“I have six honest serving men. They taught me all I knew. Their names are where and what. And when and how and why and who.”（我有六位忠实的仆人，他们告诉我所见所闻。他们的名字叫何地、何事、何时，以及何果、何因、何人。）1903年，美国新闻学教授休曼在他撰写的一篇新闻学论文中提出，新闻报道必须具备“五W”——what、who、where、when、why，即何事、何人、何地、何时、何故（何因）。

2. “七W”说

在“五W”基础上，再加上“什么话”“什么结果”。在我国新闻界影响大的是：“五W”曾一度被奉为“新闻五要素”。

三、消息的特点

1. 真实性。真人真事，有了真实性，就可以将新闻报道与文学创作及那些虚假的新闻报道区别开来。

2. 新鲜性。时间上是新近发生，内容上是新鲜的。对于受众，它是从未知晓或者知之甚少，因而渴望及时知晓的新鲜信息；对于采集者，它是别的采集者尚未触摸过、尚未采撷过的新鲜信息。

3. 及时性。及时传播出去。否则，新闻也将变成旧闻。

4. 重要性。有关国计民生的重大问题，是突出的、有代表性的、有重要意义和价值的事情。其重要性与生活琐事（生活中的闲言碎语）相区别。

5. 接近性。主要有以下三个方面：

从地域关系来说，在差不多同样重要的事情中，发生在与受众最接近的地方的事件最有新闻价值；从利害关系来说，越是与受众利益相关的事情，越是能够直接影响受众的生活的事情，其新闻价值越大，就越是为受众所关心；从时间关系来说，越是与受众最近的生活发生影响的事情，其新闻价值就越大，就越是为受众所关心。

6.人情性。触动人们产生怜悯、同情、憎恨等情感的事物和事件，激发读者爱、恨、同情、怜悯、好奇、气愤、悲痛之类的情感。

7.趣味性。对受众性情和趣味的冲击力。从心理学和社会学相结合来说，好奇探胜是人类的天性，人们对于异常性、对抗性、冲突性的事物和事都具有趣味性，都能引起受众的关注。

四、消息的种类与结构

（一）消息的种类

1.动态消息

动态消息是迅速而准确地报道新近发生的国际、国内重大事件、重要的活动和各项建设中最新出现的新情况、新动态、新成就、新问题的一种文体。它是报纸上使用最多的一类。

2.典型消息

典型消息也叫经验消息，它是对一些具体部门、单位、行业的典型经验、成功做法集中报道的一种文体。这种消息是在介绍经验、做法之后，总结经验，揭示规律，以达到以点带面，推动工作的目的。

3.综合消息

综合消息是把发生在不同地点、不同单位、各具特色、性质相同的事实综合在一起，并体现一个主题的报道。它的特点是在综合、概括事实的基础上，进行分析，提出见解，揭示规律。

4.述评消息

述评消息又称“记者述评”“新闻述评”。是一种兼有消息与评论作用的新闻。它是在陈述事实的基础上，穿插评论或抒发感慨，从而分析说明所报道事实的本质和意义。它的特点是边叙边评，要求以国家的方针政策为依据，针对事实进行评说，要观点正确，评论得当。

（二）消息的结构

倒金字塔结构（常用的一种，要求同学们会用这种结构写作经济新闻）；时间顺序式结构；双混式结构；点面结合式结构；并列式结构；散文式结构。

五、消息的要素

（一）消息头

报纸上刊登的消息，其开头部分往往冠以“本报讯”“××社××地××月××日电”，就是消息头，消息头是消息的标志。

讯：主要是通过邮寄或书面递交的形式向报社传递的新闻报道。

电：主要是指通过电报、电传或电话的形式向报社传递的新闻报道。

它是版权所有的一种标志，表明新闻来源，以利读者判断消息头与新闻发布单位的声誉紧密联系。消息头是消息的基本特性之一。

消息头要素：播发新闻单位的名称（多数是简称）、播发新闻的地点、播发新闻的时间和播发新闻的形式。

（二）标题

1.标题的结构

（1）单一型结构：只有主标题，没有辅助标题。单一型结构的标题多数是一行题，也可以是两行题、三行题。

（2）复合型结构：除主题外，还有辅题，即引题、副题或两者都有。复合型结构的标题都是多行题。

2.引题与副题的作用及写法

引题交代背景和原因；用以说明正题的意义和内容；以鼓励、揭示、含蓄、抒情、讽刺等手法，来加强正题的气氛和力量。引题文字少于副题，字号小于正题。也叫肩题、眉题、上副题。

副题补充正题不足，它放在主题的后面，常用来补充交代新闻的次重要事实，说明正题的根据，背景，来源或结果，起注释、补充、深化、引证、完善正题的作用，内容较多，较为具体，文字一般长于引题和正题，字号小于正题，字号最小。

（三）导语

（1）导语的定义：导语是消息开头用来提示新闻要点与精华、发挥导读作用的段落。

（2）导语“六要素”：时间（when）、地点（where）、人物（Who）、事件（What）、原因（Why）、结果（How）。

（3）“部分要素”：根据新闻特点，选取一两个最能激起受众兴趣、突出新闻要点的要素写进导语。

（4）导语的基本类型：概述式、描写式、议论式、橱窗式。

（四）主体

（1）主体的定义：主体是在导语之后对导语进行解释、补充、伸展的主干部分。

（2）主体的作用：解释导语提出的问题、展开导语中交代的事实、补充导语中没有交代的事实。

（3）主体的结构形式：纵式结构、横式结构、纵横结合式结构。

（4）主体的写作顺序：一是按时间顺序写出事件的发展，使读者对事实的来龙去脉有一个鲜明清晰的印象。二是按空间的变换安排层次，也叫分镜头式写法。这种写法富有形象 感和立体感，读者可以从不同的角度窥视新闻事实。三是按事物的逻辑关系安排层次。新闻事实存在因果关系，在安排材料时，先以事实提出问题，然后由原因写到结果，即问题的解决。

（五）背景材料

背景材料是指新闻事件发生的历史条件和环境材料。新闻写作中常用背景材料来烘托、深化主旨，帮助读者认识所报道的事实性质和意义。

背景材料不是每一则消息都必须具备的。它在消息中没有固定的位置，它可能在主体之后，也可能在主体之前，还可能在主体之中；它可能独立构成消息的一个部分，也可能零星地分布在消息的各个部位，还可能独立地出现。

（六）结语

结语即结尾，是消息的结束语。消息的结尾不一而足。并不是所有的消息都有结尾。

收官日看点：孙杨冲三连冠 中美争金牌榜首位

【新浪体育讯】北京时间8月9日，第16届世界游泳锦标赛将决出最后八枚金牌，中国名将孙杨有望获得男子1500米自由泳金牌，中国男子和女子4×100混合泳接力队将向这两个项目的奖牌发起冲击，叶诗文将出战女子400米个人混合泳比赛，杨之贤和黄朝升有望进入男子400米个人混合泳决赛并力争奖牌。中国和美国的金牌榜首位之争也值得关注。

看点一：孙杨力争1500米自由泳三连冠（23 ： 20）

孙杨在夺得800米自由泳金牌以后休息了两天，在1500米预赛中游出了14分55秒11的成绩，列在预赛的第三位进入决赛。这一成绩距离他在伦敦奥运会创造的14分31秒02的成绩较远，显然是有所保留。从本次比赛他的状态来看，已经达到了伦敦奥运会以后的最佳水平，前两年经历了各种风波以后，他的有氧耐力水平有所下降，去年亚运会1500米自由泳虽然夺金，但只游出了14分49秒75。经过近一年的系统训练，他的有氧耐力水平明显回升，在本届世锦赛800米比赛中已经得到体现。目前来看，如果能够正常发挥水平，他的1500米自由泳的成绩应在14分35秒至40秒的水平。

他在这个项目的主要对手是意大利的帕尔特里涅里，对手在800米自由泳比赛中给他制造了很大的压力，孙杨靠最后50米冲刺才赢了对手0.85秒。这名选手在今年1500米自由泳游出14分43秒87排在第一位，去年曾游出14分39秒93，同样排在该项目的世界第一位。从他在800米比赛中大幅度提高了自己的最好成绩来看，他在1500米还有可能提高成绩，应与孙杨在同一水平线上。因此这场决赛将是一场势均力敌的较量，孙杨只有充分调动自己，完全发挥出自己的水平，正确运用战术，合理分配体能，才能战胜对手并且实现世锦赛1500米自由泳的三连冠。

看点二：男子和女子4×100混合泳接力双双冲奖牌

中国男子和女子4×100混合泳接力都具备冲击奖牌的实力，宁泽涛获得100米自由泳金牌，李朱濠获得100米蝶泳的第八名，徐嘉余获得100米仰泳的第四名，这三种泳姿中国队都有不俗的实力，只有蛙泳比较弱。中国女将在四种泳姿100米比赛中全部进入决赛，四种泳姿实力比较平均，没有弱项。

去年，中国男队在仁川亚运会游出3分31秒37的成绩排在世界第二位，如果他们能够发挥出自己的最好水平，将顺利进入决赛，决赛中如果发挥出色也有获得奖牌的可能性。这个项目最具实力的无疑是美国队，英国队、澳大利亚队和日本队也有争夺奖牌的实力（00 ： 07）。中国女队具备冲击女子4×100混合泳接力奖牌的实力，澳大利亚队和美国队将争夺这个项目的金牌，丹麦队和瑞典队有争夺奖牌的实力（00 ： 25）。

看点三：杨之贤冲男子400米混合泳奖牌（22 ： 47）

杨之贤将参加男子400米个人混合泳的比赛，他在去年亚运会游出的4分10秒18的成绩列在世界排名的第四位。黄朝升今年游出的4分12秒89列在今年世界排名第六位，两人如果发挥出色，均有进入决赛的实力，杨之贤如果能够发挥出去年亚运会的水平，还有夺取奖牌的可能。这个项目由于日本名将萩野公介的缺席，将陷入混战之中，美国的克莱伊和卡利兹、澳大利亚的霍尔摩斯、日本的濑户大野、中国的杨之贤均有争夺奖牌的实力。

看点四：中美争夺金牌榜首位

在目前的金牌榜上，中国队以14枚金牌列在首位，美国队以12枚金牌列次席。中国队还有孙杨的1500米自由泳一个项目可以争夺金牌，美国队则在男子和女子4×100混合泳接力、男子400米个人混合泳三个项目具备争夺金牌的实力。目前来看两队均有可能登上金牌榜的首位，中国的可能性稍大。

叶诗文将参加女子400米个人混合泳比赛，她在200米个人混合泳比赛中只获得第八名，状态很不理想，因此夺牌的希望不大，这个项目最具夺金实力的是匈牙利名将霍斯祖。女子50米蛙泳的金牌的争夺将在俄罗斯选手埃菲莫娃和立陶宛名将梅卢提特之间展开。女子50米自由泳的争夺将在澳大利亚的坎贝尔姐妹、荷兰名将科罗莫维尤尤及瑞典名将斯约斯特罗姆四人之间展开，四人都具备超强的实力，胜负取决于临场的发挥。男子50米仰泳金牌很可能被法国名将拉考特夺得。

课堂练习

1. 下面一则消息很简短，试分析有哪些要素。

台胞临潼遭劫遇害案告破　6名犯罪嫌疑人落网

【新华社讯】一起台湾同胞遭劫遇害案近日告破，6名犯罪嫌疑人已落入法网。据西安警方介绍，5月13日下午4时左右，在天津一家企业投资的台湾商人周和田一人登上临潼骊山，当他在红土沟附近的森林游玩时，遇到了歹徒的抢劫，当场被打成重伤，被人发现后 报警。警方在接到报案后，立即和卫生救护等部门赶到现场，迅速将其送往附近医院进行抢救，并组织力量进行侦查。14日下午，周和田因伤势过重，抢救无效死亡。据了解，被害台胞周和田今年57岁，5月12日从天津乘火车到西安，13日早上前往临潼旅游。从目前掌握的情况看，这起案件属于一起抢劫案。（××报2000年5月18日）

2. 从下面这一则短消息看，你都获得了哪些有价值的信息？

我国将举行阅兵式 纪念抗战胜利70周年

【新华社8月7日电】昨日，外交部在答记者问时确认，我国将在北京隆重举行纪念抗战胜利70周年庆祝活动，包括纪念大会、阅兵式、招待会和文艺晚会，习近平主席等领导人将出席。我国将邀请有关国家领导人及国际组织出席相关活动。

按照惯例，国庆每逢五、逢十周年，我国都会举行相关纪念活动。尽管之前已经在国庆举行过14次阅兵，但选择在抗战胜利纪念日阅兵还是第一次。

写作训练

1. 请就电话卡实名制问题搜集素材，写一篇短消息。

2. 观看中国纪念抗战胜利70周年阅兵式电视直播后，请你为学校广播站拟写一篇新闻稿。

第二节　通讯

一、知识目标

1. 掌握通讯的涵义；
2. 明确通讯的特点和类型；
3. 知晓通讯写作方法。

二、能力目标

掌握通讯的基本写法和要求。

三、素质要求

培养撰写通讯的能力。

案例分析

例文

等一等炊事员

这天，朝阳军分区机关放映电影。开映时间已经超过10分钟，还不见动静，大家有点沉不住气了。政治部主任郭义斌站起来，解释说："等一等炊事员，已经去人找了，马上就到。"司令员高福林也接过话茬说："炊事员和战士们为了保证我们机关干部的正常工作和学习，从早忙到晚，看电影把他们落下来就不好了。"没等首长话音落地，响起了一片赞许声。

就在这时，炊事员小李、小骆等一起来了，原来，这场电影离开饭时间只隔了半小时，炊事员的活还没干完，所以迟到了一步。他们一进门，见首长和机关干部在等自己，羞得满脸绯红，扭头就想往回走。高司令员一见这情景，马上风趣地和他们打招呼："快进来吧，不然我们就鼓掌喽！"首长和机关干部的关怀使炊事员同志深为感动。(《解放军报》通讯)

评析 》

文贵于曲，这篇不足400字的通讯，蕴藏着一个深刻的主题：官爱兵、兵敬官、官兵一致的新型关系正在我们的军队里形成发展着。对这一思想的表现，作者没有用半句空泛的议论，而是完全隐藏在每一个细节的描述中。如当炊事员见首长、干部都在等自己，羞得想往回走时，司令员马上风趣地说："快进来吧，不然我们就鼓掌喽！"这话包含着多浓厚的平等而又亲切的情意，如果说前边首长的解释"等一等炊事员"是出自首长对战士的爱护、关怀的话，那么这最后说的一句话完全体现了官兵那种同志般的关系。

知识点击

一、通讯的涵义

通讯，是运用叙述、描写等多种手法，具体、生动、形象地反映新闻事件或典型人物的一种新闻报道形式。它是记叙文的一种，是报纸、广播电台、通讯社常用的文体。同消息相比，具有文学性、评论性和完整性等特征。

二、通讯的特点

通讯的特点包括：严格的真实性、报道的客观性、较强的时间性、描写的形象性。

三、通讯的种类

按内容分，通讯一般分为人物通讯、事件通讯、概貌通讯、工作通讯。

按形式分，通讯分为一般记事通讯、访问记（专访、人物专访）、小故事、集纳、巡礼、纪实、见闻、特写、速写、侧记、散记、采访札记。

1.人物通讯

所谓人物通讯，就是以报道社会先进人物为主的通讯。它着重揭示先进人物的精神境界，通过写人物的先进事迹，反映出人物的先进思想，使之成为社会的共同财富。同时，也报道转变中的人物和某些有争议的人物。"金无足赤，人无完人"，在写作时切不可把先进人物写成从来没有过的大智大勇，十全十美，写人叙事力求言真意切，恰如其分。

2. 事件通讯

所谓事件通讯，就是报道典型的、有普遍教育作用的新闻事件。写事当然离不开事件有关的人，但它不像人物通讯那样着力刻画人，而是以事件为中心，在事件的总画面中，为了写好事来写人。它既可以反映现实生活中发生的重大的、振奋人心的典型事件和突出事件；也可以从某一新闻事件截取一个或若干个片断，进行细致详尽的描述，揭示事件的深刻涵义；还可以是若干事件的综述。

3. 概貌通讯

所谓概貌通讯，也称风貌通讯，是勾勒某一地区、某条战线或某个单位面貌变化的一种通讯。报刊上标以“见闻”“巡礼”“侧记”“纪行”一类字眼的通讯文章，大体皆属概貌通讯。概貌通讯是应用写作中的一个重要文体，它以报道神州大地新风貌为主要内容的通讯，它呈现给读者的是某地的新变化、新气象、新面貌，能开阔读者的视野，振奋读者的精神。

4. 工作通讯

所谓工作通讯，就是反映贯彻执行党的路线、方针、政策中的成绩，总结实际工作中的经验和教训，或者探讨有争议的亟待解决的问题的报道。它是报纸上经常运用指导工作的重要报道形式，是一种重要的应用文体，也是应用写作学科研究的重要文体之一。它的政策性、指导性较强，要求写出背景、做法、成就、经验、教训，概括出有规律性的东西。它比典型的报道更详尽，比工作总结要具体生动，富有文、情、理之长。

四、通讯的写作要求

第一，主题要明确。有了明确的主题，取舍材料才有标准，起笔、过渡、高潮、结尾才有依据。

第二，材料要精当。按照主题思想的要求，去掂量材料、选取材料；把最能反映事物本质的、具有典型意义的和最有吸引力的材料写进去。

第三，写人离不开事，写事为了写人。写人物通讯固然要写人，就是写事件通讯、概貌通讯、工作通讯，也不能忘记写人。当然，写人离不开写事。离开事例、细节、情节去写人，势必写得空空洞洞。

第四，写作方法可灵活多样。除叙述外，可用描写、议论等写法，只要运用得当即可。也可以穿插人物对话、自叙和作者的体会、感受，既可以用第三人称的报道形式，也可以写成第一人称的访问记、印象记或书信体、日记体等。

第五，角度要新颖。通讯所报道的新闻事实，可以从各个不同的角度去观察、去反映，诸如正面、反面、侧面、鸟瞰、平视、仰望、远眺、近看、俯首、细察……角度不同，印象各异。若能精心选取最佳角度去写，往往能使稿件陡然增添新意，写得别具一格，引人入胜。

八十三天的“打工梦”

——向明春外出沈阳遇难获救备忘录

蒋天兵

天有不测风云，人有旦夕祸福。谁也不会相信，一个身强力壮的男子汉，外出打工归来时，却成了一个失去四肢、生活不能自理的残疾人。眼前的他，年过40岁，是四川省广安县石笋镇文昌街居民向明春。提起他的不幸遭遇，人们议论纷纷："是沈阳人民救了他的命，外出打工真难啊！"

今年3月1日，向明春带着挣钱的梦想，告别爱妻和两个未成年的女儿，去大连市打工。当他来到广安火车站时，突然改变主意，决定去沈阳。3月6日，当他抵达沈阳下车时，才发现自己那个装有衣服、身份证和100多元现金的行李包被扒手洗劫一空。3月7日，向明春拖着疲惫的身体，穿梭于沈阳北站附近，盲目找工无着落。当晚，他蹲在候车室里过夜，晚上没有衣服增添，没有被子盖，又无钱购买所需物品，冷得发抖，只好蜷缩在长条椅上。由于他没有身份证，无处住宿，一连几个晚上都被拒之于候车室和旅馆的大门外。不明真相的值班人员错把他当成流浪汉，他有口难言，欲哭无泪。就这样，他白天走街串巷，寻找四川老乡，晚上露宿沈阳街头。当时，春寒料峭，沈阳的气温零下10多度。日复一日，他忍饥受冻，双手双脚便不知不觉地冻伤了。

3月13日，当他路过沈阳钢厂基建处时，这个身高1.65米的汉子终于倒下了，他的四肢已经冻僵了。此刻，幸好被队长王宏宽发现，询问情况后，王队长立即给他找住宿，并安排在这里打工的四川射洪县刘博给他端水、喂饭，扶他大小便。他在钢厂住了7天，伤情稍好，又回到车站等候家里人来接他。这期间，他靠乞讨度日，每晚躺在售票厅外面的石阶上，导致冻坏的手脚流出血水，周身麻木。一些好心人目睹此情此景，一方面洒下同情之泪，一方面请求新闻界为他呼吁。

4月7日，在沈阳电视台记者赵阳、张吉顺等人的帮助下，要来救护车，把向明春送到沈阳市第四人民医院观察治疗，医院还专门雇请一位民工照顾他。随即，沈阳电视台播放了向明春冻伤住院的新闻，引起当地群众的关注，沈阳市政府很快与广安县政府联系，通知其亲属火速赴沈。向明春之妻柏长余接到电报后，心急如焚，她东拼西凑，好不容易凑齐500元钱，去邮局电汇到向明春所住的医院。接着，柏长余又想方设法筹措路费，她怀揣着镇粮站、供销社、医院、学校等单位职工和乡亲们捐助的1100多元现金，在广安县石笋司法所律师李正法的陪同下，搭乘了驶向北国的列车，于4月18日抵达沈阳。当柏长余见到自己丈夫面黄肌瘦、双手双脚用布包裹着的模样，禁不住泪如泉涌。向明春见到亲人突然出现在病床前，顿时悲喜交加。不一会儿，李正法和柏长余查看了患者的病情，因冻伤严重，导致四肢腐烂，如不及时做四肢截除手术，将直接危及病人的生命安全。医生说："现在，患者的臭味熏人，污染了整个病房，住院的病人对此提出抗议。要救向明春的命，必须做截肢手术！"为了救人，李正法和柏长余请求医院立即给病人做截肢手术。然而，当柏长余得知手术、输血等费用大约要用1万多元时，急得六神无主。天啦，她哪里交得出这么多钱呢？为难之际，李正法陪他去找市长张荣茂求援，张市长当即表示："先做手术，救人要紧！"沈阳电视台率先捐赠1000元，交给医院为向明春做手术，并拍摄电视新闻播出，再次呼吁各界人士为四川患者奉献爱心。

4月21日，沈阳市政府、卫生局、医政处、民政局、红十字会的领导和同志们聚集医院现场办公，分别听取了患者病情、家庭经济状况的汇报，拍板解决了医疗费用。李正法和柏长余才如释重负。4月23日，医生们给向明春冻坏的四肢做了截除手术，当地广播、电视及报社做了报道。手术后，许多人从四面八方涌向医院，有的送来现金，有的送来糖果、馒头和面包……用爱点燃了他的希望之火！冻伤无情党有情，惨遭不幸遇恩人。经过43天的精心治疗和特殊护理，向明春终于痊愈了，1.5万元的医疗费，只交了1500元，其余费用全部由医院承担。5月20日，向明春在亲人的护理下出院启程回四川。临走时，辽宁森工地板实业公司余经理给他捐款1500元，沈阳市民政收容遣送站赠给他500元……

沈阳电视台记者摄下了人们为他送行时那一幕幕感人肺腑的场面。从沈阳到北京直到广安，他沿途受到特殊照顾，一律免费乘车、吃饭。北京到重庆的9次特快列车全体乘务员给向明春捐款445元，并给他写了一封热情洋溢的慰问信。一路上，不少乘客都给他送钱、送物、送水果……这一切的一切，向明春看在眼里，记在心上，他不知有多少感激的话要说啊！

5月23日，向明春终于从遥远的北国回到了生养他的家乡。从出走到归来，整整83天，他历尽艰辛，饱受了人间的冷暖。连日来，乡亲们纷纷前去看望他，为他奉献一片爱心；县、镇、村的干部们也去安慰他，为他排忧解难。夜幕降临，向明春躺在他那睡了多年的床上，百感交集。

正欲外出打工的人们，你能从向明春的遭遇中吸取什么教训呢？

课堂练习

1. 试说出通讯与消息相比有哪些不同？
2. 通讯有哪几种？
3. 能简要概括出人物通讯与事件通讯的主要特征吗？

写作训练

1. 请根据学校组织的一次义务劳动情况写一篇概貌通讯。
2. 请以身边的好人好事为素材，拟写一篇人物通讯。

第三节　广告

目标要求

一、知识目标

1. 掌握广告的涵义；
2. 明确广告的要素、特点；
3. 知晓广告的功能和分类。

二、能力目标

掌握广告的基本写法和要求。

三、素质要求

培养撰写广告的能力。

案例分析

例文1

广药集团王老吉饮料广告语：**怕上火，喝王老吉！**

评析

这条广告语非常清晰地告诉消费者，怕上火喝什么，就喝王老吉，把自己定位于消费降火的功能饮料。同时，它也根据中国人的生活习惯，大多数中国人到了夏天容易上火，所以它紧紧抓住了消费者的诉求，了解客户真正的需求。这条广告语容易和消费者产生共鸣，因此，王老吉定位准确，创意无限。

例文2

乐百氏奶广告语：**今天你喝了没有?**

评析

这是我们大家都非常熟悉的乐百氏奶的一句广告语，电视画面上一个天真的、自信的小女孩，手里拿着一瓶乐百氏奶，她问电视机前的小朋友和他们的父母，对他们说："今天你喝了没有？"接下来是一大群孩子欢天喜地地唱道"我们都喝乐百氏"。

看似温柔的广告，给你一种隐约的压力。它通过一种在大庭广众之下的公开质询，给小朋友们和他们的父母施加一种心理上的暗示，它利用普遍存在于我们社会中的攀比心理进行诉求，对小朋友们来说，"同学们都喝，我也要喝！"对父母来说，"别的孩子喝，我的孩子也该喝"。

面对"今天你喝了没有？"这一询问，你必须做出回答，如果没有喝，你的心理由于受到了上述冲击，而会做出一种选择决策。

"今天你喝了没有？"这一声询问是亲切的，却有一种强硬的语调，同时又包含了一种建议的语气，在这种公开的强烈的压力环境下你必须做出选择。

例文3

娃哈哈品牌纯净水广告语：**"我的眼里只有你，爱你等于爱自己！"**

评析

从1996年娃哈哈纯净水面市时，当红歌星景岗山的"我的眼里只有你"到1999年王力宏的"爱你等于爱自己"，娃哈哈坚持运用中国老百姓喜闻乐见的明星歌曲广告策略，"健康、青春、活力、纯净"这一品牌核心内涵凸显出来，它恰如其分地体现中国大众的消费需求，并与消费者贴得很近，对提高品牌知名度具有立竿见影的效果。

知识点击

一、广告的涵义

广告，即广而告之之意。广告是为了某种特定的需要，通过一定形式的媒体，公开而广泛地向公众传递信息的宣传手段。广告有广义和狭义之分。广义广告包括非经济广告和经济广告。非经济广告指不以盈利为目的的广告，又称效应广告，如政府行政部门、社会事业单位乃至个人的各种公告、启事、声明等，主要目的是推广。狭义广告仅指经济广告，又称商业广告，是指以盈利为目的的广告，通常是商品生产者、经营者和消费者之间沟通信息的重要手段或企业占领市场、推销产品、提供劳务的重要形式，主要目的是扩大经济效益。我们要学习的广告就是这一类广告。

二、广告的要素与特点

1.广告的要素

以广告活动的参与者为出发点，广告构成要素有：广告主、广告公司、广告媒体、广告信息、广告思想和技巧、广告受众、广告费用及广告效果。

以大众传播理论为出发点，广告信息传播过程中的广告构成要素主要包括：广告信源、广告信息、广告媒介、广告信宿等。

2.广告的特点

广告不同于一般大众传播和宣传活动，有其自身的特点，主要表现在：

（1）广告是一种传播工具，是将某一项商品的信息，由这项商品的生产或经营机构（广告主）传送给一群用户和消费者。

（2）做广告需要付费，因此，我们经常称这一类广告为有偿广告。

（3）广告进行的传播活动是带有说服性的。

（4）广告是有目的、有计划的宣传，是一项连续的宣传活动。

（5）广告不仅对广告主有利，而且对目标对象也有好处，它可使用户和消费者得到有用的信息。

三、广告的表现形式

我国有着5000年文明史，经历了长达2000多年的封建社会。封建社会虽然以自给自足的自然经济为主，但也存在着一定程度上的商品经济。与不太发展的商品经济相适应，也出现了形式简单但富于民族特色的广告活动。

早在公元前3000年，我国开始有了交易活动。由于农业、畜牧业和手工业的发展，产品出现剩余，部落之间偶尔进行着以物易物的物品交换，如以布换羊羔，锄具换大米等。这就是原始的实物广告。进入奴隶社会和封建社会后，物品更为丰富，实物广告随之增长。

在兜售商品时，通过卖啥吆喝啥来吸引买主，称为叫卖广告。如卖油翁一边敲“梆子”，一边吆喝“卖油啰”。叫卖之声，清晰悦耳，且不同的行业，叫卖声各有特点。这种叫卖广告说明了广告与音响的关系，它是音响作为广告要素的原始形态。

招牌主要用以表示店铺的名称和记号，又称“店标”，它一般题写在门、柱、屋檐、墙壁或柜台上，有横招、竖招、墙招、坐招等。招牌形式比较固定，但文词各有千秋。老字号招牌，实际上已成为经营者的品牌标志，流传至今，比如“全聚德”“狗不理”“王麻子剪刀”等。不少招牌还隐藏着许多人文故事，成为我国一大文化特色。

我国现存最早的**工商业广告**是收藏在上海博物馆的北宋时代济南刘记针铺广告，比英国第一张推销图书的英文**印刷广告**早四五年。元明时期，雕版印刷业得到发展，印刷广告不断增加。到清代，木版年画甚为流行，内容多取材于民间故事，戏剧人物及“福”“禄”“寿”“喜”等吉祥字画，许多商人用木版年画做商品包装，**包装广告**得到了发展。

鸦片战争后，中国开始沦为半殖民地、半封建社会，外国列强进入中国。外国商人为了推销产品，开始在中国创办商业报纸。如香港英文报《中国之友》等，刊登商品、行业等广告，此后**报纸广告**大量出现。除报纸广告，其他广告形式如**广播广告、霓虹灯广告、路牌广告、橱窗广告**等相继出现，各类招牌广告争奇斗妍，引人入胜，西方广告开始大批涌现。

中华人民共和国成立后，广告业有了一个短暂的发展时期，但随之进入停滞期。改革开放以来，我国广告产业进入了良性发展的阶段。1979年上海电视台率先向上级主管部门呈送了经营广告业务的请示报告，当即获得批准，1月28日，1分30秒的“参杞药酒”广告在上海电视台播出，随后电视广告在中央电视台亮相。

现在，随着科技的进步，各种媒体形式的出现，广告也渗透其中，从而出现了**电视广告、电影广告、网络广告、手机广告**等。

四、广告的功能与分类

1.广告的功能

（1）广告可以传递信息，活跃市场，指导消费。随着商品经济的发展，新产品如雨后春笋般层出不穷，消费者往往借助广告的力量才能了解到更多商品的性能、特点、用途、价格及使用方法，并产生对比，从而选择自己喜欢、满意的商品。

（2）广告可以引起竞争，改善企业管理，提高产品的质量和性能。广告把消费者在购买活动中表现出来的一言一行及时反馈给企业经营者，让他们能及时把握市场脉搏和消费者心理动向，调整企业经营思想和管理方略，适时进行技术革新，从而提高产品的质量和企业的服务质量。

（3）广告可以装点市容，美化环境。有些公益广告还可以起到一定的教育作用，促进精神文明建设的发展。

2.广告的分类

（1）从内容上分：产品广告、品牌广告、观念广告、公益广告。

（2）从目的上分：告知广告、促销广告、形象广告、建议广告、公益广告、推广广告。

（3）从策略上分：单篇广告、系列广告、集中型广告、反复广告、营销广告、比较广告、说服广告。

（4）从传播媒介上分：报纸广告、杂志广告、电视广告、电影广告、网络广告、包装广告、广播广告、招贴广告、POP广告、交通广告、直邮广告、车体广告、门票广告、餐盒广告等。随着新媒介的不断增加，依传播媒介划分的广告种类还会越来越多。

（5）从表现手法上分：图像广告，以图片为主；文字设计广告，以文字编排为主；幽默广告，以幽默情景为主；人物肖像广告，以电影明星、体育明星、歌星、娱乐明星、媒体名人、各行业代表人物为形象代言；视听广告，以声音、影像、音乐、节奏为载体。

（6）从传播范围上分：国际性广告、全国性广告、地方性广告、区域性广告。

（7）从传播对象上分：消费广告、企业广告。

五、广告的效用与策划

（一）广告的效用

广告之所以存在是有其特殊意义的，它具有传达信息、品牌、形象从而吸引消费的特殊效用。具体主要包括下列几个方面：

1.准确表达广告信息

广告设计是一门实用性很强的学科，有明确的目的性，准确传达广告信息是广告设计的首要任务。现代商业社会中，商品和服务信息绝大多数都是通过广告传递的，平面广告通过文字、色彩、图形将信息准确地表达出来，而二维广告则通过声音、动态效果表达信息，通过以上各种方式，商品和服务才能被消费者接受和认识。由于文化水平、个人经历、受教育程度、理解能力的不同，消费者对信息的感受和反应也会不同，所以设计时需仔细把握。

2.树立品牌形象

企业的形象和品牌决定了企业和产品在消费者心中的地位，这一地位通常靠企业的实力和广告战略在维护和塑造。在平面广告中，报纸广告，杂志广告由于受众广、发行量大、可信度高而具有很强的品牌塑造能力。而结合二维广告，则可以使塑造力大大增强。

3.引导消费

平面广告信息详细具体，一般可以直接递到消费者手中，从而引导消费者消费。而二维广告则可以通过动态效果的影响，促使消费者消费。

4.满足消费者

一幅色彩绚丽、形象生动的广告作品，能以其非同凡响的美感力量增强广告的感染力，使消费者沉浸在商品和服务形象给予的愉悦中，使其自觉接受广告的引导。因此，广告设计时物质文化和生活方式的审美再创造，通过夸张、联想、象征、比喻、诙谐、幽默等手法对画面进行美化处理，使之符合人的审美需求，可以激发消费者的审美情趣，有效地引导其在物质文化和生活方式上的消费观念。

（二）广告的策划

广告策划是为了用较低的广告费用取得较好的促销效果。广告策划工作，包括分析广告机会、确定广告目标、形成广告内容、选择广告媒体以及确定广告预算等内容。

1.分析广告机会

首先要通过广告机会分析解决针对哪些消费者做广告以及在什么样的时机做广告等问题。为此就必须搜集并分析有关方面的情况，如消费者情况、竞争者情况、市场需求发展趋势、环境发展动态等，然后根据企业的营销目标和产品特点，找出广告的最佳切入时机，做好广告的群体定位，为开展有效的广告促销活动奠定基础。

2.确定广告目标

就是根据促销的总体目的，依据现实需要，明确广告宣传要解决的具体问题，以指导广告促销活动的实行。广告促销的具体目标，可以使消费者了解企业的新产品、促进购买增进销售或提高产品与企业的知名度以便形成品牌偏好群等。

3.形成广告内容

广告的具体内容应根据广告目标、媒体的信息可容量来加以确定。一般来说应包括以下三个方面：一是产品信息：主要包括产品名称、技术指标、销售地点、销售价格、销售方式以及国家规定必须说明的情况等。二是企业信息：主要包括企业名称、发展历史、企业声誉、生产经营能力以及联系方式等。三是服务信息：主要包括产品保证、技术咨询、结款方式、零配件供应、保修网点分布以及其他服务信息等。

4.选择广告媒体

广告内容确定下来之后，就要选择适当的广告媒体，是电视还是网络、是电台还是报纸、是电影还是杂志，这些都要根据营销的策略和产品的生产规模来做以必要的权衡。

5.确定广告预算

这是广告策划中最为关键的一个环节，广告费用投入多少为宜，是要赌博式是全盘押注，还是准确定位一击制胜，这也是策划案中必须要考虑的问题。

六、广告的写作格式

不同媒体的广告文稿有不同的格式。但大致包括标题、正文和落款三个部分。

1.标题

广告标题要求醒目、新颖、简短、独特，对消费者产生刺激，引发诱导。多采用以下形式：

（1）标名式。直接提供商品名称或厂家。

（2）赞美式。提供赞美产品性能或厂家服务的语句。

（3）通告式。以告知服务或产品信息的方式拟写，如“上海轻工业产品来京展销”。

（4）比兴式。用人们熟悉的人或事作比引出产品介绍，如“手机的航母——××手机超市”。

（5）慰问式、疑问式等。

2.正文

广告正文是广告文稿的主体部分。在此部分应对商品做详尽介绍，要说出产品的优势和过人之处，但要实事求是，切忌空洞浮夸。通常有以下几种方式：

（1）陈述式。用简洁的语言介绍商品的名称、性能、用途、规格、价格或服务的项目、优越性等。

（2）对比式。采用同类产品、不同产品之间的比较；买与不买、服务前与服务后之间的比较等。

（3）证书式。列出获得政府正规业务部门的评价、鉴定等级或所颁发的奖励证书等，来加强宣传的力度。

（4）对话式。一般用几个名人间的对话推销其商品或服务。

（5）论说式、抒情式、描述式等。

3.结尾

广告结尾一般采取许诺消费者好处、公布优惠赠送的利益吸引条款、强调企业销售理念以树立企业统一形象等方式结束。在广告结尾处还要注明厂名、厂址、电话、开户银行、账号、联系人等项目，可根据需要写明，不一而论。

七、广告的基本写作要求

（1）要讲究广告内容的真实性，不搞“假、大、空”，不欺骗和误导消费者。

（2）语言要新鲜巧妙、幽默生动、通俗易懂，有启发性。不能说大话，以免导致消费者的反感而得不偿失。

（3）广告的形式应活泼有新意，可适当利用诸如“明星效应”“名牌效应”“集团效应”等来加强广告的宣传力度，切忌俗气平淡。

（4）广告中不能含有宣扬迷信、淫秽、反动、恐怖、暴力等内容，也不能贬低其他生产经营者及其产品。

例文

农夫果园广告语：**农夫果园，喝前摇一摇。**

评析

竞争营销时期，每个品牌都在消费者心智中争夺定位，以期成为消费者心智中某类产品的代表。就饮料而言，鲜橙多占据的是“果汁饮料”定位，汇源是“100%果汁”，椰树是“椰汁”，爆果汽指向“加汽果汁”，牵手指向“果蔬汁”，还有其他品牌可以是苹果汁、葡萄汁、野果汁……农夫果园别出心裁，亮出了“混合果汁”。

“混合果汁”的定位前景如何？很不乐观。一个很明显的理由，消费者不会因为喜欢某种水果而买混合果汁，他可以喝单果汁，但是他会因为不喜欢某种水果而不买混合果汁。另外，就中国目前的饮食观念，还有人担心太杂的东西“混”在肚子里，总不太舒服。即使满足于混合果汁的前景，农夫果园的营销规划也欠周密。首先是产品名字的问题，同时推出多种混合果汁，消费者实在不好称呼它们，总不能说成“给我来瓶农夫果园菠萝芒果番石榴混合果汁”吧？即使来个“农夫果园1号”或者“农夫果园橙果卜（橙、苹果、胡萝卜）”，都会好听些。其次，作为混合果汁，农夫果园的竞争对手显然是鲜橙多等单果汁，营销策略应该着重针对单果汁配方不合理入手，借助公关、新闻方式展开第一波推广，然后再跟进有针对性的广告。这一点，应该继续发扬农夫山泉通过打击纯净水而一夜成名的操作。

当然无论如何，农夫果园在一片跟风潮中选择了新品类定位，而且广告传达“混合”的定位信息也很到位，是拥挤市场中不可多得的亮点。

课堂练习

1.下面是加多宝集团昆仑山矿泉水的广告语：“天然的，才是健康的”的点评，你认为点评得如何？

昆仑山矿泉水采用的是品质定位法，强调产品具有“天然”的良好品质，使消费者对产品感到安全与放心，增强产品的吸引力。同时，这条广告语也结合了当下流行观念“健康”，人们越来越注重健康，连喝水都要喝天然的、健康的，让消费者喝的放心，从而提高品牌的知名度及美誉度。

2.丰田汽车有一句经典的广告语：“车到山前必有路，有路必有丰田车！”你认为下面的说法怎么样？

在80年代，中国的道路上除了国产汽车就只有日本的进口车了。丰田汽车作为日本最大的汽车公司自然在中国市场上执牛耳，而这句精彩的广告语则很符合当时的情况，它巧妙地把中国的俗语结合起来，体现出自信和一股霸气，且朗朗上口。如今，丰田汽车恐怕已经不敢再这样说大话了，但很多中国人还是记住了这句广告语。

3.海州区某中学针对校园内有同学乱扔垃圾的现象，开展“你丢我捡”活动，并在学校走廊上写了宣传标语：“你丢下的是品质，我捡起的是垃圾！”可是有一位同学看后，提出应该改为“你丢下的是垃圾，我捡起的是品质！”你觉得哪一种说法好？请说出你的理由。

写作训练

1.某公园有一则公告：“公园内严禁打鸟，严禁攀折树木，违者罚款10元，情节严重者将扭送公安部门处理。”请你用委婉得体的语言改写这则通告。

2.“中华好风尚”公益广告中有这样一则广告：这是中央电视台记者在采访中与一个西北放羊娃的对话：

“你每天干什么？”“放羊。”“放羊为了什么？”“挣钱。”“挣了钱呢？”“娶媳妇。”“娶了媳妇呢？”“生娃。”“生了娃呢？”“放羊。”……

请根据以上内容写出它的广告语。

第四节 解说词 导游词

目标要求

一、知识目标

1. 掌握解说词、导游词的涵义；
2. 明确解说词、导游词的特点；
3. 知晓导游词的作用。

二、能力目标

掌握解说词、导游词的基本写法和要求。

三、素质要求

培养撰写解说词、导游词的能力。

案例分析

例文

绵山风景区简介

绵山，又称介山，在山西省介休市城区东南20公里处，属太岳山脉，居介休、灵石、沁源三县交界处，绵延50余公里，海拔2072米。以其形势绵亘而得名。绵山山势巍峨，古木繁茂，溪流屈曲，鸟语花香，多悬崖绝壁，同蒲铁路沿山直去，汾河依峡南流。自然景色非常优美，是省级风景名胜区。绵山早在北魏之时，山中就有寺庙建筑，唐初时已具有相当规模的佛教禅林。山上文物古迹颇多，往返约18公里，俗称“九里十八弯，二十四座诸天小庙，各处罗列”。游绵山可从介休南行20多公里到绵山山麓的兴地村，参观第一景点回銮寺古刹。

绵山风光有六大特色。自然景观上，奇——抱腹岩之大，抱腹寺二百余间殿宇及一两百万游人于内而不满；险——天桥是一条三百余米，上离山顶20多米，下距沟底300余米，多云天气，人在桥上过，云在脚下涌。从岩沟直插岩上摩斯塔的500余米的路程，几乎都是75度的绝壁，其惊险程度比华山千尺幢毫不逊色；秀——水涛沟树木曲径怪石，树木荫翳，瀑布各异；栖贤谷九曲一线天，人行吊桥惊无险，脚踏瀑布奇亦秀。因此绵山既有北方山水的险峻粗犷，又有江南名山的秀丽多姿。人文景观：博——绵山共有88座寺庙，二千余间殿宇，仅大罗宫道教建筑群面积即达三万平方米，为全国之最；精——绵山虽屡遭劫难但仍保留有许多古建筑和碑刻、彩塑。云峰寺石佛殿全部斗拱和其他构件都是精心雕琢而成，具有很高的文物价值；古——绵山铁瓦寺是我国最早的山区佛教寺院，抱腹寺始建于三国曹魏时期，回銮寺建于唐代之前，五龙寺为北宋前建筑。

评析》

这是关于一处风景区的解说词。对于景区的地理位置、文化传承、主要景点、交通状况、自然风光、人文景观都有一定的介绍，尤其自然和人文方面的介绍，突出特点，叙述简要，让人一目了然，对于即将实地观光者来说不失为一篇很好的导游索引。

知识点击

解说词

一、解说词的涵义和特点

（一）解说词的涵义

解说词就是根据选用的实物或照片、资料等，对事物、人物进行解释介绍的一种应用文体，包括电影、电视解说，文物、名胜、书画等的解说和展品解说等。

（二）解说词的特点

（1）真实性。要针对事物或人物做实际解说，不能凭空捏造、不着边际。

（2）通俗性。解说词不仅要让人看，更要让人去听，所以读起来必须朗朗上口、明白易懂。

（3）形象性。解说词不能是干巴巴的说教和背诵，应该是用形象性的语言对事物进行描绘，要有文采，要美丽动人。

二、解说词的写法

解说词的结构一般包括标题、开端、主体和结尾四个部分。

（1）标题。点明事物的名称和主要特征。

（2）开端。介绍事物的概况。在这一部分中要让读者和听者对事物的全貌有个清晰完整的概念，并且要有联想的余地。

（3）主体。是对事物深入细致地说明和介绍，包括事物的历史概况、性质特点和发展现状等，在解说时可根据对象的不同而有所侧重。

（4）结尾。是对上文的总结和对开端的一个呼应，可以不写。

三、解说词的基本要求

（1）要全面了解被解说的对象。

（2）语言要通俗化、口语化，要简明扼要。

（3）说明中要倾注真挚的感情。

（4）灵活运用多种表达方式。

导游词

一、导游词的涵义、作用及其特点

1.导游词的涵义及作用

导游词又叫导游解说词，它是以导游者的身份对参观游览的对象等进行书面或口头的讲解说明的应用文体。

导游词的主要作用在于“导游”，让参观游览者对参观游览的对象有个全面的直观的正确的了解，可以更深入地理解其观赏对象的价值所在；让游览者省时省力，既增长了旅游知识，又能得到快乐的享受。导游词也是对参观游览者表示尊重的一种方式。

2. 导游词的主要特点

（1）通俗化、口语化。导游词可能接受的对象十分广泛，涉及各个年龄阶段、各个文化层次，所以一定要具有通俗易懂的特点，避免用一些生僻的书面文字。

（2）知识性、趣味性。要将丰富的知识融入到对参观游览的对象详尽的介绍中来，运用一切表现手法加强其趣味性，激发参观游览者听解的兴趣。

（3）真实性、形象性。真实性是导游词的生命，不能对事实过于夸大。在介绍时，在讲求通俗易懂的基础上要尽量讲究语言的生动优美、具体形象，以加强导游词的感染力和吸引力。

二、导游词的写作格式

导游词的写作格式可以不拘一格，可因景因物而异，只要能达到导游的目的即可，一般包括以下几项内容：

（1）标题。一般是对导游词内容的概述。

（2）正文。包括起始语和景点介绍。起始语总的要求是有吸引力，要给参观游览者美好的第一印象。景点介绍是导游词的主体部分，要对参观游览的对象做一番具体的介绍，可概括，可详尽，不一而论。要对各景点的基本特征、景点之间的路线、有关景点的历史等讲解得清楚生动、有条不紊，但要讲究详略得当、简明扼要，力求用最生动精练的语言把内容介绍明白。

（3）结束语。可总结观感，可赞美歌颂。总之要富有鼓动性和吸引力，力求给游览者留下美好的不可磨灭的印象。

例文1

《我们的宇宙》解说词

撰稿人：赵致真

人类最古老又最年轻的科学，大概莫过于天文学和宇宙学了。很难想象当我们的祖先刚刚直立起来的时候，面对如此浩瀚而辽阔、深邃而宏大的天空，该会发出怎样的惊叹和疑问，激起怎样的遐思和浮想。

有位哲学家说过：“如果地球上只有一个地方能看得到星星，那么，全世界的人便一定会集中到这个地方来。”人类与生俱来的好奇心和寻根究底的求知欲，也许是天文学最原始和朴素的动机。而生存斗争和生产劳动对天文知识的逐渐依赖，则更催发着人类最早的理性之光和智慧之花。

日升日落，月盈月亏，昼夜交替，四季轮回，世界的本源是什么？何处是天的起始和地的终极？几乎每一个民族都有自己的创世神话，几乎每一种文化都试图做出自己的解释和回答。从地心说到日心说，从经典力学到相对论，人类日益摆正了自己在宇宙中的位置，并加深着对时间、空间和物质的认识。

爱因斯坦说："这个世界上最不可理解的事情，就是世界是可以理解的。"天文学作为贯穿人类整个历史的科学，也从根本上影响了每个时代哲学和宗教的发展。无法逾越的巨大尺度使天文学不能成为实验科学，人们只能根据观察到的很少现象进行推测和计算，但天文学却一直是个大丰收的科学前沿。今天，我们已经能看到100亿光年之外的宇宙深处，我们已经能把自己的飞行器送到太阳系之外的银河之滨。这不能不说是自然的奇迹和人类的骄傲。

一想到夜幕上那些朦胧而密集的光斑，都是无比遥远而庞大的实体，恒星的数目比地球上的沙子还多；一想到在银河系的万家灯火中，我们在一盏叫做太阳的温暖灯光下成长了自己的文明并向着辽阔的宇宙张望；一想到在无数次毁灭和创造中，按照精确规律构建的宇宙竟有着如此错综的结构与惊人的和谐。我们怎能不充满对大自然无限的神往和敬畏。只有建立起清晰的宇宙概念，我们才能理解世界的根本秩序。如果对天文学一无所知，则不能算受过完整的教育。

"纵谈天地奥秘，饱览宇宙神奇"。我们的节目将和您一起欣赏和享受天文学的成果，共同经历一次最遥远而神奇的心灵壮游。

例文2

仙人桥景点导游词

各位朋友：

现在我们来到仙人洞口的仙人坪，在这里流传着这样一个故事。

相传这个洞原为八仙中的铁拐李修炼的地方，后来，铁拐李成仙之后，离洞而去，一直无人知晓。到唐天宝年间，就在这个洞中发生过一件凄美悱恻的爱情故事。

传说在太阳山脚下住着两户人家，一家姓洪，一家姓李，同年同月同时两家各生下一个孩子，洪家为男孩，取名为洪山，李家为女孩，取名为李岚，两家都认为这是天意安排，于是就结为亲家。

两个小孩青梅竹马，渐渐长大，谁知天有不测风云，正当他们长大成人后，双方父母准备为其操办喜事的时候，安史之乱爆发，洪山被强征兵丁抓去开赴前方打仗，两家人悲痛欲绝，特别是李岚自从心上人被抓走后，日夜思念，茶饭不进，面容日益憔悴，忽一日离家出走，从此不见音信。家里人数日寻找，终于在一处万丈绝壁的天坑前发现了她所穿的一只绣花鞋，便以为她在那里殉情跳了天坑，于是伤痛之余在家里请了道士超度亡灵，做了几日几夜道场。

时隔一年多时间，谁知洪山在外并没有战死，又回到了太阳山的家中，听到家里人将李岚姑娘如何爱他后来殉情而跳了天坑，做道场等经过讲完后，顿时号啕大哭，几乎昏死过去，从此茶饭不思，精神恍惚，家里人心急如焚，寝食不安。

忽一日从外地来了一位云游僧人，声称能治好洪山的相思病，但需带走随行，家里人本舍不得洪山离家，但考虑到能救孩子一命，也就只好同意。后这位僧人将其带走把病治好后，问他是愿意回到家中，还是愿意皈依佛门，洪山一想，回到家中睹物思人，难免不去想与李岚的情意。既然李岚因我殉情而去，在家还有什么意义，于是决心皈依佛门，远离红尘。于是他便经云游僧的介绍到宝灵寺当了和尚，日日青灯相伴，拜佛念经。

忽一日夜晚做了一个梦，梦中一铁拐道人告诉他在仙人桥的绝壁石洞中有他本家姑娘李岚正死等着他，说完，飘然而去。洪山一惊，"铁拐大仙，小僧感恩不尽！"说完就地叩拜。

这时传来大堂撞钟之声，洪山惊醒，原来却是南柯一梦，但是他转念一想，很小就听说过“仙人桥”铁拐李的故事，如今，他托梦给我，我宁信其有，也不信其无，我非得前去探个水落石出不可。于是，他乘化斋的机会来到仙人桥，找遍了大小十多个山洞，最后在这里终于找到了李岚姑娘，两人相见，悲喜交加，都哭成了泪人。

李岚姑娘告诉了他跳天坑为他殉情之时从绝壁的树藤间往下坠落，不想被一群正在绝壁采摘野果子的长臂猿猴接住，然后将她送到这个山洞，当她从昏迷中醒来时，发觉洞内堆满了野果，就这样，她与这群猿猴为伴，把性命支撑了下来。说来也奇怪，自洪山到洞中后，那群猿猴再也没有到洞中来过。洪山从此再也没有离开过仙人洞，神秘地从宝宁寺消失了。

从此，他俩在洞中相依为命，苦苦相守，渴了饮山泉，饿了采摘野果，竟活了200多岁，在某一年的夜晚双双同时归去。当地人传说，那天夜晚，仙人桥一带，锣鼓喧天，猿啼鸟鸣，紫云遮空。第二天一早，胆大的人组织了二十多个青壮年男子身背猎枪，手持大刀来到仙人桥，只见这个仙人洞石壁上空还升腾着一朵朵莲花状的云朵，有整整一个时辰，后来他们来到洞口，进去一看，原来有一男一女两位老人相互拥抱着已含笑长眠……

山人见状，惊奇万分，心想在这里生活的祖祖辈辈从没听人说过有这样一个洞，而且洞里竟还住着人，真是仙人啊！难怪昨夜今晨奇景不断，原来是玉帝派神仙接他们到天宫住去了。于是当地山人怀着崇敬的心情把他们二老的原体葬在洞顶的平台上。

现在请各位以敏锐目光搜索一下，看谁能发现两只栩栩如生的野兽化石？

对，一只酷似梅花鹿，一只活脱脱是一只猛虎。这是当今濒临灭绝的华南虎。

传说这两只一柔一刚的野兽是铁拐李送给他们夫妇当坐骑和镇守仙人洞当保镖的。自从玉皇大帝把洪山、李岚接去天宫成仙以后，这两只野兽便死守在洞口，不愿离去，也不吃不喝，痴痴等待他们的主人回洞。后来当地土地爷把这件事奏到玉帝那儿，玉帝一想，禽兽尚且有忠于主子之心，其情可嘉，于是就叫土地爷把它们的灵魂送到天上，继续伺候洪山、李岚二仙，而把原体变成石头，继续守在仙人洞，以防邪恶之人毁坏仙址。所以每隔一段时间，夜深人静的时候，当地人便听到虎吼、鹿鸣的声音。传说是鹿虎下凡察看仙人洞有没有遭受破坏，所以，请各位客人对洞内的景物只能眼观不能手动，否则就有遭受惩罚的危险。

课堂练习

1.阅读下面一段文字，请说出这是什么活动上的解说词？

现在进场的是××班代表队，看，他们紧握队牌，雄姿勃发，步伐整齐而坚毅，表达了他们团结战斗，顽强拼搏，夺取好成绩的决心，听听他们的口号吧：“争争就能上，拼拼就能赢，赛出成绩，赛出友谊”。他们坚信：胜利属于他们！

2.解说词和导游词有什么区别和联系？

写作训练

1.根据学校的基本情况，请拟写一份解说词。

2.北京八达岭长城景区非常著名，请以导游者的身份拟写一篇导游词。

第六章 事务文书

一、事务文书的涵义

事务文书是党政机关、社会团体、企事业单位处理日常事务时撰写的，用来沟通信息、总结经验、探索问题、指导工作的文书。

事务文书应用范围很广，种类很多，使用频率高。大至调查报告、总结，小到一份简报、一个条据，都属于这个范畴。它的制作不像公文有那样严格的法定限制，行文也比公文灵活得多，所以在公务活动中运用较多。

二、事务文书的作用

事务文书的应用范围极其广泛，其作用也是多方面的，归纳起来，主要体现为：

1.贯彻政策，指导工作

为使党和国家的方针政策真正成为各行各业的工作指针，各级机关常常要通过各种形式将其精神贯彻到实际工作中去，其中一些事务文书，就是体现党和国家的方针政策，指导人们做好工作的重要工具，如计划、规章制度等。制订计划和规章制度要以党和国家有关的方针政策为依据，科学、正确的计划和规章制度又是指导人们开展工作的依据。

2.沟通情况，联系工作

在工作的开展中，有许多情况是需要有关机关或部门了解的，有许多问题是需要人们协同解决的。沟通情况，联系工作，要有一定的手段和凭借，如简报、调查报告等。

3.积累和提供资料

三、事务文书的类别

1.计划类文书

计划类文书是单位或个人对一定时限内的工作进行筹划和部署的文书，如规划、设想、计划、方案、安排、预案等。

2.报告类文书

报告类文书是反映工作状况和经验，对工作中存在的问题或具有普遍意义的重要情况进行分析研究的文书。这类文书包括总结、述职报告、调查报告、工作研究等。

3.简报类文书

简报类文书是记录性文书。这类文书包括简报、典型材料等。

4.会议类文书

会议类文书为专门会议所形成，主要体现会议的基本精神，包括开幕词、闭幕词、大会工作报告、讲话稿等。

四、工作事务文书的写作要求

1. 内容要符合党和国家的方针、政策、法令。

2. 语言简明、准确、质朴。

第一节 计划

目标要求

一、知识目标

1. 了解计划的涵义和特点；

2. 明确计划的作用和种类；

3. 清楚计划的格式。

二、能力目标

掌握计划的写作方法。

三、素质要求

能够拟写一般事务性计划。

案例分析

例文

我的人生规划

两年的工作，我彷徨过，无奈过，但是我走过来了。从一名学生到一名职业人的过渡是一个有痛、有苦的过程。当我已经适应了这种生活方式之后，我开始冷静地用一种不同于学生时代的思维方式思考人生，规划人生。

一个人在他的一生中，很难在很多方面都做得非常优秀，也许他只能做好一件事或者两件事。一个人的时间是有限的，所以当他涉及的工作范围比较广的时候，也必将意味着他没有时间和精力在这么广的范围内有很深的造诣。所以，合作将成为事业成功的另一个非常重要的因素。这又涉及了合作团队的问题，一个合作关系很好的团队将对每一个团队成员的提高是非常重要的。一个人要获得成功，就必然要寻找一个适合自己的合作团队。

一、短期规划（2012年12月～2014年12月）

加强对英语的学习，具备基本的听说能力。

深入学习一门计算机语言。

注意现场工作经验的积累，和数控机床控制理论的研究，理论联系实际，争取在技术上成为无可替代的人。

二、长期计划

2015年。要慎重选择一个适合自己的工作团队，并对工作条件、生活条件、收入情况等进行谨慎的评估。此时的目标是选择一个适合自己在比较长的时间内工作、学习、生活的公司、企业或事业单位，以及选择一个适合落脚的城市，开始制订购房计划，安顿自己的生活。

2020年。成为高级工程技术人员或从纯技术岗位转到技术管理岗位继续发展，实现方式可以灵活选择。在这一年，至少成为部门主管或部门经理。应该已经有足够的经济能力打理自己的日常生活，除供房子外，应积累不少于10万元储蓄。另外，计划要个孩子。

2025年。拥有不少于30万固定资产（包括房产）、20万可自由支配的资金。走上高级管理岗位。

2030年。成为公认的成功人士。

也许有人认为我在这么几年时间实现以上规划有些不切实际，其实不然。原因有两个：首先，一个人30岁到45岁是事业的黄金期，这个时期的发展几乎决定一生的成败，如果不能在这个时期实现上述规划目标，那么也就不可能在以后的时间实现成功的目标；其次，以上规划考虑到了本世纪头20年中国的经济发展速度。

×××

××××年××月××日

评析》

这是一份个人人生规划，是计划的一种。前言当中谈到了自己的一些认识和看法，也是制订本计划的缘由，在计划中有近期目标，也有长期目标。有的切实可行，有的过于宏观。总体来说，作为努力方向，还是值得期待。在实现目标的设计上还是有着具体清晰的步骤的，这是比较符合计划要求的。在结语中作者也提到了计划的现实性，并做了简要的分析。

知识点击

一、计划的涵义与特点

1. 计划的涵义

计划是机关、团体或个人对将要进行的或一定时期的某项工作而制订的总体和阶段的任务及其实施方法、步骤和措施的一种事务文书。

2. 计划的特点

（1）预见性。计划不是对已经形成的事实和状况的描述，而是在行动之前对行动的任务、目标、方法、措施所做出的预见性确认。但这种预想不是盲目的、空想的，而是以上级部门的规定和指示为指导，以本单位的实际条件为基础，以过去的成绩和问题为依据，对今后的发展趋势做出科学预测之后形成的。可以说，预见是否准确决定了计划写作的成败。

（2）针对性。计划一是根据党和国家的方针政策、上级部门的工作安排和指示精神而定，二是针对本单位的工作任务、主客观条件和相应能力而定。总之，从实际出发制订出来的计划，才是有意义、有价值的计划。

（3）可行性。如果目标定得过高、措施无力实施，这个计划就是空中楼阁，反过来说，目标定得过低、措施方法都没有创见性，实现虽然很容易，但不能因而取得有价值的成就，那也算不上有可行性。

（4）约束性。计划一经通过、批准或认定，在其所指向的范围内就具有了约束作用，在这一范围内无论是集体还是个人都必须按计划的内容开展工作和活动，不得违背和拖延。

二、计划的分类与作用

1.计划的种类

计划的分类方法很多。按容量分，有综合性计划、单项计划；按内容分，有生产计划、工作计划、学习计划、科研计划、国民经济发展计划和各种会议计划、活动计划；按范围分，有国家计划、地区计划、部门计划、单位计划、科室计划、车间计划、班组计划；按时间分，有长期计划（三年以上的计划，如三年计划、五年计划）短期计划（如年度计划、季度计划、月份计划等）；按效力分，有指令性计划和指导性计划。

2.计划的作用

有了计划，工作就有了可遵循的标准和依据，避免陷入盲目性；有了计划，工作就有了明确的目标，有利于制订者安排、落实任务，增强工作的自觉性和主动性；有了计划，便于上级和群众对工作的开展进行检查、监督，有利于工作完成后的总结。

三、计划的格式与写法

计划通常由标题、正文和落款三部分组成。

1.标题

计划的标题有两种形式：一是完整标题："单位名称＋计划时限＋计划内容+文种"；二是简单标题："计划时限＋文种"或"计划时限＋计划内容＋文种"。

2.正文

正文是计划的主干部分，包括前言、任务和目标、步骤和措施、结语四个部分。

（1）前言部分。这部分主要是制订计划的依据或总的指导思想。如遵循上级机关的什么方针和指示来制订计划；根据什么形势和工作任务来制订计划；制订计划总的指导思想或总体目标要求是什么；工作的重点是什么等。在写法上可以通过阐述指导思想统领全文；可以从分析形势入手，引出总的目标或要求；可以交代行文依据，点明工作重点；还可以总结经验成绩，承上启下，自然引出下文。

（2）任务和目标部分。这部分与下面的步骤和措施部分是计划的主体部分。也是计划最基本的组成部分。在这个部分中，要阐明"做什么"和"做到什么程度"。它即是计划的出发点，又是执行计划的目标。完成什么任务，实现什么目标，有哪些要求，包括必要的指标数字，完成的具体时间，都要分得清晰明了，使人们在执行计划时心中有数，有所遵循，同时也便于对计划执行情况的检查。

（3）步骤和措施部分。这部分是完成任务达到指标的手段和保证。即是阐明"怎么做"的问题。步骤要合理，措施要得当，要切实可行。这样，执行者才有信心，才会增强执行计划的自觉性。在一篇计划中，这一部分所占的比重是比较大的。此外，还要明确具体分工和责任。要分清各项工作分别由哪些部门和领导负责，需要哪些部门和人员配合，以保证计划的顺利执行。

计划的主体一般采用分条列项的结构方式，即按主要方面的工作，一个方面一个方面去写，每一个方面的工作构成一个层次，分别冠以数目序号或小标题。每个层次的开头，先用概括性的语言阐明工作任务和目标，然后顺次写出完成该项任务的具体要求、步骤方法和措施等。如果内容繁多，还可以在大层次中再划分若干小层次，分条阐述。

（4）结语部分。在这部分中，可写明一些注意事项或提出所订计划的意见和方法，也可以有针对性地提出希望和号召，作为整篇计划的结束语。当然，这个部分也可略去不写，多数计划在计划的主体部分写完之后就不再另写结尾了。

3.落款

落款主要包括两项内容：即将计划制定者全称和计划的制订日期写在正文右下方。标题中已经出现制订者名称的，落款可省略这一项。以公文形式制发的计划，要按公文格式行文。

此外，同计划有关的材料，如图表、说明文字等可以附件形式放在最后。

大学生未来人生职业规划

根据自己的兴趣和所学专业，在未来应该会向化学和英语两方面发展。围绕这两个方面，本人特对未来50年做初步规划如下：

1. 2004 ~ 2009年，学业有成期

充分利用校园环境及条件优势，认真学好专业知识，培养学习、工作、生活能力，全面提高个人综合素质，作为就业准备（具体规划见后）。

2. 2009 ~ 2012年，熟悉适应期

利用3年左右的时间，经过不断的尝试努力，初步找到适合自身发展的工作环境、岗位，完成下列内容：

（1）学历、知识结构：提升自身学历层次，从本科走向研究生，专业技能熟练。英语四、六级争取拿优秀、普通话过级且拿到英语口语等级证书，开始接触社会、接触工作、熟悉工作环境。

（2）个人发展、人际关系：做好职业生涯的基础工作，加强沟通，虚心求教。

（3）生活习惯、兴趣爱好：适当交际的环境下，尽量形成比较有规律的良好个人习惯，并参加健身运动，如散步、跳健美操、打羽毛球等。

3. 2012 ~ 2053年

在自己的工作岗位上，踏踏实实地贡献自己的力量，拥有一个完美的家庭。

×××

××××年××月××日

课堂练习

1.计划有哪些种类？

2.计划有什么特点？

写作训练

在全班实施“梦想成真”工程，选择一个你一直想实现的愿望，然后写一份计划。无论你的愿望最终能否实现，这份计划一定要有可操作性、可行性。

第二节 总结

目标要求

一、知识目标

1. 了解总结的涵义和特点；

2. 明确总结的作用和种类；

3. 清楚总结的格式。

二、能力目标

掌握总结的写作方法。

三、素质要求

能够拟写一般事务性总结。

案例分析

例文

企业围绕市场转　产品随着效益变

——××钢厂开展“转、抓、练、增”活动的经验

××钢厂是全国独立型特钢企业，全国500家最佳经济效益企业。长期以来，××钢厂始终坚持了“育人为奉、管理为头、质量为命、效益第一”的指导方针，立足高原，艰苦创业，以深化改革为主线，以市场经济为导向，加速企业机制转换，在调整产品结构、提高产品质量的同时，增产降耗，加强经营管理，克服了重重困难，使企业得到了长足的进步和发展，经营生产年年持续跨上新台阶，为振兴西北地方经济、发展我国钢铁工业做出了应有的贡献。

主要有以下几个方面：

一、深化企业内部配套改革，加快转换企业经营机制……

二、强化管理，深挖内潜，努力增加效益……

三、坚持科技兴厂方针，加快技术改造步伐……

目前，××钢厂本着“管好主体、放活辅助、加强基层、服务现场”的指导思想，重点抓好经营机制的转换，逐步实现主辅分离，为建立现代化企业制度、进行公司化改制打好基础。

评析 》

这是一篇以新闻标题为题的总结，正标题概括了总结的主题，副标题写单位名称和概括总结的具体内容。总结××钢厂在转机制、抓管理、练内功、增效益方面的做法。前言部分概述企业的基本情况和取得的主要成绩，然后从三个方面进行总结。结尾处强调今后的工作方向和重点。

一、总结的涵义与特点

1. 总结的涵义

总结是对过去一定时期的工作或一项活动（包括学习或思想的实践等）进行全面、系统的回顾与思考、分析和研究，从中找出经验教训，以形成理论化、系统化、规律化的书面材料，并用以指导未来实践，是事务文书的常用文体。常见的有“小结”“体会”“回顾”等都属于总结。

2. 总结的特点

（1）反映工作实践本质。

（2）展示工作实践过程。

（3）语言表达夹叙夹议。

二、总结的分类

总结的应用范围非常广泛，种类很多。

（1）按内容划分，可分为生产总结、工作总结、学习总结、思想总结、活动总结等。

（2）按范围划分，可分为国家总结、地区总结、个人总结等。

（3）按时间划分，可分为年度总结、季度总结、月份总结等。

（4）按功能划分，可分为经验性总结、汇报性总结等。

（5）按性质划分，可分为综合性总结和专题性总结两大类。

三、总结的作用

总结是从以往的事实中获取宝贵的经验教训，以供今后改进工作。具体来说，总结的作用包括以下几个方面：

1. 贯彻政策，指导工作

为使党和国家的方针政策真正成为各行各业的工作指针，各级机关常常要通过各种形式将其精神贯彻到实际工作中去，其中一些事务文书，就是体现党和国家的方针政策，指导人们做好工作的重要工具。

2. 沟通情况，联系工作

在工作的开展中，有许多情况是需要有关机关或部门了解的，有许多问题是需要人们协同解决的。沟通情况，联系工作，要有一定的手段和凭借。

3. 积累和提供资料

有些文书需要留存起来，以作为资料用，供人们了解各种情况；有些工作的进行，需要掌握有关资料。事务文书就能起到为人们提供所需资料的作用。如调查报告、简报，可以集中、详尽地反映情况，说明问题。

4. 宣传教育

事务文书通过分析形势，申明政策，或者介绍经验，表彰先进及揭露时弊，抨击丑恶，可以起到宣传教育群众，使人们统一认识，并提高政策水平和工作热情的作用。

四、总结的格式与写法

总结的种类和内容较多，在写法上没有一个固定的格式。怎样能够准确、鲜明、生动地把工作中的主要规律反映出来就怎样写，要因具体情况而定，灵活多样。当然，由于人们在长期的实践中形成一定的写作格式，因此总结通常由标题、正文、落款三部分组成。

1. 标题

总结的标题写法比较灵活，常见的有以下几种：

（1）公文式标题。由“机关名称＋时限＋内容＋文种”四部分组成，这类标题常用于工作总结。如：《××市××管理局二〇〇三年减员增效工作总结》；有时也可将第一项省略，如：《一九九九年春季植树造林工作总结》。

（2）文章式标题。这类标题多用于经验总结。如：《加强监督管理，防范金融风险》

（3）正副式标题。即用正标题概括总结内容，用副标题标明单位名称、时间期限、总结种类等内容。这类标题多用于专题性总结。如：《严肃党纪国法，推进反腐倡廉——外经贸委党委专项整风总结》。

2. 正文

这是总结的中心部分，由前言、主体和结语三部分组成。

（1）前言。这部分通常用来说明撰写总结的目的，或者概述总结的内容，使人们对总结对象的基本情况有所了解。

常见的写法有：

概述式。概括交代总结所涉及的时间、环境、开展工作的背景，主要做法和成绩等，使读者对工作的全貌有个总体了解和认识。要求文字高度概括、言简意明。

评述式。在开篇用简要的语言、夹叙夹议的方式，对总结的主要问题、做法、成绩等进行总体的评价，阐述全文的基本观点，提纲挈领，统领全文。

结论式。在文章开头对整个工作活动做一个概括式的结论，把主要成绩，也就是“成果”展示出来，并点明其作用和意义，阐明总结的核心所在，然后在主体部分谈经验，讲做法。

（2）主体。这部分可分为两方面内容：一是成绩和经验。此部分要用详实的材料将工作介绍清楚，最好用鲜活的实例和有说服力的数字。然后指明取得成绩的做法和体会，从中找出规律性的东西。二是问题和教训。此部分要求实事求是地将工作中的失误和不足写出来，并深刻分析产生问题的原因，指出应从中吸取的教训。也有些总结先集中写成绩和问题，再集中写经验和教训。无论采用哪种写法，都必须使这部分做到有材料、有观点、有情况、有分析，而且材料具体、情况客观、观点正确，分析有力。

这部分在写法上可采用以下几种方式：

一是标题分列式。即把工作活动中具有典型性的经验、做法归纳成几个部分，也就是把主要内容分为几个论题进行阐述，每个部分提炼出一个概括性强的小标题，以揭示出一个中心内容。各部分之间既存在一定的逻辑联系，又具有内容上的相对独立性。这种写法眉目清晰，中心明确，读者容易把握总结的主旨所在。

二是方面划分式。即按工作内容的所属类别把主体划分为若干个方面，如理论学习、队伍建设、机构改革，后勤管理等，然后逐一阐述每一方面工作中的做法、问题、经验、体会等具体内容。如果问题复杂、内容繁多，每个方面还可以划分为几个小的层次段落。大型的综合性总结宜采用这种形式。

三是阶段划分式。即把工作活动的整个过程，从开始到完成，按时间先后顺序划分为几个密切相连的阶段，然后分别阐述每个阶段中的做法、成绩、问题和认识等内容。每个阶段可采用列序号或加小标题的方法，阶段之间采用一些过渡性词语自然衔接，整个正文浑然一体，次序井然。

（3）结语。正文结语要简明、概括，行文要自然、有力、给人以鼓舞，文字不宜过长。结语可概括归纳全文主要内容，点明今后努力方向；也可针对问题提出改进意见。总的要求只能是结论式的，粗线条的，切不可添枝加叶，把总结的结尾扩展到小型的计划。当然，有些带有工作建议的总结（一般均为上报公文），其结尾还应占有相当大的文字比重；也有许多总结主体写完就自然收束，不再另加结语。

3.落款

总结落款部分的写法与计划完全相同。

五、写作注意事项

为使写出的总结真正起到应有的作用，在写作总结时应注意以下几点：

（1）深入调查，占有材料。

（2）加工整理，选择典型。

（3）提炼观点，找出规律。

（4）层次清晰，突出重点。

（5）语言要准确、简明，数据精确可靠。

个人工作总结

今年3月份调入物业管理处任职物业部经理以来，我努力适应新的工作环境和工作岗位，虚心学习，埋头工作，履行职责，较好地完成了各项工作任务，我们小区的物业管理取得了辉煌的成绩，下面将任职以来的工作情况汇报如下：

一、自觉加强学习，努力适应工作

我是初次接触物业管理工作，对综合管理员的职责任务不甚了解，为了尽快适应新的工作岗位和工作环境，我自觉加强学习，虚心求教释惑，不断理清工作思路，总结工作方法，现已基本胜任本职。一方面，干中学、学中干，不断掌握方法积累经验。我注重以工作任务为牵引，依托工作岗位学习提高，通过观察、摸索、查阅资料和实践锻炼，较快地进入了工作情况。另一方面，问书本、问同事，不断丰富知识掌握技巧。在各级领导和同事的帮助指导下，从不会到会，从不熟悉到熟悉，我逐渐摸清了工作中的基本情况，找到了切入点，把握住了工作重点和难点。

二、心系本职工作，认真履行职责

1.耐心细致地做好财务工作。自接手管理处财务工作的半年来，我认真核对上半年的财务账簿，理清财务关系，严格财务制度，做好每一笔账，确保了年度收支平衡和盈利目标的实现。一是做好每一笔进出账。对于每一笔进出账，我都根据财务的分类规则，分门别类记录在案，登记造册。同时认真核对发票、账单，搞好票据管理。二是搞好每月例行对账。按照财务制度，我细化当月收支情况，定期编制财务报表，按公司的要求及时进行对账，没有出现漏报、错报的情况。三是及时收缴服务费。结合实际，在进一步了解掌握服务费协议收缴办法的基础上，我认真搞好区分，按照天亚公司、业主和我方协定的服务费，定期予以收缴、催收，2004年全年的服务费已全额到账。四是合理控制开支。合理控制开支是实现盈利的重要环节，我坚持从公司的利益出发，积极协助管理处主任当家理财。特别在经常性开支方面，严格把好采购关、消耗关和监督关，防止铺张浪费，同时提出了一些合理化建议。

2.积极主动地搞好文案管理。半年来，我主要从事办公室的工作，其中涉及两方面内容：一是资料录入和文档编排工作。对管理处涉及的资料文档和有关会议记录，我认真搞好录入和编排打印，根据工作需要，制作表格文档，草拟报表等。二是档案管理工作。到管理处后，对档案的系统化、规范化的分类管理是我的一项经常性工作，我采取平时维护和定期集中整理相结合的办法，将档案进行分类存档，并做好收发文的登记管理。

3. 认真负责地抓好绿化维护。小区绿化工作是10月份开始交与我负责的，对我来讲，这是一项初次打交道的工作，由于缺乏专业知识和管理经验，当前又缺少绿化工人，正值冬季，小区绿化工作形势比较严峻。我主要做了以下两方面工作：一是搞好小区绿化的日常维护。二是认真验收交接。

三、主要经验和收获

完成了一些工作，取得了一定成绩，总结起来有以下几方面的经验和收获：只有摆正自己的位置，下工夫熟悉基本业务，才能尽快适应新的工作岗位；只有主动融入集体，处理好各方面的关系，才能在新的环境中保持好的工作状态；只有坚持原则落实制度，认真理财管账，才能履行好财务职责；只有树立服务意识，加强沟通协调，才能把分内的工作做好。

四、存在的不足

由于工作实践比较少，缺乏相关工作经验，2004年的工作存在以下不足：对物业管理服务费的协议内容了解不够，特别是对以往的一些收费情况了解还不够及时；食堂伙食开销较大，宏观上把握容易，微观上控制困难；绿化工作形势严峻，自身在小区绿化管理上还要下更大的工夫。

五、下步的打算

针对工作中存在的不足，为了做好新一年的工作，力争做好以下几个方面：

积极搞好与公司、业主之间的协调，进一步理顺关系；加强业务知识的学习提高，创新工作方法，提高工作效益；管好财、理好账，控制好经常项目开支；想方设法管理好食堂，处理好成本与伙食的关系；抓好小区绿化维护工作。

课堂练习

1. 总结有哪些种类？总结有什么作用？
2. 写作总结是应注意什么？

写作训练

1. 你的大学生活过得怎么样，写一份个人总结。
2. 你是班级干部，就你的工作写一份工作总结。

第三节　会议记录

一、知识目标

1. 了解会议记录的准备工作；

2. 掌握会议记录的基本要求；
3. 熟悉会议记录的特点和类型；
4. 知晓会议记录的记录重点；

二、能力目标

1. 能做好一般性会议的会议记录；
2. 掌握会议记录的写作技巧。

三、素质要求

1. 能够弄清会议记录与会议纪要的区别；
2. 熟知会议记录的写作格式。

例文

×××有限公司办公室会议记录

时间：20××年××月××日星期×

会议地点：×××

会议主持人：×××

会议记录人：××

出席人：公司各部门人员

缺席：×人

会议内容：

公司召开了业务会议，为了公司的良好发展，提出了以下内容。

×××经理提出：

1. 关于公司人员的重新分配，从今天开始，×××着重投入于网络的优化，做好网页的宣传，而新入职的办公室助理××则接手×××之前担任的行政工作内容，其他人继续做好自己的岗位。

2. 严格管理业务部，业务是最重要的模块，要加大力度抓紧和投入。

3. 严格执行考勤制度，一个月内迟到两次要相应扣除工资，遵守打卡制度，如有特殊情况，须提前通知请假。

4. 有关座位的重新编排，把业务部的人员规划在一起，让公司有一个严谨、规范的形象。

5. 最后，规范一个专门对外接受咨询的QQ账号，每天专门由×××一人负责登录处理，到月末统计网上咨询公司产品和信息的客户人数。这样有利于决定加大还是保持公司的投入力度。

总经理××提出：

1. 加强生产、销售，销售是重点，需要用心做，另外还提议员工多走车间，这样可从中更好地了解产品的参数和构造。

2. 对商品的投放力度要加大，努力完善网站的优化。

3. 尤其外贸部这一模块，需对其进行更详细的细化、整理。

最后，×××总结出做业务最重要的是快和专业。

×××提出：

1. 由于下班时候办公室没有业务员的情况下仍然有电话打进，×××建议将电话转接到业务员的手机，能够及时接到电话。

2. 办公室的仪容要靠大家一起整理，细至每一个人的座位，大至公司的财产保护，尽力改善公司的形象，让别人看到公司的规范。

3. 同事之间应该互相提出建议，做到一起进步和努力。

最后，×××总结了今天的会议内容，每一个员工都需要用心投入，付出与收获是成正比的，公司的发展离不开每一位员工的努力。

评析 》

这是一份某公司例行办公会议的会议记录，对于会议的时间、地点、主持人、记录人、出席人、缺席情况、会议内容及发言情况都做了详实的记录。内容大体完整，在最后应该有“散会”字样，同时还要有会议主持人、记录人的签字。

知识点击

一、会议记录的准备工作

记录人员在开会前要提前到达会场，并落实好用来做会议记录的位置。安排记录席位时要注意尽可能靠近主持人、发言人或扩音设备，以便于准确清晰地聆听他们的讲话内容。从某种程度上讲，记录人员比一般与会人员更为重要，安排记录席位要充分考虑其工作的便利性。

二、会议记录的基本要求

（1）准确写明会议名称（要写全称）、会议时间、会议地点，会议性质。

（2）详细记下会议主持人和记录者姓名、出席会议应到、实到、缺席、迟到或早退人数及其姓名、职务。如果是群众性大会，只要记参加的对象和总人数以及出席会议的较重要的领导成员即可。如果某些重要的会议，出席对象来自不同单位，应设置签名簿，请出席者签署姓名、单位、职务等。

（3）忠实记录会议上的发言和有关动态。会议发言的内容是记录的重点。其他会议动态如发言中插话、笑声、掌声、临时中断以及别的重要的会场情况等也应予以记录。

记录发言可分摘要与全文两种。多数会议只要记录发言要点，即把发言者讲了哪几个问题，每一个问题的基本观点与主要事实、结论，对别人发言的态度等，做摘要式的记录，不必“有闻必录”。某些特别重要的会议或特别重要人物的发言，需要记下全部内容。有录音机的，可先录音，会后再整理出全文；没有录音条件，应由速记人员担任记录；没有速记人员，可以多配几个记得快的人担任记录，以便会后互相校对补充。

（4）记录会议的结果，如会议的决定、决议或表决等情况。

会议记录要求忠于事实，不能夹杂记录者的任何个人情感，更不允许有意增删发言内容。会议记录一般不宜公开发表，如需发表，应征得发言者的审阅同意。

三、会议记录的记录重点

（1）会议中心议题以及围绕中心议题展开的有关活动。

（2）会议讨论、争论的焦点及其各方的主要见解。

（3）权威人士或代表人物的言论。

（4）会议开始时的定调性言论和结束前的总结性言论。

（5）会议已议决的或议而未决的事项。

（6）对会议产生较大影响的其他言论或活动。

四、会议记录的注意事项

（1）真实准确。要如实地记录别人的发言，不论是详细记录，还是概要记录，都必须忠实原意，不得添加记录者的观点、主张，不得断章取义，尤其是会议决定之类的东西，更不能有丝毫出入。真实准确的要求具体包括：不添加，不遗漏，依实而记；清楚，首先是书写要清楚，其次，记录要条理分明、突出重点。

（2）要点不漏。记录的详细与简略，要根据情况决定。一般地说，决议、建议、问题和发言人的观点、论据材料等要记得具体、详细。一般情况的说明，可抓住要点，略记大概意思。

（3）始终如一。始终如一是记录者应有的态度。这是指记录人从会议开始到会议结束都要认真负责地记到底。

（4）注意格式。格式并不复杂，一般有会议名称；会议基本情况，基本情况包括：时间、地点、出席人数、主持人、缺席人、记录人；会议内容，这是会议记录的主要部分，包括发言、报告、传达人、建议、决议等。

（5）前后有序。凡是发言都要把发言人的姓名写在前，先发言记录于前，后发言记录于后。记录发言时要掌握发言的质量，重点要详细，重复的可略记，但如果是决议、建议、问题或发言人的新观点要详细记录。

五、会议记录的写作技巧

会议记录的写作技巧一般说来有四条：一快、二要、三省、四代。

一快，即记得快。字要写得小一些、轻一点，多写连笔字。要顺着肘、手的自然去势，斜一点写。

二要，即择要而记。就记录一次会议来说，要围绕会议议题、会议主持人和主要领导同志发言的中心思想，与会者的不同意见或有争议的问题、结论性意见、决定或决议等做记录。就记录一个人的发言来说，要记其发言要点、主要论据和结论，论证过程可以不记。就记一句话来说，要记这句话的中心词，修饰语一般可以不记。要注意上下句子的连贯性、可讯性，一篇好的记录应当独立成篇。

三省，即在记录中正确使用省略法。如使用简称、简化词语和统称。省略词语和句子中的附加成分，比如“但是”只记“但”，省略较长的成语、俗语、熟悉的词组，句子的后半部分，画一曲线代替。省略引文，记下起止句或起止词即可，会后查补。

四代，即用较为简便的写法代替复杂的写法。一可用姓代替全名，二可用笔画少易写的同音字代替笔画多难写的字，三可用一些数字和国际上通用的符号代替文字，四可用汉语拼音代替生词难字，五可用外语符号代替某些词汇。但在整理和印发会议记录时，均应按规范要求办理。

六、会议记录的特点

（1）综合性。会议记录是在对会议中各种材料、与会人员的发言以及会议简报等进行综合分析和概括提炼的基础上形成的，它具有整理和提要的基本特点。

（2）指导性。这一特性包含两层涵义：一是会议本身的权威性；二是会议记录集中反映了会议的主要精神和决定事项。因而记录一经下发，将对有关单位和人员产生约束力，起着类似于指示、决定或决议等指挥性公文的作用。会议记录还可以作为与会同志向单位领导汇报、向群众传达的文字依据。

（3）备考性。一些会议记录主要不是为了贯彻执行，而是向上汇报或向下通报情况，必要时可作查阅之用。

七、会议记录的种类

按照会议性质来分，会议记录大致有办公会议记录、专题会议记录、联席（协调）会议记录、座谈会议记录等。

办公会议记录是记述机关或企业、事业单位等对重要的、综合性工作进行讨论、研究、议决等事项的一种会议记录。办公会议记录一般有例行办公会议记录和现场办公会议记录。例行办公会议记录，即记述例行办公会议情况及其议决事项的会议记录。现场办公会议记录，即为解决某重大问题而召集有关方面和有关单位在现场研究、议决或协商的办公会议记录。

专题会议记录是专门记述座谈会讨论、研究的情况与成果的一种会议记录。其主要特点是主题的集中性与观点意见的分呈性相结合，既要归纳比较集中、统一的认识，又要将各种不同观点和倾向性意见都归纳表达出来。

八、会议记录与会议纪要的区别

会议纪要有别于会议记录，两者的主要区别是：

第一，性质不同。会议纪要只记要点，是法定行政公文。会议记录是讨论发言的实录，属事务文书。

第二，功能不同。会议纪要通常要在一定范围内传达或传阅，要求贯彻执行。会议记录一般不公开，无须传达或传阅，只作资料存档。

第三，载体样式不同。会议纪要作为一种法定公文，其载体为文件，享有《中国共产党机关公文处理条例》、《国家行政机关公文处理办法》所赋予的法定效力。会议记录的载体是会议记录簿。

第四，称谓用语不同。会议纪要通常采用第三人称的写法，以介绍和叙述情况为主。会议记录中，发言者怎么说的就怎么记，会议怎么定的就怎么写，贵在“原汤原汁”不走样。

第五，适用对象不同。作为公文的会议纪要，具有传达告知功能，因而有明确的读者对象和适用范围。作为历史资料的会议记录，不允许公开发布，只是有条件地供需要查阅者查阅利用。

第六，分类方法不同。会议纪要种类很多，按其内容，可分为决议性纪要、意见性纪要、情况性纪要、消息性纪要等；按会议的性质，可分为常委会议纪要、办公会议纪要、例会纪要、工作会议纪要、讨论会纪要等。而会议记录通常只是按照会议名称来分类，往往以会议召开的时间顺序编号入档。

关于×××同志入党征求党内外群众意见座谈会

时间：××××年××月××日上午×××

地点：党员活动室

主持人：×××____ 记录人：×××

会议内容：征求党内外群众对于×××同志入党的意见

参加人：×××、×××、×××、×××、×××……

会议内容：

×××：今天，我们召开群众座谈会，主要是想征求一下大家对发展×××同志入党的意见。×××同志于××××年××月××日被确定为党员发展对象。××××年××月参加了由××举办的发展对象培训班，成绩优异。希望大家就×××同志入党一事踊跃发表个人看法。

×××：我先说一下吧。我与×××同志一起工作了很多年，该同志政治上积极要求进步，政治思想素质表现良好。工作积极向上，关心同志，我同意推荐该同志入党。

×××：×××同志为人热情，工作努力肯干，从没见她说过什么抱怨和消极的话，业务知识丰富，我认为她具备了一个党员的基本素质。

×××：×××同志思想上积极进取，在工作中能发挥模范作用。她一直以来就有成为中共党员的理想抱负，并在理论和实践中不断往这个方向努力靠拢，我同意其加入党组织。

×××：该同志政治素质比较高，工作任劳任怨、踏踏实实，严格要求自己，有很强的组织协调能力。为人随和，有很好的人际关系。

×××：×××同志做事热心，认真负责，踏实肯干，尤其是后勤工作抓得很严，这都是我们看得见的，她具有集体精神，希望党组织能够接受其入党。

×××：该同志能够积极参加政治学习，努力学习党的基本知识。工作上认真负责，为人热心，关心青年同志的生活，团结同志，我同意其加入党组织。

×××：刚才大家就发展×××同志入党都发表了自己的看法意见，这个座谈会开得很成功。综合上述几位同志的意见，均对×××同志入党表示同意，本支部将采纳各位提出的意见，谢谢大家。

主持人签名：×××

××××年××月××日

课堂练习

1. 会议记录要有哪些基本要求？
2. 会议记录需要哪些技巧？
3. 你知道会议记录与会议纪要的区别吗？

写作训练

1. 参加班委会召开的会议，做一次班委会会议记录。
2. 参加社团会议，以会议记录员的身份拟写一份会议记录。

第四节 调查报告

一、知识目标

1. 了解调查报告的涵义和特点；

2. 明确调查报告的类型；

3. 清楚调查报告的写作准备。

二、能力目标

掌握调查报告的写作方法和要求。

三、素质要求

能够撰写一般事务调查报告。

例文

对崇明县国有饲料工业状况的调查与分析

崇明分校蔡××

崇明县国有饲料工业，曾在上海郊区处于领先地位，然而自1993年以来，逐步陷入困境，市场占有率持续下降，工厂开工不足，经济效益严重滑坡。其原因何在？出路何在？

为此我于今年1月对崇明县饲料公司和一些乡镇饲料厂、饲料销售点等单位进行了调查。

一、现状

崇明县饲料工业是服务于养殖业的年轻产业，它起步于七十年代末，国有粮食部门创办的饲料工业即现崇明县饲料公司一直代表着县国有饲料工业的全部，现已拥有固定资产1600多万元，职工270多人，年双班生产能力达15万吨，饲料产品发展至七大系列二十四个品种，1991年曾达到年产销饲料12.49万吨，年产值高达1.5亿元，年利润达148.9万元，是县内重点骨干企业，完全占领着崇明的饲料市场，在市郊同行中处于领先地位。然而，自1993年国家对粮油购销和价格完全放开以后，国有饲料工业企业失去了计划这一配置资源的优势，被卷入了无情的市场竞争之中。这几年崇明县饲料公司虽然从体制、内部管理等诸方面进行了改革尝试，把原来各自独立核算的四个饲料厂和饲料管理所合并组建成了一级核算的饲料公司，增强了企业实力，但仍适应不了市场变化，滑坡不止，产销持续大幅度下降。据调查，1993年产销饲料8.26万吨，市场占有率为80%左右，则年产销饲料7.32万吨，比1993年下降了11.38%，市场占有率降至70%，而1995年产销饲料仅4.22万吨，比1993年下降了49.91%，市场占有率仅40%左右。年利润不到10万元，各厂处于停产半停产状态，大量生产能力浪费闲置，国有资产难于实现保值，形势十分严峻。

二、原因分析

导致国有饲料工业严重滑坡的症结，主要有以下四方面：

（一）小饲料厂的大批盲目兴办

1993年粮油购销和价格放开之后，国家取消了上缴畜禽产品与平价饲料挂钩的办法，使原料的控制和政府补贴不再成为兴办小饲料厂的制约因素，加上1993年饲料原料涨价，养殖场经济效益严重滑坡，当时的国有饲料工业的主管部门决策失误，没有同意养殖场与饲料厂联合经营，迫使部分养殖场尝试创办小饲料厂，以图降低饲料成本，有关政府部门又片面理解市场经济，不顾国有饲料工业生产能力的闲置和大量国有资产的浪费，不顾小饲料厂缺乏必要的生产条件、管理经验和质量保证体系，对各乡镇兴办小饲料厂大开绿灯。有关乡镇领导凭行政干预、控制承包经营权和上市计划及资金，强迫承包户使用这些产品。至1995年底，全县创办小饲料厂已达36家，年生产能力达5万吨，取代了国有饲料企业约40%的市场。如全县23个蛋鸡场已全部办起了小饲料厂，除部分小鸡饲料因小饲料厂达不到质量要求，仍需购买国有饲料厂的优质饲料之外，其余全部自己生产，使国有饲料企业的蛋鸡饲料销量从1991年的3万吨，锐减到1995年的0.5万吨，净减少了万吨之巨！

（二）养殖业滑坡影响饲料业是完全随着养殖业发展而发展的

随着农村产业结构调整，传统的家家户户养猪养鸡的小农经济方式已逐步淘汰，加上养殖业效益低，传统养殖业呈滑坡趋势，畜禽饲养量明显减少，如1990年全县上市肉猪26.6万头，而1994年仅上市20.6万头，下降了22.5%，使饲料销售失去了市场基础。再如，基本上以专业户饲养为主的肉鸡生产，由于没有形成种养一条龙、产供销一体化的集团优势，抵御市场波动能力差，饲养效益受市场供求波动影响，使饲养者一次又一次地陷入“多了——暴亏——少了——暴利”的怪圈之中，养殖积极性屡受打击，致使1995年全县肉鸡饲养量仍在1991年就达到的100万羽水平上徘徊不前，与周边地区高速发展形成了明显反差，影响了饲料市场容量的扩大。

（三）外埠饲料的冲击

“希望”“新扬”等著名外埠饲料，利用其知名度高，实力雄厚等优势，采取低价渗透，广设销售网点，以高额回扣培植示范户、代理商，争夺我县饲料市场。至1995年底，全县外埠饲料代销点已达29个，年销量约1万吨，占领了全县约10%左右的饲料市场。

（四）国有饲料工业本身竞争力不强

1.思想观念不适应

国有饲料企业的部分干部职工，忧患意识不强，安于现状，怕冒风险，思路狭窄，竞争意识淡薄。

2.产品质量不过硬

国有饲料工业拥有先进的生产工艺设备和完善的质量检验及保证体系，在1995年全国饲料生产企业生产条件考核中全部合格，其中饲料二厂还被评为全国先进单位，饲料产品合格率在市郊同行业名列前茅，这与生产设备简单、质检手段缺乏的小饲料厂相比，无疑拥有绝对优势。然而这些优势目前还没有被发挥利用到足以克服国有企业摊子大、人员多、负担重、成本高等劣势而最终转化成经济效益优势的程度，说明国有企业的质量优势还不过硬，还没有达到足以战胜小饲料厂的程度。而且国有饲料企业难于克服“人情观点”，不能像合资企业那样能将质量低劣的“人情粮”拒之于厂外，将不称职的员工拒之于门外，使国有饲料企业的产品质量难于得到全面、有效保证，在与合资企业的竞争中处于劣势。

3.产品营销上不适应市场竞争

常言道：“三分产品，七分市场”，产品营销在市场竞争中无疑起着重要作用，而国有饲料企业在产品营销上还不适应市场竞争需要，表现为：

（1）销售网点设置不适应。国有饲料企业仍依靠计划经济时期的销售网点——同为国有企业的各乡镇粮管所为主销售饲料产品，1995年这些网点销售了2.37万吨，占国有饲料企业年销量的56.16%。这些网点对养殖大场（户）尚能适应，但对地处农村的广大小型养殖户来讲，去这些处于乡镇上的网点购买饲料很不方便，而"希望""新杨"等外埠饲料的代销店，全部设在饲养户集中的农村，既方便用户购买，又能直接掌握饲养与饲料信息，便于决策。

（2）销售方式较为单一，批零差价少。面对小饲料厂和外埠饲料的内外夹击，对于各种不同类型的对象，必须要有不同的销售方式与之相适应。而目前国有饲料大都是实行经销制，经销商要承担垫付货款责任和经营风险，经销差价只有30～40元/吨，而外埠饲料大部分实行代销制，代销商承担风险少，代销差价高达80～100元/吨，代销商比国有饲料经销商积极性高，由此削弱了国有饲料企业的竞争力。

（3）销售人才奇缺，力量薄弱。目前国有饲料企业的专职饲料推销员仅3人，只占职工总人数的1%左右，推销饲料基本上依靠厂长和兼管其他业务工作的供销科长出面。原因并不是厂长不愿任用专职推销员，而是职工不愿也确实没有能力担任专职推销员，1995年国有饲料企业曾设想在企业中任用40名专职推销员，结果竟无一职工主动报名，虽经反复动员，并试用了几位，但几个月实践证明成功者极少。

三、对策和建议

崇明岛作为长江口的明珠，必将随着上海成为国际经济、金融和贸易中心而成为二十一世纪大开发的重点。崇明县具有独特的尚未开发的大片滩涂，地处开放前沿地带，进出口方便，而且腹地广阔，可以保证大规模现代化养殖业所需的各种原料供应。面对上海这座大城市，适逢市委、市政府高度重视的新一轮"菜篮子工程"向远郊转移，发展养殖业近有大城市市场可依托，远有国际市场可开拓。最近新加坡投资商看中崇明这块宝地，拟投资1亿多美元筹建全国最大规模（约100万头）的肉猪生产基地和肉副产品深加工项目，就是明证。如何使崇明县国有饲料工业尽快跃出困境呢?

（一）深化企业内部改革，转变观念，练好"内功"

国有饲料工业要尽快建立现代企业制度，增强干部职工的危机感，激发职工的竞争意识，调动广大干部职工的积极性；进一步探索和完善承包经营责任制，迅速扭转干部职工中存在的不思进取、怕冒风险等不适应市场经济的思想；推行用工制度改革，打破"铁饭碗"，抓紧培养人才，尝试招聘人才，进一步强化企业管理，使企业练好"内功"，增强企业活力和竞争能力。

（二）抓住市场这个中心环节，实施多元化营销策略

饲料市场占有率是制约国有饲料工业发展的关键因素，因此，要把市场放到突出的地位去抓。

（1）实施多元化营销策略。要面对小饲料厂和外埠饲料的内外夹击，要采取适应不同对象的多元化营销策略。

厂场直销。对较大规模的养殖场，国有饲料企业要与之直接建立购销关系，减少不必要的中间销售环节，以优惠价直销，把未办小饲料的养殖场牢牢控制在手中，对已办小饲料厂的养殖场，也要选择薄弱环节，对确实不具备办厂条件，用户意见大的小饲料厂，进行重点攻关，最终以质量优良、价格适中、经济效益显著的产品，挤垮小饲料厂，夺回市场。

设点代销。要积极稳妥地培植一大批饲料代销商，在饲养户集中和竞争激烈的地区，广设代销点，以抵御外埠饲料的竞争，当然要适当控制对代销商的授权极限，避免发生贷款回收困难。

厂所联销。遍布全县各乡镇的粮管所是国有饲料企业固有的销售网点，要发挥它们的资

金优势，让它们通过赊销部分饲料，来提高国有饲料产品的竞争能力，当然要给予合理的经销差价，以调动它们的积极性，以薄利多销来增加销量，提高效益。

专职推销员上门推销。要招聘引进人才，培养人才，建立有效的促销奖励机制（如底薪加奖金制），造就一支强有力的推销员队伍，夺取市场，有条件的可冲出海岛，扩大外销。

（2）抓质量、出新品、创名牌、树信誉。质量是企业永恒的主题，是企业的生命，在科学技术飞速发展的当今世界，应不断赋予质量以新的内涵，饲料质量同样不能仍仅仅以含常规营养成分多少来简单衡量，而应该以更全面的指标来表示，并最终以经济效益来衡量。因此，国有饲料企业应做到：

① 加强科学研究及对先进科研成果的应用，增加饲料中的科技含量。要聘请专家教授，一方面改进现有配方，另一方面研制开发白山头、河蟹、甲鱼等饲料新品，并对这些新兴养殖业采取扶持政策，促进这些新兴高附加值养殖业的迅速发展，并最终在其发展中受益。

② 进一步完善质量保证体系，确保和不断提高产品质量。

③ 加大广告宣传力度，深化售后服务工作，树信誉、创名牌，提高产品的竞争能力。

（三）打破传统的单一经营模式，实施多元化经营战略

要逐步改变过去单一生产经营饲料的模式，实行以饲料一业为主，养殖业和经贸两翼齐飞的多元化经营战略。发挥饲料的优势，向适度规模的养殖业延伸，这样既可转化部分饲料，又可以更有效地掌握饲料质量水平，为进一步提高饲料质量提供科学实践依据，还可增强对市场波动的抵御能力，实现综合规模效益。要发挥国有企业的资金、仓储和渠道优势，发展饲料原料贸易。

（四）政府部门要创造公平的竞争环境

为保证社会主义市场经济健康发展，有关政府部门应采取措施，创造公平的竞争环境。要严格小饲料厂的申办审批手续，加强质量监督检查，对不具备办厂条件又无力整改的企业予以关停并转，制止不正当行政干预。

（五）走集团化联合发展之路，发展贸工农一体化，种养一条龙的新型产业

以互惠互利、优势互补、真诚合作、共同发展为准则，打破条块分割和行业界限，由政府部门牵头，引进外资技术，嫁接饲料、养殖和畜禽产品加工企业，走集团化联合发展之路，发展贸工农一体化、种养一条龙的新型产业，不仅是振兴我县饲料工业，而且还是促进我县经济迅速发展的有效途径。在这方面享誉中外的松江大江集团和号称“神州第一养鳖场”的江苏吴江县华宝集团等是很好的典范，当然要办成办好这件大事，没有县委县政府领导的出面主持是不可能的，为此，呼吁县委县政府领导予以重视和大力支持。

我们相信国有饲料工业的广大员工，在县委、县政府的领导和支持下，抓住机遇，转变观念，树立信心，从大处着想，小处入手，扎实工作，一定能够为振兴饲料工业，为振兴崇明经济，为市政府的新一轮“菜篮子工程”建设做出更大的贡献。

评析 》

这是一份调查报告。标题采用的是公文式标题。在正文中，有导言、主体和结尾三部分。在导言中介绍了调查的缘由、目的、意义和所要探讨解决的问题；还介绍了调查的时间、地点、对象、过程以及运用的方式、方法。在主体部分包含调查对象的现状以及对所获信息的分析、归纳和总结。文章在结尾处给出了建议。

知识点击

一、调查报告的涵义、特点和种类

1. 调查报告的涵义

调查报告，确切地说，该叫“调查研究报告”，就是经过深入细致地实地调查和认真严肃地分析研究以后写出来的反映客观事物本质、揭示其规律的书面文体。常见的“调查”“调查记”“调查汇报”“调查综述”“情况调查”“考察报告”等都是调查报告的别称。写好调查报告，首先必须进行调查研究。

2. 调查报告的特点

政治上配合中心任务，行文上运用事实说话，内容上要求系统完整。具体地说，有以下三个特点：

（1）真实性。调查报告所反映的内容必须是调查研究的结果，是经过调查所亲自了解到的情况，而不能是道听途说、东拼西凑的东西。在调查报告中，不仅主要人物和事实要真实，就是事件的时间、地点、过程及各种细节，也要绝对真实，不能有半点浮夸和虚假。

（2）针对性。进行调查研究，撰写调查报告，是为了解决实际问题，因此要有很强的针对性。同时，也只有针对某个问题进行调查，才容易调查得比较深入，走马观花式的泛泛调查，是不会有太大收获的。一般来说，针对性越强，调查的效果就越好，调查报告的作用也就越大。在某种意义上说，针对性是调查报告的灵魂。

（3）典型性。调查报告所反映的内容，无论是经验，还是问题，都应具有典型性，要能起到以局部反映全局或以点带面的作用。调查报告如果反映的只是没有任何典型意义的孤立的个别案例，则难以对工作产生指导意义。

3. 调查报告的种类

按照调查报告反映的内容，大致可分为以下三种类型：

（1）反映情况的调查报告。这类调查报告也称基础性调查报告，是比较全面、系统地反映某一方面的情况的调查报告。

（2）总结经验的调查报告。这类调查报告是在确定典型，并对之进行深入、细致的了解的基础上，着重总结经验，探寻规律的调查报告。

（3）揭露问题的调查报告。这类调查报告通过揭露问题，并分析其危害和原因，引起有关部门的重视，为问题的最终解决起到促进和参考作用。

近年来，在报刊上经常会看到一种“调查附记”，有的就是篇幅短小的调查报告。另外，还有一种用于科学研究的调查报告，由于它不能划入事务文书之列，这里就不涉及了。

二、调查报告的写作准备

写调查报告，首先要做调查研究。调查研究的过程，是掌握材料、分析材料、选择材料、找出规律性的东西、得出正确结论的过程。

1. 深入调查，充分地掌握材料

调查研究是写好调查报告的基础、前提和先决条件。一般来说，调查研究所用的时间要比写调查报告的时间多，俗话所说的“调查”好比“十月怀胎”，“写作”犹如“一朝分娩”。要搞好调查研究，必须深入下去，做一番身临其境的实地调查，才能充分地掌握大量的第一手材料。要充分掌握材料，调查者还应有“眼睛向下”，甘当小学生，满腔热情地虚心求教的态度，切忌“昂首望天”“居高临下”。只有热情对待被调查者，并注意调查方法，才能获得大量材料。

2.认真研究，科学地分析材料

调查的目的是为了研究问题，提出科学的结论。对于调查得来的材料，不能照单全收，要以实践作为检查真理的唯一标准，对材料进行科学地分析和综合地研究，去粗取精，去伪存真，鉴别主次，明辨是非。

3.明确观点，精心地选择材料

如果说，调查时掌握的材料越多越好，那么，在选择材料时，则要越精越好，起到以一当十的作用，俗话说：“调查好比深山探宝，选材就像沙里淘金”。选择材料的原则，应根据观点，实现观点与材料的高度统一。要选择典型事例，有些貌似平凡、细小的材料，只要典型，同样有价值。同时材料的质地精粗也比量的多寡更为重要。

三、调查报告的结构

调查报告的结构，一般没有统一的模式，但也有一些基本的写作框架。

1.标题

（1）公文式标题：如《独生子女大学生发展状况调查分析》

（2）新闻式标题：如《社区盛开科普花——上海市群众性精神文明创建活动调查》正标题点明文章的主旨，副标题讲被调查的对象。

2.正文

这是调查报告的主体，一般分三部分：

（1）开头部分：要求开门见山，提纲挈领，紧扣主旨。或点出调查的目的，要调查和解决的问题；或简要介绍被调查单位的概况；或概括被调查单位所取得的成绩、经验或存在的问题、教训；或提出一个大家关心的问题或一件引人注目的事情；或叙述所调查事情的发生、发展、变化过程；或说明调查的全过程，包括调查的时间、地点、方法、对象、范围等。

（2）主体部分：按照内容，一般有四种写法：一是按照事物性质归类，并列地从几个方面来组织材料的“横式结构”，也称“并列结构”。这种结构能使文章条理清晰，观点突出。二是按照事物发生、发展的先后顺序安排材料，分成几个互相衔接的层次，这是“纵式结构”。这种结构能使文章脉络清楚，有助于读者了解事情的来龙去脉。三是遵循作者或读者认识活动的规律，从事物的外部情况入手，逐层深入地揭示事物的内在联系的“递进式结构”。这种结构有助于读者由外到内、由浅入深地洞察事物的本质。四是兼用上述几种结构，相互交错，穿插配合，称之为“综合式结构”。

（3）结尾部分：要求简明扼要，意尽即止。有的是做概括性的说明，以深化主旨；有的是表示决心，展望远景；有的是指出问题，找出差距；有的是提出新的见解、理论或参考的意见；有的主体部分讲完，文章结束，结尾也就省略了。

3.落款

一般在标题下正中或偏右处写明调查者的名称，也可写在落款处右下方，并写明日期。

四、调查报告的写作要求

1.要坚持实事求是的态度

对于成绩和问题，优点和缺点，经验和教训，都要实事求是，从实际出发，如实反映，切忌说过头话，防止片面性，反对绝对化，不要把好的说得一无缺点，差的一无是处。

2. 要注意观点和材料的统一

要认真进行调查研究，充分占有材料，认真分析并合理组织材料。做到用观点统帅材料，用材料说明观点，使材料和观点达到高度的统一。切忌罗列一大堆表面现象，空发一大通议论，而缺少具体材料的毛病，也要避免对材料不舍得割爱或不善于剪裁，致使材料芜杂、枝蔓丛生的缺点。

3. 要体现特色

要抓住最能反映客观事物本质的观点，来体现本单位、本部门的特色。用特殊来反映一般，用个性来反映共性，切忌千篇一律，千人一面，千部一腔，毫无特色。那种只要换个单位名称，都可以适用的调查报告是没有生命力的。

4. 要合理安排文章的结构

反复推敲，准确地使用。语言调查报告的语言要准确、简明，用词要恰如其分，注意分寸，切忌用模棱两可的词语；不要讲空话、大话、套话。但也要注意语言的形象性，适当运用一些喜闻乐见的群众语言和修辞方法，为的是使调查报告更具感染力和说服力。

五、调查报告与总结的区别

调查报告和总结在写作上有许多相通之处，特别是介绍典型经验的调查报告和专题性的工作总结，无论从反映的内容或表达的形式上来看，都非常接近，但也有不同点。

（1）从取材的范围看，调查报告反映的面较广，可以推广经验，可以反映情况，也可以研究、揭露问题，而总结往往是总结本单位某个阶段贯彻执行党的路线、方针、政策的情况，或某项工作的具体经验。

（2）从反映的内容看，调查报告比较集中地说明一个问题、一项事情，或者是阐述成绩，或者是揭露矛盾，一般不是既全面写成绩，又详细写问题的。而总结一般要考虑全过程，既要有基本情况的回顾，又要写取得的成绩、经验、存在的问题和教训，还要写今后的努力方向，这些方面都要有所交代，当然也要注意重点突出，主次分明，详略得当。

（3）从反映的时效来看，一般来说，调查报告配合形势的宣传要比总结迅速、及时，因为总结要到一定阶段才能撰写。

（4）从使用的人称看，调查报告通常用第三人称，而总结通常用第一人称。

成都女性调查：80%赞同未婚同居

又一年“三八”妇女节来临。成都新女性应该有怎样的新生活、新观念？《天府早报》记者耗时5天，以问卷调查方式，就事业、家庭、个人生活等问题对成都市部分女性进行了一番调查。

调查发现，尽管“家庭第一”仍然是成都女性最关注的话题，但注重个人事业发展、崇尚生活独立已越来越成为成都女性的生活目标，有35%的人认为“独身”不再是一种不可能的选择。有75%的成都女性在“全职太太”与“职业女性”中选择了后者，而更有85%的女性则将工作视为体现个人价值的最佳途径，并为此而在各自工作岗位上努力。

据成都市委组织部透露，目前，成都市女干部比例达42%，其中机关副局级以上女领导干部130余名，企事业单位具有中级以上专业技术职称的超过3.5万名，全市70%的市级部门领导班子中配备了女干部，12万女中豪杰在各行各业中大显身手。

去年，全国上下都在讨论“让女人回家”的话题，专家、学者还列举了不少“女人回家”后的种种好处，但女人是否真的愿意回家做“全职太太”呢？调查显示，在成都，75%以上的女性反对回家做“全职太太”，只有不到12%左右的女性选择做“全职太太”，其中高学历、高收入女性中有九成以上的人选择做职业女性。

如果单纯地看待工作是养家糊口的必要手段，那么你也许落伍于现代的女性了。有85%的成都女人认为工作的主要目的是体现自身的价值，选择工作的大前提是自己是否喜爱这份工作，工作起来是否舒心快乐，而工资收入的多少则排在了第二位。只有不到10%的人认为发挥自己最大价值的方式不仅仅只有工作。

尽管成都女性将事业看得很重，但在她们心目中家庭仍然排在第一位。超过五成的女性认为：“事业失败了还可以从头再来，而家庭生活失败了造成的伤害会更大。”相比之下，成都女性仍将家庭摆在第一位。

35岁的董女士是成都一家外企高级行政人员，她自信地告诉记者：“我就是你们心目中的新女性。”董女士说，作为职业女性，她觉得自己的耐心、韧性和良好的沟通协调能力在工作中得到了充分发挥。她不仅找到了自己的人生目标，同时也真切地感受到在工作中奉献的乐趣。她认为，女性温柔、细腻、感悟能力强等天性在今天这个信息时代显得比男性更有潜力和优势。

董女士的家庭生活也是幸福美满的，在科研所工作的爱人和一个8岁的女儿构成了一个完美的小家。工作之余，董女士除了和家人共享天伦之外，还会和自己的朋友定时去美容院和健身中心，一年一度的大假期间也会举家出游。她微笑着说“当我这样的新女性不好吗？”

旧时20岁便有一群儿女的现象，如今是再也看不到了。越来越多的年轻女性将自己的结婚、生育年龄推后。调查显示，98%的年轻女性选择25 ～ 30岁以上结婚、生育，这表明现代女性们对结婚、生育是越来越慎重、成熟了。

在中国一度占统治地位的性观念是“性为育而不为娱”。此次调查显示，在成都有八成以上的妇女看重性生活质量。在大专以上的高学历者中这一比例超过95%。相对而言，受传统影响较深的中老年人群仍持较为传统的性观念。

越来越多的人有离婚经历，越来越多的人能够理解离婚。有近八成的被调查者认为离不离婚纯属个人问题，对于离婚也不存在什么惧怕心理，高学历者对此的认同指数高达92.1%，高中以下低学历者和中老年女性则各占70%和86%。

独身是放弃婚姻而选择独立的一种生活方式。不少现代女性或者出于对家庭观念的淡化，或者出于对事业的追求，走进了独身的队伍。调查显示，在高学历者中有48%的人选择独身，而低学历者对此认同度低于10%。另外，本次调查有40%左右的女性表示今后可能会选择“丁克”家庭。

在20世纪80年代，“婚外恋”和“未婚同居”在人们眼里是可耻行为，而如今有80%的被调查女性表示对未婚同居持无所谓态度，认为只要男女相爱，不一定要“一纸婚书”。41%的女性同情理解婚外恋，有90%的女性在配偶发生婚外恋时会给予弥补改正的机会，选择立即离婚的女性不到10%。

（来源：中国新闻社2002年3月11日）

课堂练习

1. 调查报告都有哪些种类？

2. 调查报告的写作要求有哪些？

写作训练

1.对你身边的同学就某一种社会现象所持有的观点进行调查，拟写一份调查报告。

2.消费是一种观念，也是一种现象，请对你所在学校的大学生消费情况进行调查。

第五节 规章制度

目标要求

一、知识目标

1.了解规章制度的涵义；

2.明确规章制度的类型；

3.清楚规章制度的重要性。

二、能力目标

掌握规章制度的写作方法。

三、素质要求

能够拟写专项工作的规章制度。

案例分析

例文

企业差旅费管理制度

为了公司员工出差管理有序，严格控制费用开支，根据公司有关规定及具体情况，特制定本制度。

一、公司员工出差分为：

1.市内（县、区）出差：出差当日可能返回者。

2.远途出差：出差必须在外住宿者。

二、本规定适用范围包括：公司职工因公出差（以下统称出差）因公发生的差旅费开支。出差前应填写出差申请表，并到有关部门办理出差借款等手续。

三、出差借款金额：出差人员必须提交出差事由及经费使用申请报告，由所在部门负责人签字后报主管副总经理审批。原则上每人每日不超过本人出差补助标准的总计。返回后三个工作日之内完成报销手续，并结清余款。未按时报销者，财务可于当月工资中先予扣回，等报销时再行核付。

四、出差的审核决定权限如下：

1.员工当日出差时由部门经理核准。

2.长途出差：3日内由部门经理核准，3日以上由主管副总经理核准，部门经理以上人员由主管副总经理核准。

五、出差不得报支加班费，但假日出差另计。

六、出差途中除因病或遇意外灾害，或因工作实际需要延时外，应电话请示，不得因私事或借故延长出差时间，否则其差旅费不予报销。

七、员工出差旅费，应据实提出收据，不得虚报。如有虚报除将其虚报款项追回外，并视其情节轻重，酌予惩处。

八、市内差旅费支付：

1. 市内（其他县、区）出差原则上要当天返回，若因公事需住宿按标准执行。

2. 市内交通工具一般采用公交车，特殊情况可使用出租车，使用出租车要经主管批准，遇紧急情况事后要说明理由。交通费不能超过标准。

九、远途出差差旅支付：

1. 出差住宿、交通及餐费补助标准（单位：元/天）超标自付，欠标不补。

2. 远途出差需搭乘飞机的，需报经总经理审批，原则上由公司办公室统一购买机票。乘坐汽车的按实际票面价报销，火车以硬座、硬卧价报销，轮船按三等舱报销。

十、不同职务人员一起出差时，差旅费按照最高职务标准计算。

评析》

这是某公司关于公司员工出差旅费管理的专门制度规定，在公司内具有严肃的操作性。

一、规章制度的涵义

规章制度通常指国家机关、企事业等用人单位的规章制度，是用人单位制定的组织劳动过程和进行劳动管理的规则和制度的总和，也称为内部劳动规则，是用人单位内部的“法律”。规章制度内容广泛，包括了用人单位经营管理的各个方面。根据1997年11月劳动部颁发的《劳动部关于对新开办用人单位实行劳动规章制度备案制度的通知》，规章制度主要包括：劳动合同管理、工资管理、社会保险福利待遇、工时休假、职工奖惩以及其他劳动管理规定。

用人单位制定规章制度，要严格执行国家法律、法规的规定，保障劳动者的劳动权利，督促劳动者履行劳动义务。制定规章制度应当体现权利与义务一致、奖励与惩罚结合，不得违反法律、法规的规定，否则就会受到法律的制裁。最新修订的《中华人民共和国劳动合同法》第八十条规定：“用人单位直接涉及劳动者切身利益的规章制度违反法律、法规规定的，由劳动行政部门责令改正，给予警告；给劳动者造成损害的，应当承担赔偿责任。”

二、规章制度的种类

规章制度包括行政法规、章程、制度、公约四大类。不同的类别，反映不同的需要，适用于不同的范围，起着不同的作用。

（一）行政法规类

1. 条例

条例是具有法律性质的文件，是对有关法律、法令做辅助性、阐释性的说明和规定；是对国家或某一地区政治、经济、科技等领域的某些重大事项的管理和处置做出比较全面、系统的规定；是对某机关、组织的机构设置、组织办法、人员配备、任务职权、工作原则、工作秩序和法律责任做出规定或对某类专门人员的任务、职责、义务权利、奖惩做出系统的规定。它的制发者是国家最高权力机关、最高行政机关（国务院各部委和地方人民政府制定的规章不得称“条例”）。例如：《失业保险条例》。

2.规定

规定是为实施贯彻有关法律、法令和条例，根据其规定和授权，对有关工作或事项做出局部的具体的规定。是法律、政策、方针的具体化形式，是处理问题的法则。主要用于明确提出对国家或某一地区的政治经济和社会发展的某一方面或某些重大事故的管理或限制。规定重在强制约束性。它的制发者是国务院各部委、各级人民政府及所属机构。例如：《关于制止低价倾销工业品的不正当价格行为的规定》。

3.办法

办法是对有关法令、条例、规章提出具体可行的实施措施，是对国家或某一地区政治、经济和社会发展的有关工作、有关事项的具体办理、实施提出切实可行的措施。办法重在可操作性。它的制发者是国务院各部委、各级人民政府及所属机构。例如：《××工业学校班主任工作考核办法》。

4.细则

细则是为实施“条例”“规定”“办法”做详细、具体或补充的规定，对贯彻方针、政策起具体说明和指导的作用。它的制发者是国务院各部委、各级人民政府及所属机关。例如：《<对外汉语教师资格审定办法>实施细则》。

（二）章程类

章程是政府或社会团体用以说明该组织的宗旨、性质、组织原则、机构设置、职责范围等的纲领性文件，具有准则性与约束性的作用。它的制发者是政党或社会团体。例如：《中国共产党章程》。

（三）制度类

1.制度

制度是有关单位和部门制订的要求所属人员共同遵守的准则，是机关单位对某项具体工作、具体事项制订的必须遵守的行为规范。它的制发者是机关团体、企事业单位及其部门。例如：《安全生产制度》《××地区环保局廉政制度》。

2.规则

规则是机关单位为维护劳动纪律和公共利益而制定的要求大家遵守的关于工作原则、方法和手续等的条规。它的制发者是机关团体、企事业单位及其部门。例如：《全国安全生产委员会专家组工作规则》《××科技大学图书馆借书规则》。

3.规程

规程是生产单位或科研机构，为了保证质量，使工作、试验、生产按程序进行而制订的一些具体规定。它的制发者是机关团体、企事业单位及其部门。例如：《车间操作规程》《计算机操作规程》。

4.守则

守则是机关团体、企事业单位要求其成员遵守的行为准则，它倡导有关人员遵守一定的行为、品德规范。它的制发者是机关团体、企事业单位及其部门。例如：《汽车驾驶员守则》《高等学校学生守则》。

5.须知

须知是有关单位、部门为了维护正常秩序，搞好某项具体活动，完成某项工作而制订的具有指导性、规定性的守则。它的制发者是有关单位、部门。例如：《观众须知》《参加演讲赛须知》。

（四）公约类

公约是人民群众或社会团体经协商决议而制订出的共同遵守的准则。是人们为了维护公共秩序，经集体讨论，把约定要做到的事情或不应做的事情、应该宣传的事情或必须反对的事情明确写成条文，作为共同遵守的事项。它的制发者是人民群众、社会团体。例如：《居民文明公约》《××市各界人民拥军优属公约》。

三、规章制度的重要性

企业的规章制度是体现企业与劳动者在共同劳动，工作中所必须遵守的劳动行为规范的总和。依法制定规章制度是企业内部的“立法”，是企业规范运行和行使用人权的重要方式之一，企业应最大限度地利用和行使好法律赋予的这一权利，成熟的企业都看到了这一点。但实践中还有很多企业并未对此予以重视，认为反正有国家法律、法规，出了事按国家法律、法规处理就行，其不知国家法律、法规是大法，不可以直接针对某个单位的具体情况，而且企业的具体经营运作是千变万化的。俗话说：“不成规矩，何以成方圆”。成功的企业多制度，其效果是使企业运行平稳、高效，并可基本上防患于未然。

1.规章制度的主要功能

（1）规范管理，能使企业经营有序，增强竞争实力。

（2）制订规则，能使员工行为合矩，提高管理效率。

2.规章制度的重要意义

（1）制定企业规章制度是建立现代企业制度的需要。

（2）制定企业规章制度是规范指引企业部门工作与职工行为需要。

（3）企业的规章制度是完善“劳动合同制”，解决劳动争议不可缺少的有力手段。

公司聘任管理制度

第一条　本公司各部门如因业务需要，必须增加人员时，应先依照公司人员征募流程的规定提出申请，经总经理核准后，由人事部门办理征募事宜，经部门经理应试合格。

第二条　新进人员经考试或审查合格后，经总经理核准后任用，若有特殊人才或特定人员可由部门经理书面（人员聘用申请书）呈报总经理核准后方可任用。

第三条　部门经理应将核准后的新进人员资料（应征资料）及人员聘用申请书一并送交人事部门依新进人员手续办理。

第四条　新进人员于报道七天内，应缴交下列文件，否则不予任用。

1.身份证影本（需缴验正本）。

2.个人人事资料及三个月内半身照片四张。

3.其他必备的证件。

第五条　新进人员交齐上述文件并经过试用期后，人事部门方可办理加入社会保险手续。

第六条　经公司录用新进人员到职起2～3个月内为考察期，考察期间薪资是以当地工资水平给予；考察期满合格后进入试用期，职员试用期为1～2个月，但成绩优良者，可缩短其试用时间。期满考核合格者，方能正式雇用并签订劳动合同。

考察期间或试用期间经考核：

1.不适用者，公司得随时无条件予以解雇，其薪资按照实际工作天数核算；但总共在本公司服务未满十五天而自动离职者不予发放薪资。

2.品行不良或服务成绩欠佳或无故旷工者，可随时停止试用，予以解雇。

3.表现特优者，得由部门经理签报总经理核准缩短试用期限（试用期最短为十五个工作日）。

第七条　试用人员的考核依据：

1.工作能力与表现——对工作熟练、谨慎及胜任度。

2.对公司的自信力——是否有认同公司的经营理念与策略。

3.敬业精神——对所交付的工作是否兢兢业业、如期完成。

4.出勤记录——有无迟到、早退、旷职等记录。

5.荣誉感——是否具有团队精神及意识。

6.亲和力——是否待人接物和睦相处、坦诚真实。

第八条　试用期满人员，由直属部门经理予以考核，以书面（试用期满薪资调整表），呈报总经理考核的，方为正式任用（薪资调整实施日期从正式任用日期算起）。

第九条　有下列情况者，非经总经理特别核准者一概不得录用：

1.负案在身且尚在缓刑期者。

2.原在其他公司和机关服务时，未办离职手续、名声很差或被解职免职者。

第十条　服务年资自到职日期算起，停薪留职或服役期间不予计算；辞职或退休后复经任用者其原有年资不予连续计算（除特殊情况经总经理核准外）。

课堂练习

1.规章制度都有哪些种类？

2.你能说出几种较熟悉的规章制度？

3.规章制度对于党政机关、企事业单位等的日常管理有什么作用？

写作训练

1.假如你是班长，请与同学们交流、协商，拟写一份班级日常管理规定。

2.请为学校拟写一份校园文明公约。

第六节　简报

一、知识目标

1.了解简报的涵义；

2.知晓简报的特点和类型；

3.清楚简报的架构。

二、能力目标

掌握简报的写法。

三、素质要求

能够准确把握简报的选稿。

案例分析

例文

××市政府法制工作简报

第8期

×××市政府法制办　　　　　　　　　　××××年××月××日

××市召开法制工作会议

7月24日，市政府法制办在××区组织召开了全市政府法制工作座谈会，市政府法制办党组书记、主任王××，党组成员、副主任刘××，党组成员、副巡视员傅××，党组成员、纪检组长陈××、党组成员、副主任李××和副巡视员于××出席会议，各县（市）区人民政府法制机构负责人、机关各处室负责人共40人参加了会议。

会议分析了当前政府法制工作面临的新形势、新任务，听取了各县（市）区法制办主任对市办开展党的群众路线教育实践活动、对班子和党组成员的意见、建议，总结交流上半年全省政府法制工作情况，探讨和研究下半年工作思路和打算。会议传达并学习了第十二届全国政府法制监督工作协作会议精神。会上，各县（市）区法制办主任积极踊跃发言，汇报了上半年各县（市）区政府法制工作进展情况，总结了许多工作亮点和特色，为促进全市政府法制工作提供了科学借鉴。同时，与会人员还针对市办开展党的群众路线教育实践活动提出许多好的意见和建议，对改进机关工作作风、强化业务质量、提升工作效率将发挥积极作用。

最后，市政府法制办党组书记、主任王××作了总结发言，从三个方面对下半年工作提出要求：一是要肯定前半年工作成绩，努力增强做好政府法制工作的信心和决心。二是要认清形势，明确目标，进一步增强做好政府法制工作的责任感和使命感。三是要明确任务，坚持创新，努力推进政府法制工作不断取得新成效。

报：××市政府

抄：××市政法委

送：××市司法局

（共印×份）

评析》

这是一份会议简报，有报头、报核和报尾，结构完整，内容简洁，条理清楚。

知识点击

一、简报的涵义

简报是指我们日常工作中就一个事项或事件以刊印文件的形式简单地向主管单位领导或下属部门做以简述报告和简要通报。

二、简报的分类

简报的种类，按时间分，有定期的简报、不定期的简报；按性质分，有工作简报、生产简报、学习简报、会议简报；按内容，有综合反映情况的简报和反映特定情况的专题简报。

（1）业务简报。又称日常工作简报，反映本地区、本系统、本部门日常工作或问题。它包含的内容较广，工作情况、成绩问题、经验教训、表扬批评、政策执行等都可以反映。它常以定期或不定期的形式出现，在一定范围内发行。

（2）专题简报。又称中心工作简报，它是一种阶段性的简报。它往往是针对机关工作中某一时期的中心工作、某项中心任务办的简报，中心工作完成，简报也就停办了。

（3）会议简报。会议期间反映会议情况的简报，它是一种临时性的简报，内容包括会议中的情况、发言及会议决定等。规模较大、时间较长的会议常要编发多期简报，以起到及时交流情况，推动会议的作用。小型会议一般是一会一期简报，常常在会议结束后，写一期较全面的总结性的情况反映。

（4）动态简报。包括情况动态和思想动态。这类简报的时效性、机密性较强，要求迅速编发，发送范围有一定限制，在某一个时期、某一阶段要保密。

三、简报的特点

简报具有一般报纸新闻性的特点，这是共性；它又有本身的特点，主要是：

（1）内容专业性强。公开的报纸一般是综合性的，内容广泛，各方面的新闻都有；除了新闻，还有文艺作品。简报就有所不同，它一般由有关单位、部门主办，专业性十分明显。如《人口普查简报》《计划生育简报》《水利工程简报》《招生简报》等。

（2）篇幅特别简短。一期简报甚至只登一篇文章、几段信息或一期几篇文章，总共一两千字，长的也不过三五千字，读者可以用很短的时间把它读完，适应现代快节奏工作的需要。简报的语言必须简明精练。

（3）限于内部交流。一般报纸面向全社会，内容公开，没有保密价值，读者越多越好。简报则不同，它一般在编报机关管辖范围内各单位之间交流，不宜甚至不能公开传播。有的简报往往是专给某一级领导人看的，有一定的保密要求，不能任意扩大阅读范围。

四、简报的作用

（1）反映情况。通过简报，可以将工作进展情况以及工作中出现的新情况、新问题、新经验，及时反映给各级决策机关，使决策机关了解下情，为决策机关制定政策、指导工作提供参考。

（2）交流经验。简报体现了领导机关一定的指导能力，通过组织交流，可以提供情况、借鉴经验、吸取教训，这样对工作有指导和推动作用。

（3）传播信息。简报本身即是一种信息载体，可以使各级机关及从事行政工作的人互相了解情况，吸收经验、学习先进、改进工作。

五、简报的写法

1. 报头

（1）简报名称一般用套红印刷的大号字体。如有特殊内容而又不必另出一期简报时，就在名称或期数下面注明“增刊”或“××专刊”字样。秘密等级写在左上角，也有的写“内部文件”或“内部资料，注意保存”等字样。

（2）期号，可写在名称下一行，用括号括上。

（3）编印单位。

（4）印发日期写在与编印单位平行的右侧。

2. 报核

报核，即简报所刊的一篇或几篇文章。简报的写法是多种多样的，因此，它的形式也较灵活。大多数是消息，除了消息，还有别的文体，所以，不是每篇简报都有这几项内容。

（1）简报的标题类似新闻的标题，要揭示主题，简短醒目。

（2）导语通常用简明的一句话或一段话概括全文的主旨或主要内容，给读者一个总的印象。导语的写法多种多样，有提问式、结论式、描写式、叙述式等。导语一般要交代清楚谁（某人或某单位），什么时间，干什么（事件），结果怎样等内容。

（3）主体用足够的、典型的、有说服力的材料，把导语的内容加以具体化。

（4）结尾或指明事情发展趋势，或提出希望及今后打算。如果主体部分已经把事情说清楚，那就不必再加尾巴了。

（5）背景：即对人物、事件起作用的环境条件和历史情况。背景可以穿插在各个部分。

3. 报尾

在简报最后一页下部，写明抄报或抄送的机关和部门，还要写清印刷份数。

报头、报核及报尾之间，一般都分别用一道横线隔开。

××市房改工作简报

第3期

××市房改办公室　　　　　　　　××××年××月××日

按：××矿务局房改办为确保住房制度改革中“提租补贴”政策的正常运转，10月份对全局所属单位进行了全面调查。这次调查，得到了各级领导的支持，组织严密，投入自查的人员多，自查效果大，在全市是绝无仅有的。他们这种对工作认真负责的精神，为全市各房改单位做出了好榜样，也充分反映了领导和房改办的工作人员高度重视住房制度改革，坚持执行房改政策，敢于和善于自查自纠的工作作风。现将××矿务局《房改工作检查情况的汇报》转发给你们，供参考借鉴。

房改工作检查情况的汇报

为确保住房制度改革，实现“提租补贴”的正常运转，真正做到“一手发出去，一手收回来”。在二步到位运转一周年之际，局房改办于今年10月份召开了各单位房改办主任会议，部署了房改大检查工作，要求各单位以自查的形式，进行“两查四核实”。“两查”是：

查补贴范围，查漏扣资金；“四核”是：核实住房面积、租金额、补贴基数、补贴金额。经过两个月的自查核实，截至11月底，大多数单位都已基本完成。

已查实的单位中，除有5个小单位参改人员较少，没有发现问题外，其余的大多数单位都不同程度地查出了问题。据九矿、三厂、局直、基建公司等13个单位的统计，在被调查的6286房承租户中，漏扣资金的有48户，占0.7%，少扣资金16852.58元。在已发补贴的9157人中，不应补贴的有21人，通过财务部门可追回资金20578.24元。

这次检查核实工作，之所以能取得较大的收获，主要原因有以下三点：

1. 领导重视，业务部门配合。在局里召开房改办主任会议以后，按照要求，各单位立即行动，有的矿长亲自挂帅，召开了工资、财务、房管和工会有关人员参加的房改工作会议，进行了动员并布置了工作。如××矿副矿长××同志，就亲自召集了财务、审计、工资等各部门负责人会议，要求这几个部门把检查工作当成自己业务的一部分，给房管科以大力支持，并抽出一名工薪科员专做检查核实工作。因此，虽然这个矿职工居住分散，人员调动频繁，检查工作难度大，但经过两个月的工作，仅漏扣资金一项就查出7户，少扣租金2334.53元。补贴方面的问题，还在继续检查中。

2. 配备力量，分层包干。（略）

3. 执行政策，方法得当。（略）

报：××市政府

抄：××市房地产管理局

送：××市规划局

（共印×份）

课堂练习

1. 什么是简报？简报分为哪几种？

2. 简报写作要注意哪些要点？

写作训练

1. 以班级活动为素材，拟写一份班级活动简报。

2. 以团支部活动为素材，拟写团支部工作简报。

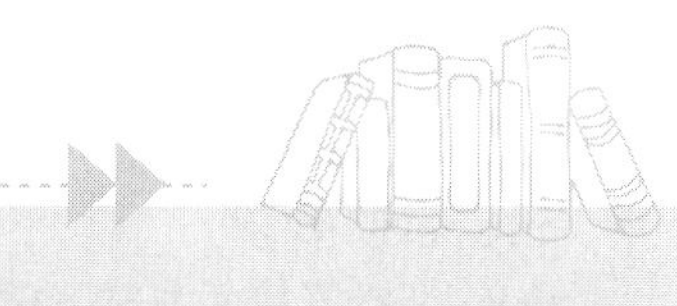

第七章 司法文书

一、司法文书的涵义和种类

1. 司法文书的涵义

司法文书是指公安机关、人民检察院、人民法院等司法机关在处理刑事案件、民事案件或行政案件等执法活动中，企事业单位、机关、团体、公民在进行诉讼活动、民事往来等有法律意义的活动时，依法制作的具有法律效力、法律价值或法律意义，并能引起法律后果的文书。

2. 司法文书的种类

司法文书分为：诉讼类、协调类、仲裁类和公证类等。

二、司法文书的特点

1. 合法性

司法文书是为了执行、实施法律而制作的，是法律的具体运用和体现，因此司法文书的制作必须符合法律的规定。如刑事、民事、行政诉状所陈述的理由必须能在现有法律中找到依据，必须符合我国宪法。

2. 真实性

司法文书的内容必须真实可靠。一是司法文书依据的事实或证据要真实。二是司法文书的语言要准确，不能夸大其词、大肆渲染，也不能轻描淡写、闪烁其词。

3. 强制性

司法文书一经制作，经过一定期限就产生法律效力。生效的法律文书对当事人具有约束力，当事人必须依照司法文书的规定执行。拒不执行时，可以依法强制执行或申请强制执行。

4. 规范性

司法文书的用途、内容、格式等一般都由法律直接做出规定，任何单位和个人不得违背法律的规定，任意制作和使用法律文书。

第一节　授权委托书

一、知识目标

1. 掌握授权委托书的涵义；

2. 明确授权委托书的特点和类型；

3. 知晓授权委托书的架构。

二、能力目标

掌握授权委托书的基本写法和要求。

三、素质要求

培养撰写授权委托书的能力。

例文

授权委托书

兹委托我公司/厂员工：姓名＿＿＿＿＿＿＿，性别＿＿＿＿＿，任职部门＿＿＿＿＿，职务＿＿＿＿＿＿，代表本公司/厂，申请阿里巴巴（中国）网络技术有限公司“诚信通服务”及办理相关手续，作为我公司/厂授权代表出现在阿里巴巴网站上并使用“诚信通服务”，因使用“诚信通服务”（ID）所产生的费用和责任均由本公司/厂承担。

特此声明。

授权单位（公章）：

授权日期：××××年××月××日

填写前请仔细阅读以下内容

备注：

北京中贸远大信用管理有限公司，是阿里巴巴（中国）网络技术有限公司的合作伙伴，受阿里巴巴公司的委托，负责为申请诚信通服务的企业进行“企业身份认证”！

为了不影响您如期使用阿里巴巴“诚信通服务”，请配合完整填写以上资料，并加盖公章，在当天回传至我司。谢谢！

特别提示：

1. 盖章必须为“公章”，若非“公章”此份授权书无效。

2. 请再次确认授权代表系您单位的员工，不存在挂靠或借用您单位营业执照等情形，否则本次认证不能通过，后期发现同样将终止诚信通服务且不退款。

3. 若因您的原因未能通过认证，将扣除CNY200元（注：中国大陆以外地区须扣除CNY600元）委托认证费用，请您确认信息填写正确并与实际相符。

4. 授权书填写盖章完成后，请将原件和您的身份证扫描或者拍照后连同贵司法人身份证原件正反两面或对公账户信息（包括开户名称、账号、开户银行）发至以下邮箱。

北京中贸远大信用管理有限公司认证员：高文娟

公司网址：www.creditcn.com　邮箱地址：zhongmao0013@126.com

电话：010-64226406 传真：010-58857038转8005

评析 »

这是一篇由北京中贸远大信用管理有限公司发出的固定格式的授权委托书，从内容上看，有被委托人姓名、性别、任职部门、职务等内容需要填写，并且有十分明确具体的权力事项。但值得注意的是，在授权委托书的后面还有一些填写说明，这是因为本授权委托书的发出者也是接受阿里巴巴的授权许可，并按照委托方的要求制定本授权委托书的。

一、授权委托书涵义和种类

1. 授权委托书的涵义

授权委托书是委托他人代表自己行使自己的合法权益，受托人在行使权力时需出具委托人的法律文书。也可以说授权委托书是委托人与受托人就委托事务达成的代理协议。

2. 授权委托书的种类

依据授权的范围，可将授权委托书分为特别委托书和概括委托书。

二、授权委托书的结构与写法

授权委托书由首部、正文和落款组成。

1. 首部

首部包括：标题、委托人和受托人的基本情况。

2. 正文

正文是授权委托书的内容，一般以条款形式表述。主要有以下方面：

（1）法律依据。如“根据法律规定，委托人××自愿委托××，并经其同意为受托人”。

（2）授权委托事项。委托的事项一定要写得明确、具体。应当注意的是，在民事代理中，代理人受托的事项必须是具有法律意义的，能够产生一定法律后果的民事行为。我国《民法通则》第63条第3款明确规定：“依照法律规定或者按照双方当事人约定，应当由本人实施的民事法律行为，不得代理。”如具有人身性质的遗嘱、收养子女、婚姻登记等法律行为。

（3）委托的权限范围。授权委托书当事人双方在委托书中明确权利及义务关系是代理人实施代理行为有效的依据。在民事代理中，委托人授予代理人代理权的范围有三种情况：

① 一次委托，即代理人只能就受托的某一项事务办理民事法律行为；②特别委托，即代理人受托在一定时期内连续反复办理同一类性质的民事法律行为；③总委托，即代理人受托在一定时期内办理有关某类事务或某一种标的物多种民事法律行为。

（4）授权委托的报酬及报酬支付方式。经济社会，每个人的时间都是十分宝贵的，委托他人办事就要占用别人的时间，为了弥补受托人的经济损失，有的委托书中会有为受托人提供报酬的条款，这时就要写清楚报酬的多少以及支付方式了。

（5）授权委托履行的期限、地点和方式。在委托履行的期限上，如法律法规授权行政机关可以委托其他行政机关行使某项行政职权的时候，一般一年一委托，以防止法律法规修改和政策的变化而导致委托权限的改变。

（6）违约责任及争议解决。

（7）委托的终止。授权委托书应就委托终止的情形进行规定。

3. 结尾

委托人及受托人要签名盖章，并签写订立委托书的时间。

三、授权委托书写作的注意事项

（1）明确授权委托的方式，一般有明示授权、默示授权和追认。

（2）授权委托的期限一定要写清楚，最好有起止日。

（3）特别授权委托书如果是公民之间的，最好办理公证。

规范例文

委托书

委托人：王××　性别：男　身份证号码：××××××××××××××××××

受托人：陈××　性别：男　身份证号码：××××××××××××××××××

我拥有位于××市××区××路××花园3栋8号的房产，现委托陈××为我的代理人，代理人可以我的名义在代理期限为2011年8月15日至2015年8月15日内，代理如下事项：

一、全权办理出租上述房产有关手续，代为签署上述房产租赁合同、收取租金，代理人有权选择承租方并确定租赁价格。

二、管理上述房产，代为支付该房产有关水、电、物业管理、煤气、有线电视、电话、网络以及相关费用。

三、以上述房产为抵押办理贷款，代为签署借款合同、抵押合同等以及借款借据及其他相关文件，收取借款款项。

四、到国土部门办理上述房产的抵押登记手续。

五、全权办理提前还清上述房产贷款（即赎楼）手续，代办抵押登记注销手续、领取房地产证等产权证明，有权递件、取件，在有关文件上签字。

六、全权办理上述房产的有关转让手续，代为签署房产转让合同并收取售房款，在有关文件上签字。

七、办理上述房产的房款资金监管协议及收取资金监管协议中的房款，签署相关文件。

八、到国土部门查询上述房产产权资料、办理过户登记等手续。

九、全权办理所转让上述房产的水、电、物业管理、煤气、有线电视、电话、网络费以及其他相关过户、销户手续。

委托代理人在其权限范围及代理期限内签署的一切有关合法文件及办理的相关手续，我均予承认。

委托代理人（有/无）转委托权。

委托人（签字、按指印）：王××

受托人（签字、按指印）：陈××

2011年8月3日

课堂练习

1.下面是一份简单的委托书，你认为有哪些不当之处？

法律委托书

委托人：×××

受托人：×××

现委托受托人在我与×××因纠纷一案中，作为诉讼代理人参加诉讼。

代理权限为：代为陈述事实，参加辩论，代为承认、放弃或者变更诉讼请求，进行调解与和解，提起反诉或者上诉。

2.下面的委托书在书写上有一些不严密的地方，你能指出来吗？

董事会授权委托书

××××股份有限公司董事会：

本人作为委托人，兹委托××××股份有限公司××董事××代表本人出席定于××××年××月××日召开的第××届董事会第××次会议，并授权其表决本次董事会的相关议案。

特此委托。

委托人：×××

××××年××月××日

写作训练

1. 下面是一份空白委托书，请根据你对某些企业的了解填写具体内容，使其成为一份真正意义上的授权委托书。

企业授权委托书

兹授权我公司的________，其身份证（护照）号码________________________，作为我公司的合法的授权代表，以我公司的名义并代表我公司全权处理以下事宜：

1. ________________________；
2. ________________________；
3. ________________________；
4. ________________________；
5. ________________________。

本授权委托书期限自________年____月____日起至________年____月____日止。

在上述授权范围和期限内，授权代表所实施的行为具有法律效力，本公司予以认可并承担相应法律后果。授权代表无权转让委托权。

特此委托！

授权代表：（签字或盖章）

身份证或护照号码：________________

职务：__________

公司签章：________________

法定代表人：（签字或盖章）

授权委托日期：________年____月____日

2. 白晓云是一位退休教师，现在深圳居住，可是在原来退休学校有一处住宅没人居住，她想委托原来的在职同事帮助出租此房屋，你能帮助白老师拟写一份授权委托书吗？

第二节 起诉状

一、知识目标

1. 掌握起诉状的涵义；
2. 明确起诉状的类型；
3. 知晓起诉状的写作重点。

二、能力目标

掌握起诉状的基本写法和要求。

三、素质要求

培养撰写起诉状的能力。

案例分析

例文

起诉状

原告：华夏旅行社，地址：××市××路×号，法定代表人：刘××，总经理

诉讼代理人：李××，××市第×律师事务所 律师

被告：神州旅行社，地址：××市××路×号，法定代表人：王××，总经理

诉讼请求

1.要求被告归还原告的客户档案；

2.赔偿原告经济损失××万元；

3.本案诉讼费由被告承担。

事实和理由

1994年8月，原告所属欧美业务部十余名业务骨干，未经社方批准也未办理有关手续，擅自离职，并将其在工作中保管、使用的客户档案全部带走，随后被告神州旅行社把应聘的这些人员组建成欧美二部，向原告的国外客户进行联系，以转移业务关系。在短短的几周时间内，原告的国外客户纷纷来电来函，以种种理由取消原定9月至11月来华旅游的团队151个，几乎占原订团队总数的三分之二，致使原告减少计划业务收入2200万元，损失利润350万元。

原告认为：神州旅行社以某种优惠条件，诱聘原告的业务骨干，获取并利用原告的商业秘密（指国外客户的档案资料），以扩展自己的国外业务。根据《中华人民共和国反不正当竞争法》的规定，属于不正当竞争行为。为此，向人民法院提起诉讼，依法要求神州旅行社归还全部国外客户档案，赔偿因不正当的竞争行为给华夏旅行社造成的经济损失350万元，以维护社会主义的经济秩序和原告的合法权益。

此致

××市××人民法院

具状人：华夏旅行社（盖章）

法定代表人：刘××（盖章）

××××年××月××日

附件：1.本诉状副本壹份；2.国外客户来函来电×份

评析 》

这是一份两家旅行社之间因业务纠纷引起的诉讼案件中由一方向另一方进行索赔的起诉状。在诉状中，首部交代了原告、被告双方的基本情况，正文中提出了明确清晰的诉讼请求，并且简要叙述了对方侵害的事实，交代了原告诉讼的理由。但在致送机关中交代不甚明确，应该是“××市××区人民法院”更为合适。尾部有具状人及法定代表人的签章，并有具状的具体时间，有附件两项。

一、起诉状的涵义和分类

（一）起诉状的涵义

起诉状是指刑事、民事或行政案件的当事人一方，在自己合法权益受到损害或当事人的另一方对有关权利和义务问题发生争执而未能协商解决时，向人民法院起诉，要求依法审理、裁决所制作的诉讼文书。

（三）起诉状的种类

按照案件的性质，起诉状可分为刑事起诉状、民事起诉状和行政起诉状三类。

刑事起诉状是指刑事案件的被害人或其法定代理人要求追究被告人的刑事责任或者附带民事责任而递呈人民法院的诉讼文书，也称刑事起诉状或刑事诉状。一般只限于不需侦查的轻微刑事案件。

民事起诉状是指公民、法人和其他组织，在认为自己的民事权益受到侵害或者与他人发生争议时，向人民法院提出的要求人民法院依法做出公正裁判的书面诉讼请求。

行政起诉状是指公民、法人或其他组织认为行政机关及其工作人员的具体行政行为侵犯了其合法权益时依据事实和法律向人民法院提起诉讼的文书。

二、起诉状的结构与写法

起诉状由首部、正文和尾部三个部分组成。

（一）首部

首部包括标题和基本情况。

（二）正文

起诉状的正文包括诉讼请求、事实与理由等内容。

1. 诉讼请求

诉讼请求是原告希望通过诉讼所要达到的目的。诉讼请求必须明确具体。如请求离婚、履行合同、偿还债务、追还贷款等。

2. 事实与理由

事实与理由部分是全文的核心部分。

（1）事实部分的写法

① 按照事件发生、发展的顺序，围绕中心来写。

② 先写当事人争执的标的情况，后写争执的原因和焦点。

（2）理由部分的写法，应该首先高度概括纠纷事实，后逐条阐述起诉理由。它包括：

① 分析纠纷的性质，说明是非曲直；

② 分析证据，说明起诉所依据的事实是可靠的；

③ 论证权利和义务的关系，说明提出的诉讼请求是合理合法的；

④ 引用恰当的法律条文，说明起诉是有法律依据的。

（三）尾部

尾部包括：结语、落款和附项，有的诉状没有附项。

三、起诉状的写作重点

写起诉状首先要找到起诉点，即起诉理由，也就是被告在案件中违法或者侵权的事实或罪行，以及应承担法律后果的法律依据；然后，在此基础上依法确定被告所承担的法律后果与法律依据之间的关系，只有认识到这种关系才能有助于维护原告一方的合法权益，达到最终解决诉讼纠纷的目的。

在写起诉状时把被告在案件中违法或者侵权的事实或罪行与相应的法律法规以及起诉人对案件的处理意见、要求、主张，即诉讼请求“对号入座”。因此，写诉状要叙述事实准确，诉讼请求合理，理由充分。

民事起诉状

原告：王××，女，44岁，汉族，河北省××县人，北京市××公司仓库保管员，户口在××区××胡同×号，现住××大街×号。

被告：林××，男，48岁，北京男人，××出版社印刷厂工人，住××区××胡同×号。

案由：离婚。

事实与理由：

1974年3月15日经邻居介绍，养母同意，我与被告结婚。婚后生子女三人：长女20岁，已工作；次女16岁，幼子10岁，均上学。与被告结婚是我养母之意，非我本人意愿。被告有严重的大男子主义思想，对我经常打骂，对孩子也不好。1985年第一个男孩得病在儿童医院抢救时，被告不顾当时孩子病危（后死亡）就要与我离婚。大女儿出生6个月，被告又向我提出离婚。我当时抱着孩子上法院打官司同意离婚，因父母干涉而未离成。后来感情日益恶化，自1994年5月至今，我一直住在娘家，三个子女都随同我一起生活。被告不按时给子女抚养费（自1995年9月至1996年1月，5个月时间只给200元），并且将我母女四人的户口本收藏起来。今年2月20日我和大女儿回去要钱时，被告不但不给，反而用脚踹我的腹部，踢我的左腿，并抄起饼锅（音称）要砸我和大女儿，幸被邻居解救，得以脱险。这次被打后，我的腹部肿胀，左腿青紫淤血，至今伤痕尚在，伤痛犹存。以上情况，同院邻居孙××（市环卫局工人），居委会秦主任了解，并有中医医院诊断书证明。

以上事实可以看出，我和被告并非自主结婚，婚前感情无基础，婚后共同生活期间，对我非打即骂，感情早已破裂。被告对子女也不尽抚养义务、毫无父子之情。而且我身患哮喘病，多年来遭受无情摧残，更加重了我的病情。被告单位领导曾多次对他进行帮助、教育，他拒不接受，还时常跑到我现住处找碴打架。我忍无可忍，深感已无法维持这种名存实亡的婚姻关系。根据婚姻法第25条、第29条、第30条、第31条及民事诉讼法第97条的规定，特提出如下请求：

1. 判决我与被告离婚。

2. 三个孩子继续跟我生活，长女生活已能独立，次女由我抚养，幼子由被告负担每月抚养费200元。

3. 胡同×号住房两间，我要一间。

4. 婚后共同财产计有：双人床两张，单人床一张，大小衣柜各一个，箱子两只，长方桌及八仙桌各一张，自行车一辆，收音机一台，缝纫机一架，煤气炉一个，电表一个，铁炉两个。其中单、双人床各一张，大衣柜一个，箱子一只，长方桌一张，缝纫机一架，煤气炉、铁炉各一个，归我所有。

在本案判决前，请求法院裁定：

1. 被告将我和子女四人的户口本、购粮本交我收管；

2.被告自2月份起将幼子的抚养费，先行付给，并立即执行。

此致

北京市××区人民法院

起诉人：王××

1996年××月××日

课堂练习

1.下面关于民事起诉状与刑事起诉状的说法，你认为正确吗？

民事起诉状是要求被告履行民事方面的义务，比如说还钱或损害了东西赔偿什么的。而刑事起诉状就不同了，针对的是刑事的案件，要求法院判决被告承担刑事责任，是与被告的自由有关。

2.下面是关于诉讼案件中当事人称谓的说法，你认为正确吗？

在一些起诉状中当事人称谓有所不同，这是因为在公诉案件中一般分三个阶段：在侦查阶段，提起民事诉讼，居于原告地位的称“附带民事诉讼的原告人”，居于被告地位的称“犯罪嫌疑人”；在起诉阶段居于原告地位的称谓和侦查阶段相同，居于被告地位的称“被告人”；在审判阶段称谓和起诉阶段相同。在自诉案件中，居于原告地位的称“自诉人”，居于被告地位的称“被告人”。

3.关于起诉状致送机关的规定，你认为下面的说法正确吗？

在公诉案件中，分三个阶段。侦查阶段致送公安机关，起诉阶段致送检察机关，审判阶段致送人民法院。在自诉案件中，致送人民法院，没有区分。

写作训练

1.下面是一起婚姻纠纷，请以陈某霞的遭遇为其拟写一份起诉状。

陈××，女，1976年3月18日出生，汉族，初中文化，住在天津市静海县乡××村，农民。胡××，男，1973年9月12日出生，汉族，中专文化，系天津市塘沽区××公司工人。两人自幼相识，1997年建立恋爱关系，并于1999年春登记结婚，2001年6月生一女孩。2002年7月，胡××调到新的工作单位后，隐瞒已有妻女的事实，与本单位女职工王××恋爱。其为了达到与王××结婚的目的，多次给陈××写信编造离婚后可以在本单位分配到职工住房，待分配到住房后再复婚的谎言，欺骗自诉人离婚。当陈××了解到真实情况后，即拒绝了被告人的要求，之后胡××经常无故打骂陈××。2004年下半年，胡××开始不再回家，也不给孩子抚养费用。2005年3月，被告人骗取单位介绍信，与王××正式办理了结婚登记手续。

2.下面是××村原居民胡××关于房屋拆迁的遭遇，你能替他写一份起诉状吗？

胡××是××村原居民，住××村3坊108号。1983年8月经××区人民政府批准，胡××祖屋所处的地段范围即编号98-326地块由深圳市××实业股份有限公司（下称××公司）进行旧村改造。编号98-326地块规划为广场，建设商场、办公、单身公寓。1993年8月22日，××市国土局××分局在××特区报刊登房屋拆迁公告。在法定的期限内，拆迁人××公司与被拆迁人胡××没有达成补偿安置协议。1999年3月27日，××市国土局××分局做出补偿安置裁决书，按1∶1的标准补偿原告住宅面积18.43平方米，补偿安置地点在××大厦，同时裁决补偿临时安置补偿费，标准为每月10元/平方米，从房屋拆除之日起计算。该裁决书在4月7日以国际特快专递向胡××送达，胡××在4月13日收到裁决书。胡××认为该裁决书是错误的，因为拆迁安置补偿协议是被拆迁人与拆迁人之间的民事行为，属民事权益之争，其他任何第三人包括政府部门都不能取代拆迁人去处理拆迁安置补偿事宜或强迫被拆迁人接受政府部门的补偿安置。

第三节 答辩状

目标要求

一、知识目标

1. 掌握答辩状的涵义；
2. 明确答辩状的目的；
3. 知晓答辩状的种类。

二、能力目标

掌握答辩状的基本写法和要求。

三、素质要求

培养撰写答辩状的能力。

案例分析

例文

答辩状

答辩人：××市发电厂 法定代表人：徐××厂长

诉讼代理人：刘×× 法律顾问处律师

答辩如下：

起诉状控告我厂锅炉排放大量烟尘，污染了环境，使该队的粮食和蔬菜产量下降，蒙受巨大损失，这是不实之词。事实是我厂早已采取措施，有效地降低了烟尘排放量，根据调查，该队的粮食产量，在某些年度，由于种种原因的确有所减少，但总的来看，还是略有上升，至于蔬菜，也只是在个别季节产量下降，未有普遍减产减收现象，这说明我厂锅炉排放的烟尘不多，对该队农田的危害不大。起诉人还诉称，该队的鱼塘也受到严重污染，难以整治，要求我厂申请同等面积的土地，另造一个新鱼塘。事实是诉状中所指的鱼塘，只是一条自然水沟，不是人工开掘的鱼塘，岂能要我厂重起炉灶。

基于上述理由，对起诉人提出的赔偿×××万元的要求，我厂难以接受，但考虑到工、农关系和该队受到损失的情况，我厂可以酌情予以补贴，请法院予以合理裁决。

此致

××××人民法院

答辩人：××市发电厂（盖章）
法定代表人：徐××
××××年××月××日

评析 》

这是工农业生产中出现的民事纠纷，某生产队诉发电厂要求经济赔偿，发电厂进行的有效答辩。从答辩内容看，事实阐述简约，理由较为明确。但对于原告方提出的诉讼请求发电厂还是表达了善意，具体赔偿多少交给了法院裁决，这其实是为下一次答辩留有余地。答辩中没有附带任何用于支持答辩的附带证据，一般比较少见。

知识点击

一、答辩状的涵义

答辩状是被告人、被反诉人、被上诉人、被申诉人针对起诉状、反诉状、上诉状、再审申诉书的内容，在法定期限内根据事实和法律对起诉状或上诉状陈述的事实、理由和请求进行回答和辩驳的应诉性诉讼文书，是诉状中使用频率最高的文种之一。

答辩状是法律赋予处于被告地位的案件当事人的一种权利，其有处置答辩权的自由，可以答辩，也可以沉默。但由于答辩状具有不可忽视的意义，答辩状有利于保护被告人的正当合法权益；有利于人民法院在全面了解案情的基础上，判明是非，做出正确的判决，因此应该对答辩权给予足够重视，积极以答辩状的形式提出答辩。

二、答辩状的目的

写作答辩状的目的是回答、反驳对方诉状的诉讼请求，以减免答辩人的责任。答辩状的写作目的与起诉状、反诉状、上诉状、再审申诉书的写作目的是针锋相对的。

三、答辩状的种类

民事答辩状在两种情况下提出：一是原告向第一审人民法院起诉后，被告就起诉状提出答辩状。二是案件经第一审人民法院审理终结后，一方当事人不服，提起上诉，被上诉人就上诉状提出答辩状。一般来说，一审原告、被告在二审中均可就对方的上诉提出答辩。区别两种程序的答辩状，有助于明确答辩的针对性和答辩内容的重点。

四、答辩状的时限

人民法院在收到原告的起诉状和上诉人的上诉状以后，应当在规定的期间内将副本送达被告或被上诉人，被告或被上诉人应当在法定的期限内提出答辩状。

案件中，被告和被诉人通过答辩状，可以针对原告或上诉人提出起诉或上诉的事实、理由和根据以及请求事项，进行有的放矢的答辩，阐明自己的理由和要求，并提出事实和证据证实自己的观点。这样，人民法院可以全面了解诉讼双方当事人的意见、要求，及时处理好案件。

答辩状的提出也应在法定期限之内。按照民事诉讼法（试行）的规定，人民法院对经济纠纷案件的起诉状或上诉状应当在立案受理后5日内，分别将其副本送交对方当事人，对方当事人收到副本后，一般应在15日内提出答辩状。

五、答辩状的结构与写法

答辩状由首部、正文和尾部三个部分组成。

（一）首部

首部包括标题和基本情况。

（二）正文

正文包括案由、事实与理由。

1. 案由

一审答辩状一般写为："因××（案由）一案，根据起诉所列事实、理由和请求，现答辩如下"或"答辩人于××××年××月××日收到××人民法院交来原告（或上诉）因××一案的起诉（或上诉）状的副本，现提出答辩如下"。二审答辩状一般写为："为×××（姓名）诉××（案由）一案，上诉人不服原判，现就上诉状所列各点，答辩如下"或"××××年××月××日接到上诉人×××的上诉状的副本，现提出答辩如下"。

2. 事实与理由

事实与理由部分的写作要根据原告的起诉状或上诉人的上诉状的内容来确定。结尾写明请求法院判决。

（三）尾部

（1）结语。写明"此致""×××人民法院"，各占一行。

（2）落款。包括署名、日期。

（3）附项。

民事答辩状

答辩人：孙××，男，27岁，××市××区××副食商店营业员，住××区××北路125号。

被答辩人：于××，女，58岁，××市××区××副食商店退休工人，住址同上。

答辩人因原告人于××提起赡养诉讼一案，现答辩如下：

答辩人与被答辩人系养母子，彼此感情笃深，从无纠纷。答辩人自1993年5月结婚后，尽管妻子无工作，生活拮据，仍每月给付被答辩人100元赡养费；直至一年后即答辩人之妻生育，经济确实困难，被答辩人主动提出中止给付为止。因此，被答辩人"不愿尽其赡养扶助之义务"，实属不实。

答辩人尽管分居另过，仍于年节携礼探望被答辩人夫妇。尤其是当其患病或有较重的活计时，从不推卸，始终恪守孝道，邻人皆知。由此也可证被答辩人所诉不实。

答辩人虽有报答被答辩人夫妇养育之心，但实无经济能力。答辩人现月薪500元。妻虽做些临时工，日资15元，但因家务牵累，不能坚持出勤。幼子（两岁）体弱，常需医疗（仅报销半费）和营养品，进街道托儿所又需月付80元托儿费，而答辩人单位仅报销20元，故实无力负担赡养费，被答辩人夫妇享有800元退休金，生活殷实，与答辩人家境相比形同天壤。

至于被答辩人与答辩人之妻婆媳不睦，确属事实，不足为奇。近来争吵，被答辩人因琐事闯入答辩人家中，双方一时激愤矛盾激化。答辩人虽未与被答辩人正面冲突，但为其对妻的行为，倍感痛心。

综上，答辩人与被答辩人从无纠纷。被答辩人出于疼爱答辩人而自动中止索要赡养费。现答辩人虽应竭尽赡养之义务，但经济状况不佳，力不从心，请被答辩人宽容，待经济好转，立即依法履行义务。至于以其他方式扶助被答辩人，决不推卸。特此答辩，请法院根据事实予以处理。

此致

××区人民法院

答辩人：孙××

××××年××月××日

课堂练习

1.在答辩状中的答辩人一般是指刑事附带民事案件一、二审被告人、刑事自诉案件二审中原为自诉人的被上诉人，你认为这种说法全面吗？

2.在行政起诉状中被告人可以以自然人的身份进行答辩吗？说说你的理由。

写作训练

下面这个案例中，张华怎样自己答辩，请你帮她拟写一份答辩状。

李阳阳系农村女青年，20岁，她到长沙已一年多，靠做保姆的工资养活自己。2006年8月，经长沙市某家政服务公司的介绍，到市民张华家做保姆。一日，李阳阳在为张家买菜时骑自行车不慎将正在路边行走的七岁儿童刘小亮撞伤，花去医药费等近2万元。现刘小亮的父母欲通过诉讼要求赔偿。张华认为，自己已再三提醒李阳阳自行车的车闸坏了，未修理前不可骑车上街，李阳阳擅自骑车上街，撞伤了人应当由她自己负责。并且李阳阳是家政公司介绍给自己的，家政公司对此也有责任，也应承担赔偿责任。李阳阳则称自己无赔偿能力。因争执不下，现刘小亮的父母提起诉讼。

第八章

科技文书

一、科技文书的涵义

科技文书，一般是指某一学术课题在实践性、理论性或观测性上具有新的科学研究成果、创新见解和知识的科学记录，也可以是就已知原理在实际应用中取得新成果、新进展的科学总结。通常说，科技文书是人们用于科学技术、学术研究和科技管理等方面的应用文。广义地讲科技文书是指经济科学、人文科学、自然科学、工程技术等方面的文书。狭义地讲是指自然科学、工程技术等方面的文书。

二、科技文书的种类

科技文书包括学术论文、毕业论文、毕业设计报告。学术论文又称科研论文。依据研究方法的不同，可将学术论文分为：①理论证明型（简称Ⅰ型）；②实验分析型（简称Ⅱ型）；③观测描述型（简称Ⅲ型）。根据研究领域的不同，可将学术论文分为：自然科学论文、社会科学论文和哲学论文。

三、科技文书的特点

1.科学性

科学性是科技文书最重要的特点，也是科技文书的灵魂和生命，其内容必须准确反映人类对客观事物、自然规律的正确认识，要经得起时间和实践的考验。科技文书的作者必须具有实事求是的科学态度和相当的科技知识。

2.真实性

科技文书所依据的材料必须是真实可靠的，不能有半点虚假；对各种概念、数据的使用必须准确无误，对引用的各种专用名词、术语不可望文生义，要有正确、全面的理解；由于科技文书的内容具有极强的客观性，因而忌用夸张之类的修辞手法，忌用华丽的词汇，忌用带主观感情色彩的词句。

3.创造性

科技文书中应包含着作者创造性的劳动，能增长读者的科学技术知识，能指导读者解决科研、生产、工作上的实际问题。科技文书价值的大小就取决于其创造性的大小。

4.规范性

科技文书在长期的使用过程中形成了比较固定的惯用的格式，具有约定俗成的规范性。近年来，随着科学技术的飞速发展，科技文书的基本格式正在趋向于统一化、标准化。世界上科学技术发达的国家对科技文献的撰写和编辑制定了各种国家标准，国际标准化组织也制定了一系列科技文献、信息编撰的国际标准。我国在这一方面的国家标准也已出台。这些国际标准和国家标准，对各种科技文书的书写格式、术语、缩写、符号、计量单位、表格、插图等的使用，都做了规范化、标准化的规定。科技文书的作者应该熟悉这些规定并遵照规定来进行科技文书的写作，这样才能起到传播、交流科技信息的作用，并便于检索和翻译。

5. 可读性

科技文书要尽可能做到深入浅出，通俗易懂，为广大群众喜闻乐见。要达到可读性这个要求，其文章结构就必须有条理性，做到层次清楚，主次有别；其语言要明确、简洁、周密、规范，遣词造句要合乎语法规则，还要注意词汇的精确性、单义性、稳定性和句式的固定、单一，这样才能发挥科技文书的社会作用。

四、科技文书的写作要求

1. 科学性

体现在工作态度上，一定要实事求是，要做深入调查，从客观实际出发，做到材料真实，数据确凿可靠；体现在文章的文风上，就是要求要朴实、严谨、不浮夸、不卖弄。

2. 实用性

科技文书是记载和描述科学技术发展、产品更新换代、科技信息交流的重要工具，与现实发展有紧密联系，具有实用性的特点。如将一项发明转化为产品，这项发明的专业论文和专利申请书就具有极为鲜明的实用性；一篇经济方面的论文，因为探讨了经济形势的发展和走向，无疑会对现实的经济工作产生影响，因而具有现实性和实用性。

3. 严谨性

科技文书的作者要熟悉国家科委、国家标准局、国家专利局等部门规定的科技文书格式规范，还应当运用国际标准的格式规范。在表述上用语要准确，结构要合理，尤其在陈述概念时，要经常采用定义的方式，严格界定概念的内涵和外延。运用正确的立场观点来分析说明内容，并要运用恰当的论证方法，即材料必须能够支持观点，特别要注意反例验证的运用，以免犯了“以偏概全”的错误。

五、科技文书的结构组成

依照《中华人民共和国国家标准科学技术报告、学位论文和学术论文的编写格式》要求，科技论文写作由以下几部分组成：

1. 前置部分：封面、题名页、序和前言、摘要、关键词、插图和附表清单、符号、标志、单位、术语等。

2. 主体部分：引言、正文（一般包括实验和理论分析，结果和讨论）以及相应的图和表、结论、致谢、参考文献等。

3. 结尾部分：可供参考的文献著录、索引、封底等。

第一节　毕业论文

一、知识目标

1. 掌握毕业论文的涵义；

2. 明确毕业论文的特点；

3. 知晓毕业论文的撰写阶段。

二、能力目标

掌握毕业论文的基本写法和要求。

三、素质要求

培养撰写毕业论文的能力。

对文学与电影之间的关系解读

摘　要：本文解读了视觉文化语境下的电影与文学的关系，强调了视觉文化的冲击对电影和文学关系的影响，希望对于相关领域的研究能提供一些借鉴，起到抛砖引玉之作用。

关键词：文学 电影 关系解读

在视觉文化冲击的今天，电影代替了文学的主导地位。但文学对电影的影响一如既往：如文学创作的经验；文学的诗意、文法等。电影对文学的影响的突出表现就是将读者渐渐变为了观众，并且这一过程是借助文学来实现的。这也是为什么人们总是将文学与电影联系在一起的深刻原因。

一、文学与电影关系的探讨

人们把电影和其他艺术进行类比的过程中，挖掘出了其他艺术的特性在电影中的具体体现。如欧洲先锋电影运动的代表人物阿倍尔·甘斯曾说，“电影应当是音乐，由许多互相冲击、彼此寻求着心灵的结晶体以及由视觉上的和谐、静默本身的特质所形成的音乐；它在构图上应当是绘画和雕塑；它在结构上和剪裁上应当是建筑；它应当是诗，由扑向人和物体的灵魂的梦幻的旋风构成的诗；它应当是舞蹈，由那种与心灵交流的、使你的心灵出来和画中的演员融为一体的内在节奏所形成的舞蹈。”通过这段话我们可以得出，电影成为了诸多艺术的混合体。文学作为电影存在的前提，以至于有人称文学是电影的母体。电影回归自身的过程本身同时也是电影与文学的融合、交流过程。在电子媒介一统天下的今天，电影与文学的融合代替了疏离，或者从文学的角度说，它走进了电影。可见，两者的交流也必然会促进其共同发展。

二、文学与电影的表达差异

作为与电影相抗衡的一方被抬出来的文学与电影相比，电影以其强烈的视觉表达效果，取得了较于文学的真实感。文学的短处可能就是文学之所以是文学理由所在，即在于文学的媒介——文字。由文字组成的句子具备了电影所不具备的逻辑秩序；而且其时态指明了其与表述对象的距离所在，文学这种表达形式是电影所不具备的，电影则是用其逼真的形象来表达生活。就文字来说，它处于人们的日常生活之中，作为一种形式而存在并得到长足的发展。社会生活催生了文学形式的出现与形成，在这一点上它保证了文学内容的独立。人们通过对文学形式的关注更加深刻地认识到文学是区别于现实的，是现实的反映，融合而又独立于现实，是一种矛盾的综合体。即使是推崇所谓的客观再现的现实主义文学，也无法诠释这一疏离。现实主义以其独特的文学修辞手法论证了文学不可能是，也永远成不了一台摄像机的事实。

美国社会学家戴维·里斯曼在20世纪50年代所写的《孤独的人群》中，提出了体现社会权威的三种引导形式，即传统引导、内在引导和他人引导三种形式，这三种方式分别对应一种社会形态。今天我们生活在“他人引导”的社会，这与“内在引导”有着本质的不同。内在引导的人群有其不同于其他引导方式的做人原则和人格标准，但是他们又是痛苦的，因为他们处于一种不知对错或者不知对何为其对的境界之中，由此他们时常会感到莫名的孤独感。将里斯曼的“引导”与电影和文学对接受者造成的不同效果联系起来看，电影则会偏于“他人引导”，如上所述，“他人引导”是不利于个人发展和社会进步的。文学作为一种体现“内在引导”的书写，其功能就是促进社会缔结，形成和谐的局面，这也是那些捍卫文学主导地位人们的初衷所在。

三、文学与电影的感觉差异

距离在文学中就是指欣赏者与其对象之间的感觉距离，并且这种存在之美是永恒的，或者说永恒之美就在于距离。什克洛夫斯基的“陌生化”就是强调距离对于文学永恒的重要性，距离是美之所在，在距离之外，或许一切都是飘渺的。“艺术旨在使人感觉到事物，而非仅仅知道事物。艺术的技巧乃是使对象陌生化，使形式变得难于把握，增加感觉的难度和时间长度，因为感觉过程本身既是审美的目的，必须设法延长。”电影以其逼真形象来表达生活，而文学之美，则美在含蓄，它以一种只可意会而不可言传的意境去诠释生活，借助文字、千变万化的修辞方式，将确定的对象又不确定的摆放在人们的面前，而这种意境与存在，需要读者的探索、感知，由于每个读者的认知能力是有限的，因此出现在每个人面前的将是形色各异的同一形象。正是这种适宜的不确定性将催生出读者探索式的审美快感。可以得出，超越生活现实批判沉淀之下的存在，就是距离产生之美。虽然电影自身就是一种客观存在的形式，但是其声色之美，形象之真都决定了它不可能具有文学的含蓄之韵。在视觉文化的冲击之下，文学安身立命的生存之道或许有所动摇，而它不可能也永远不会对文学的想象和真实的互动取而代之，这也是文学生命力之所在，同时这也正是文学在视觉文化的影响之下固保其真质的关节所在。

四、结语

电影与文学关系的变化不仅表现在其传导方式的改变，也表现在文学的生存之根基受到了以电影为主导的视觉文化的冲击。两者的关系也在融合交流中相互促进发展，纵观视觉文化的发展历史，不难预见，在融合共生的主流背景之下，文学在电影的刺激之下，其生存发展的空间无疑将更为广阔，电影则在自身完善的基础之上也必然会获得长足的进步。

参考文献

［1］胡经之.文艺美学.北京：北京大学出版社，2004.
［2］周安华.现代影视批评艺术.北京：中国广播电视出版社，1999.
［3］金惠敏.趋零距离与文学当前的危机.文学评论，2004，（2）.

评析 》

这是一篇相对简短的文科类学生的毕业论文。基本包含了标题、摘要、关键词、引言、正文、结语、参考文献等主要论文结构要素，但受篇幅限制，论述不够深入、举例不够详实、论证也不够充分，引用更是缺少经典。

知识点击

一、毕业论文的涵义和特点

1.涵义

毕业论文，是高等学校毕业生在导师指导下综合运用所学知识而完成的具有一定科研性质的总结性作业。毕业论文对学生具有考查作用。由于学历层次有别，考查的要求也就不同。如研究生，其论文就是学术论文；而本科和专科学生，主要考查的就是已学理论的运用。

2.特点

从本质上说，毕业论文属学术论文的一种；但相较学术论文，它又有自己的特点：

（1）练习性。按照教学计划的要求，大学阶段前期，学生要集中精力学好本学科的基础理论、专业知识和基本技能；在大学的最后一个学期，学生要集中精力撰写毕业论文。大学生撰写毕业论文，就是运用已有的专业基础知识，独立进行从事科研活动，来分析和解决某一个理论和实际问题。毕业论文实际上是一种练习性的学术论文，写作目的是为将来作为专业人员写学术论文做好准备。

（2）指导性。毕业论文是在导师指导下独立完成的科学研究成果。作为大学毕业前的最后一次作业，它离不开教师的指导。在写作毕业论文的过程中，教师要指导学生独立工作，注意发挥学生的主动创造精神，帮助学生最后确定题目、指定参考文献、审定论文提纲、解答疑难等。

（3）层次性。专业人员的学术论文，一般反映某专业领域的最新科研成果，具有较高学术价值，而学生的毕业论文却层次较低，质量要求不高，原因在于一是大学生缺乏写作经验，对撰写论文的知识知之甚少；二是大学生缺乏科研能力，缺乏运用知识独立进行科研的训练；三是大学生缺乏充裕的写作时间，最后一个学期十周左右的写作时间不能保证写出高质量的论文。

二、毕业论文的撰写

1.准备阶段

（1）选题的确定。选择一个恰当的题目意味着论文成功了一半。所以，要根据本人的专业方向和基础，以及其他因素诸如资料条件、实验设备、指导力量和经费投入等，综合权衡以确定大小适当、难易适度的课题。一般来说，宜小不易大、宜易不易难。

选择论题，须在一定研究基础上进行。需要查阅相关文献资料、明确所选论题研究的历史和现状。在借鉴别人成果的基础上，论文题目才能做到选得准、择得好。

（2）资料的收集。充分占有资料，是毕业论文撰写的基础。论文必须以丰富而又充实的论据作为立论的根据。要善于利用图书馆、网络和各种工具书，广泛收集国内外最新资料和研究成果；有时还必须深入实地，广泛地开展观察、试验、调查活动，掌握大量确凿的第一手材料。

2.加工阶段

（1）论点的确立。资料占有和收集后，要运用逻辑思维、形象思维，对其加以科学地分析、比较、归纳和综合，逐渐丰富或更正自己的见解，并进而确立论文的观点。

对资料的分析研究是一个复杂而又艰苦的思维过程，它包蕴认识的渐进和飞跃，需要精神锲而不舍地高度集中。切忌迷惑于表面的东西，必须由表及里深入探索，获得本质。

（2）提纲的拟写。提纲是对构思和结果的书面表达形式，是由词语和序码按照一定顺序组成的写作思路示意图。拟写提纲，可以把我们在阅读和分析研究资料过程中形成的一些想法和新的论点进一步系统化，并使那些在研究过程中出现的不够肯定和比较模糊的想法更趋明确。最简单的提纲，仅由几个单词构成；多数提纲，采用短语和短句，扼要概括出各层、各部分和各段落的大意，有时还要注明所用材料的名称和出处。

（3）初稿的撰写。撰写初稿，就是依据拟好的提纲，把自己逐步形成的观点完整、准确地表达出来。这个阶段，毕业论文基本成型。撰写初稿时，应聚精会神，一气呵成，尽量将自己的精神调整到最佳状态，把涌现出来的想法表述出来，不要为一句话或某个词的斟酌而裹足逡巡。如果论文篇幅较长，初稿写作时间较长，那么可以按照提纲，分几个部分来完成，但每一部分也应尽量一挥而就，不要中途停顿。同时，初稿应尽量详略得当、布局合理。对众所周知的观点或者对于表达主旨不是很重要的材料，应惜墨如金，笔法简洁；而对那些重要的观点、有力的论证材料就要挥墨如泼，浓墨重彩，且纲张目举，条分缕析，逻辑清楚。另外，初稿写得应长于预定篇幅，把想到的尽量写进去，以便修改时剪裁。

3. 完善阶段

文章不厌百回改。初稿完成，只是有了一件半成品。所以，定稿的修改是毕业论文的完善阶段，是提高毕业论文质量的把关工作。这个过程，不仅可能改正文中毛病，而且也可能使认识不断深化、全面和周密，使文章臻于完美。修改定稿，可从思想内容和表现形式两方面入手。思想内容，包括论点和材料；表现形式包括结构和语言。通过修改，使思想内容尽可能正确、表现形式尽可能完美。二者统一，毕业论文水平自可提高。

三、毕业论文的格式

1. 封面。封面设计装帧要大方美观，并提供论文的主要信息。封面的主要内容有标题、指导教师的姓名和职称、作者姓名及其所在单位、课题的专业方向、完成论文的时间等。

2. 标题。标题要一目了然，应该直接、准确地揭示论文的论点或研究课题，不能含糊、空泛。

3. 目录。毕业论文篇幅大都较长，编制目录，可使读者一看即知论文的大致内容。目录一般另页置于扉页之后。包括论文的章、节、条、款、附录等的序号、题名和页码组成。

4. 摘要。毕业论文有两种不同的摘要：一种是放在毕业论文目录之后、正文之前的，相近于一般论文的摘要写法，内容比较简洁；另一种是提供给学位评定委员会或相关机构专用的比较详细的摘要，字数较多。摘要要有高度的概括力，全面反映论文的要点，文字须简劲、畅达。

5. 引言、正文、致谢、参考文献目录几部分的写作要求与方法与学术论文相差无多，在此不再赘述。

6. 个人简历。这一部分要求对自己做个简单的介绍，包括姓名、性别、年龄、籍贯、学习及工作经历以及科研成果。撰写要注意实事求是。

7. 后记。这部分没有固定内容，一般包括学业的回顾、论文制作的缘由及过程、对老师、同学等人的感谢等。

建筑学中规划与设计问题研究

摘　要：一直以来，城市的规划与设计是城市发展的战略、管理城市的依据、建设城市的纲领。因此，如何建造一个城市的良好风貌，建设一个和谐、生态、科学、合理的空间体系，逐渐成为了当前城市规划建设中十分热门的话题。近年来，随着大城市的发展，一些中小城市也在不断崛起，一时间中小城市的现代化进程进一步加快，城市的规模也越来越大。为了保证中小城市秩序的有效运行，必须对城市的规划与设计进行科学合理的安排。

关键词：建筑规划　建筑设计　研究

引言

在城市建设过程中，建筑是至关重要的组成环节，也是象征城市发展的主要指标，对城市景观有着很大的作用。在进行建筑建设的时候，只有有效结合建筑设计和建筑规划，才可以保证建筑风格的独特，成为成功的作品，如果在建筑设计和建筑规划中，出现一定的脱节情况，必然会导致建筑成为一个失败的作品。所以，在进行建筑建设的时候，一定要加强建筑设计和建筑规划的统一，实现建筑的特有风格。

一、建筑规划和建筑设计的概念

建筑规划主要就是对建筑物室内功能展开规划，利用相关功能与规划处理的连接，实现建筑物在使用周期内的价值。在开展建筑规划的时候，主要就是从建筑物使用价值出发，结合建筑物的整体形状、区域特点，保证建筑物功能发挥的最大化。

建筑设计主要就是在建筑规划的条件下，设计师利用现有的建筑技术与各种资源，通过自身的想象与创造，将业主的想法与要求体现在设计当中，同时对建筑物的平面结构与空间布局进行一定地完善。建筑设计就是建筑物的最终设计，建筑物的所有功能均需要利用相应的设计来实现，比如个体功能、社会功能等。

二、建筑设计和建筑规划的问题

建筑物的所有功能均需要利用建筑布局和结构予以实现，因为个人习惯、专业特点、管理方式等方面的不同，相应的建筑物功能空间结构也是不同的，在进行建筑设计与规划的时候，没有充分了解使用者的信息，在进行设计的时候，必然存在着一些出入，在进行相关设计的时候，经常出现返工、修复、补充等现象，在一定程度上，浪费了大量的财力、物力、人力。这里主要对建筑设计和建筑规划无法协调发展的原因进行分析。

1.建筑任务书拟定缺少使用者的直接参与

在建筑设计中，最为主要的工作就是建筑设计任务书的拟定，其主要反映了业主对建筑物功能的要求。无论是办公大楼、工厂建筑，还是住宅小区，均需要管理人员或者开发商进行任务书的拟定。通常情况下，在进行任务书拟定的时候，均没有邀请使用者进行直接参与，导致其相应的设计无法达到使用者的要求，出现了一些问题，影响了建筑建设的顺利进行。

2.建筑设计缺少个性

在建筑设计中，对于建筑物外部条件而言，其更加重视形体与色彩的设计；对于建筑物内部条件而言，其更加重视共性的体现，基本上均是形成统一的效果，没有自己的风格。同时也没有一定的整体性，无法在静态中体现动态，并且也无法在简单中体现复杂。随着社会的不断发展，越来越重视个性的体现，在建筑设计中也不例外，必须要标新立异，进行相应地创新，形成自身的特色，才可以促进建筑行业的可持续发展。

3. 建筑设计人员开展建筑规划工作

在开展建筑设计工作的时候，首先进行的就是规划设计工作，要求设计人员在进行初步设计的时候，就要明确建筑设计和建筑规划的不同，同时设计人员工作的重点一定要放在设计方面，而不是功能规划。除此之外，在进行设计的时候，没有充分和使用者进行交流，也是导致其设计成果不符合使用者要求的重要原因。

三、建筑设计和建筑规划协调发展的策略

1. 完善建筑规划管理部门职能

城市建筑规划涉及的内容和部门都十分广泛，实现科学、有效的城市规划，需要各部门、各单位的协同合作，共同努力。

2. 完善城市建筑规划管理制度，协调统一

为了城市建设的正确发展和实施，城市建筑规划要得到相关部门的大力支持和协调统一。规划不是为了某一个人或者某一个管理部门，是为了整个城市的经济发展和群众生活需求，所以，在规划中要得到参与部门的认可支持。管理部门要认真审核规划手续和建筑拆迁工作的落实，根据国家的法律法规要求，执行城市建筑规划；政府部门要进行严格地控制管理，对私建、乱建工程进行法律处理，在保障群众利益不受损害的同时，维护法律制度，宣传政府工作，对阻碍城市发展的因素进行公正地处理，不强拆也不保护强建行为。对规划进行统一管理和部门职能分工，建立健全的规划制度，协调和统一规划职能部门的责任和义务，促进规划的安全、有效、正确、顺利发展。

3. 强化建筑设计的载体作用

在进行建筑设计与规划工作的时候，需要利用建筑物实体进行使用功能地体现，可以说建筑物实体就是建筑使用功能的载体。在建筑设计和建筑规划中，均包含了一定的布局设计。在布局设计中，无法对建筑物功能进行简单的规划，需要利用一些技术方法，进行相应地整合，使建筑物形体更加完善，得到一定的色彩渲染。

4. 建筑设计和建筑规划的交叉

建筑设计和建筑规划是无法分开的，这两者之间存在着一定的交叉关系，主要体现在两个方面：一方面，在设计中进行互相渗透；另一方面，所需知识相互交叉渗透。在设计中互相渗透，主要就是对建筑问题予以解决，在进行实际设计的时候，必须按照相应的设计标准执行，符合建筑物的整体规划情况，实现建筑物整合的和谐性。在所需知识相互交叉渗透中，设计人员一定要加强建筑规划工作，实现设计与规划的有机结合，促进建筑物使用功能的发挥。

5. 强化对自然环境因素的利用与保护

在开展建筑设计和建筑规划工作的时候，一定要充分考虑自然环境因素，在合理利用的基础上，进行相应地保护，通过对实践工作的总结，实现建筑建设的可持续发展。同时，在利用自然环境因素的时候，一定要加强对建筑设计和建筑规划的分析，实现两者的同步性与同生性，建设适合人类生活的环境，实现建筑设计和建筑规划的价值。

6. 建筑规划制定建筑设计

建筑规划大师沙里宁说过："建筑设计工作要在一栋房间内，对房间环境进行规划，对周围环境进行规划。"这就要求设计人员在进行设计工作的时候，一定要对建筑物周边的环境进行综合考虑，实现建筑物和周边环境的有效结合，在充分发挥建筑物使用功能的情况下，保护周边的环境不被破坏。

7.科学合理的规划理念

建筑规划是多门学科的相辅相成，不能仅靠一门学科的深入。我国传统思想注重拥有一技之长，由此影响，我国建筑师多为某方面的精英，但知识面较窄，对于实际规划经常不能进行通盘考虑。规划行业应使各个学科相互渗透、相互影响，建立科学的理念，提高学科综合性，还要在具体的时间寻找合理的方法，勇于创新和突破。

结束语

总而言之，建筑规划和建筑设计是相辅相成、不可分割的关系，两者都对城市建设有着重大贡献。建筑规划起着主导作用，规划没有成形，其他设计都是空谈。而建筑设计则是规划设计的具体表现。只有以规划设计为指导，建筑设计为基础才能促进城市经济、政治、社会的繁荣和谐发展。

参考文献

[1] 张海荣.城市建筑基础设施规划建设的可持续化发展［J］.中国建筑金属结构，2013.
[2] 宋子龙，张谦.当前形势下我国城市规划存在的问题及对策［J］.中国住宅设施，2010.
[3] 徐永俊.关于小城镇规划中存在问题的探讨［J］.广东科技，2007.

课堂练习

1.简要说一说科技论文的作用。
2.你怎样理解科技论文的科学性、创造性？
3.参考文献对于论文撰写的作用可有可无，你认为这种说法正确吗？
4.在毕业论文撰写前都需要做哪些准备？
5.有人认为毕业论文一定是未经公开发表的成果，你同意这种说法吗？

写作训练

1.根据你的专业，试着拟写一篇毕业论文的提纲。
2.依据你的爱好，试着写一篇小型的学术性论文。

第二节 实习报告

一、知识目标

1.掌握实习报告的涵义；
2.明确实习报告的格式；
3.知晓实习报告的资料收集。

二、能力目标

掌握实习报告的基本写法和要求。

三、素质要求

培养撰写实习报告的能力。

例文

毕业实习报告

一、实习目的、内容

实践是验证真理的唯一途径，为了做好毕业设计，为期两周的毕业实习拉开了帷幕。毕业实习是应届毕业生必须拥有的一段经历，通过毕业设计实习，使得我们对本专业有了更多的了解，培养了我们独立分析解决实际问题的能力及创新能力，并锻炼了我们调查研究的能力，对毕业设计有着重要的指导作用。我们在实习中学习综合运用所学知识和技能，科学研究的基本方法，也是培养我们实践动手能力，科学精神及创新意识的重要教学环节，通过毕业实习这一环节，我们可以巩固和加深对已学理论知识的理解，同时也可为下一阶段的毕业设计做好调研准备。

二、实习时间、地点

2011年3月9日——2011年3月20日

中铁九局桥梁厂、沈阳泰丰商砼搅拌站、沈阳混凝土管片厂、本溪亚泰水泥厂

三、实习的具体环节的记录或小结

3月10日参观了沈阳泰丰商砼搅拌站。到达泰丰搅拌站后，我们在工作人员的领导下分别参观了商砼加工区以及实验室，一些同学亲手进行了混凝土试块的抗压、抗拉、抗渗等试验操作。

3月12日参观了中铁九局（沈阳）桥梁厂，我们了解了制梁厂的大致规划以及制梁工艺的全过程，并对制梁的重要过程进行了拍照，从而加深了印象。

3月14日我们到达了沈阳混凝土管片厂，认识了地铁施工广泛应用的混凝土管片。

3月17日我们经过五个多小时的车程来到了辽宁省本溪市的本溪亚泰水泥厂，对水泥加工工艺有了进一步的熟悉，了解了水泥一些特殊性能的检测方法。

四、实习的收获、体会

通过这次实习，我对无机非金属材料工程专业知识在工厂生产中的应用有了了解，我真正感觉到步入社会后我们要学的东西很多，差距还很大，专业课知识的欠缺、动手能力不足等，我也知道这不是一两天能够学会的，不过我坚信我能做到这一点。这次实习对我的毕业设计也有很大的帮助，我想能够在以后的设计过程中体会到很多东西。最后还应该感谢老师给的这次机会，让我真正体会到了很多专业和社会知识。

我坚信通过这一段时间的实习，从中获得的实践经验使我终身受益，并会在我毕业后的实际工作中把学到的理论知识和实践经验不断地应用到实际工作中来，充分展示我的个人价值和人生价值，为实现自我的理想和光明的前程而努力。

人们常说，大学是个象牙塔。确实，学校与职场、学习与工作、学生与员工之间存在着巨大的差异。在角色的转化过程中，人们的观点、行为方式、心理等方面都要做适当的调整。所以，不要抱怨公司不愿招聘应届毕业生，有时候也得找找自己身上的问题。这次实习为我们提供了一个机会，让大家接触到了真实的职场。有了这次实习的经验，相信以后毕业工作时就可以更快、更好地融入新的环境，完成学生向职场人士的转换。

五、对所学专业的认识和了解

本专业主要培养具备无机非金属材料科学基础理论与工程专业知识，能够从事无机非金

属材料工业的项目规划、工艺设计、生产加工、研究开发，具有较强的科学实验能力和计算机能力，素质优良，富有创新精神的高级工程技术专业人才。

本专业学生主要学习无机非金属材料及复合材料的生产过程、工艺及设备的基础理论、组成、结构、性能及生产条件间的关系，具有材料测试、生产过程设计、材料改性及研究开发新产品、新技术和设备及技术管理的能力。

六、对本专业前景的看法

传统的无机非金属材料工业是能源消耗大户，在世界能源日益短缺的今天，如何生产节能、降耗，以及如何生产出高质量的建筑节能、保温产品是建材工业发展的重要趋势。我认为无机非金属材料工程应该选择资源节约型、污染最低型、质量效益型、科技先导型的发展方式，而新型墙体材料、高质量门窗、中空玻璃也将大量应用。同时在提高材料性能、使用寿命的方面也要大做文章，因为低寿命设计、大量重复建设已经严重制约城市建设的发展。现代化建筑需要高性能建筑材料的支持，而提高建筑的耐久性又对建筑材料的使用寿命提出了更高的要求。

无机非金属材料生产线的大型化可以有效提高产品的质量，降低能源消耗，因此无论是水泥工业、玻璃工业还是陶瓷工业，单条生产线的生产能力都有大型化的趋势。随着技术的进步和生活水平的提高，无机非金属建筑材料的安全性智能诊断等智能技术将更多地应用于建筑行业中。

指导教师评语：（略）

评析 》

从标题上看，这是一篇毕业实习报告。文中交代了实习目的、内容；说明了实习时间、地点；记录了实习的大概进程；总结了实习的体会和认识；最后谈到对本专业的看法。指导教师评语一项省略，这一项不在作者写作范围之内。但正常毕业报告应该有封面，包含作者的主要信息。

知识点击

一、实习报告的涵义

所谓实习报告，是把实习过程、结果以及体会用书面文字写出来的材料，不少人在实习后都会写一份毕业实习报告。

二、实习报告的资料收集

从开始实习的那天起就要注意广泛收集资料，并以各种形式记录下来（如写工作日记等）。丰富的资料是写好实习报告的基础。为此我们主要收集这样一些资料：

（1）在社会实践工作中党的路线方针政策是如何在工作中贯彻执行的。比如单位组织学习，内容是什么、什么学习方式、学习后的效果如何，对自己和同志们的思想认识有否提高。

（2）专业知识在工作中是如何灵活运用的。比如法律专业，注意优秀法官或法律工作者在执法过程中是如何灵活运用法律条款，如何运用法律以外的手段解决民事纠纷，提高结案率的；秘书专业的学生可以直接将秘书实务、应用写作等科目中的问题带到实践中去，在实践中寻求理论与实践的结合点等。

（3）观察周围同事如何处理问题、解决矛盾的。实习是观察体验社会生活、将学习到的理论转化为实践技能的过程，所以既要体验还要观察。从同事、前辈的言行中去学习，观察别人的成绩和缺点，以此作为自己行为的参照。观察别人来启发自己也是实习的一种收获。

（4）实习单位的工作作风如何。单位的工作作风对你将来开展工作、发展自己、提高自己有什么启发；某些同事的工作作风、办事效率哪些值得你学习，哪些要引以为戒，对工作、对事业会有怎样的影响。

（5）实习单位的部门职能发挥如何。对不同职能部门的工作作风、履行职能的情况有什么看法和认识。

三、实习报告的书写格式及结构安排

毕业实习报告格式

1.封面：写明系别、专业、班级、姓名、指导教师、实习报告题目等。

2.摘要：作为实习报告部分的第一页，为中文摘要，字数一般为150字，是实习报告的中心思想。

3.目录：是实习报告的提纲，也是实习报告组成部分的小标题。

4.正文：是实习报告的核心。写作内容可根据实习内容和性质而不同。

（1）实习目的或研究目的：介绍实习目的和意义，选题的发展情况、背景简介和方案论证，实习单位的发展情况及实习要求等。

（2）实习任务、时间、地点。

（3）实习企业概况。

（4）实习内容：实习的具体内容、实习中资料的收集与总结。

（5）实习结果。

（6）实习总结或体会：也是实习感想，是对实习的体会和最终的、总体的结论，不是正文中各段小结的简单重复。

（7）参考文献：是实习过程中查阅过的、对实习过程和实习报告有直接作用或有影响的书籍与论文。

四、实习报告的写作要求

（1）实习报告必须写自己的实习经历，可参考借鉴别人的资料，尤其是在写作思路文章架构方面，但不能抄袭。字数一般在3000字以上。

（2）文章开头有内容摘要和主题词。

（3）如有引用或从别处摘录的内容要标明出处。参考文献的标注方法一律采用文后注释，具体格式为：引文标题、作者、出处（刊物名称）、页码、发表日期或出版者、出版时间和版次。

（4）语言要求简练，符合公务文书的要求。不要过多地说“我”如何，在第一段介绍了自己的实习时间、地点和分配到的任务后，下面的文字尽量少出现人称或不用人称。字数要在3000以上。

（5）去单位实习之前一定要先跟指导老师联系，相互留下联系方式。实习一段时间后，写作前首先要拟写大纲，即报告的主要构架内容，交指导教师审阅，一般在800字左右。在实习结束前10天将草稿交指导老师批改后定稿。

关于在陕西东方人才财务实习生岗位的实习报告

一、实习的时间和地点

我于2012年1月中旬至3月底在陕西东方人才交流有限公司进行为期近三个月的会计业务实习。陕西东方人才交流有限公司是一家专业的招聘会、招聘网有限责任公司，致力于打造中国西部最大、最专业的招聘会、招聘网企业。公司总部位于陕西西安，拥有庞大的服务网点，陕西东方人才交流有限公司高覆盖、高效率的服务获得多家公司和机构的认可。公司在中国西安人才市场，逢周三、周四，周六、周日，在省体育场北三楼举办招聘会。

二、实习目的

进入大学四年，学习的专业课程有《会计学原理》《中级财务会计》《管理会计》《财务管理》《成本会计》等，对于会计的基础知识我已有了一定的认识。但在不断地学习和探索中发现了许多问题，会计是个讲究经验的职业，工作经验是求职时的优势，但是我对会计工作流程还不是很了解。为了将自己所学到的理论知识真正地运用到实践中去，积累更多的工作经验，做到学以致用，我决定要到企业中去实习。我希望通过实习，在实践中锻炼自己、检验自己、吸收知识、弥补不足，充分了解什么是当代社会所需要的财会人员，为日后的工作打下夯实的基础。

三、实习内容

陕西东方人才交流有限公司财务处只设有会计和出纳各一名。该单位是采用用友财务软件进行电脑记账。此次实习，我的主要岗位是助理财务人员，职责是负责招聘会门票的售卖、参会企业会费的收缴，协助财务人员进行账实核对、账证核对、账账核对等账务方面处理，以及电脑登账和一些办公室文员工作。在实习期间，我主要学习了资产负债表、现金流量表、损益表、利润表、所有者权益变动表以及各种附表，并对财务报表进行分析，计算出本期应纳税所得额。通过编制财务报表还能对公司的资产负债率以及销售利率等财务指标进行分析。

四、实习过程

刚到单位时，感觉同事们都很随和，很好相处，感觉社会并不像别人所说的那么险恶，对社会又充满了信心。公司的领导人给我耐心讲解了有关公司的概况、规模、机构设置、人员配置等，使我对公司有个大概了解，对自己的岗位工作有所认识，知道公司设这个岗位的目的，要达到怎样预期的效果，才能保证公司的正常运行。

首先，我被安排到了公司的售票岗位。进入公司后的第一件事就是招聘会门票的售卖工作，我多次参加过招聘会，也买过门票，但卖还是第一次。我开始觉得很简单，就是一个五元一张的门票售卖，太简单了。于是，公司出纳将门票数量清点后，郑重地交给了我。刚开始，来招聘会的人比较少，我一个人悠闲地干着这份工作。过了早上十点半，人流一下子多了起来，我一下子感到了压力的所在，有点力不从心。时而忘记找钱，时而忘给门票，快乱套了。这时，公司的出纳过来了，她笑着说，小伙子，不要急嘛，一个人一个人把钱和票给清楚，不要乱。之后我慢慢调整自己，果然速度快了也轻松了。就这样，我干了两周多的售票员，虽然有点辛苦，但让我变得细心、冷静。

随后，我被安排到了财务部。在财务部跟随出纳实习时，我先后了解了公司的财务制度、国家对库存现金的规定以及收付现金需要遵循的程序。看着出纳工作自己很是高兴。出纳收到收款单据时先审核手续是否齐全，然后收款点两遍现金，而后向交款人说明金额，并分币种放好；若需要找零钱也会清点两遍，然后在原始单据上盖现金收讫章，留下记账联，将其他的交给对方；待业务完成后编制现金收款凭证，登记现金日记账。这一程序和我们在学校学的理论一样，要分清责任，按规定处理业务。我相信如果给自己一个机会，我一定能够做好，而且会比她做得更熟练、更出色。

跟随会计实习时，会计告诉我公司遵循《企业会计准则》《会计法》等法规，该公司以招聘会为主，需要遵守好多国家的政策法规。刚跟随会计实习时，会计不是很高兴我去实习，可能是怕我添乱，帮不上她的忙，还要弄乱东西，后来由于我的耐心等待、合理的处理人际关系，会计态度缓和了，让我看她处理业务，如何开具发票，还给我看了公司的凭证、原始单据以及明细账和总账等，让我总结了出纳、会计理论与实际的不同。我理论知识不是很牢固，有好多地方都很模糊，不知具体该如何做，还需要翻看以前所学的知识。会计还教给我如何与人沟通，好多时候都要自己去判断、去决定该如何做，在社会上只能依赖一个人，那就是自己，不要指望别人帮你做点什么，要看看你能帮别人做什么。

有一点遗憾的就是实习期间没有涉及太多有关报税的问题，如果涉及多了，应该能学到好多知识，毕竟以前的会计岗位角色模拟实验中没有涉及太多有关税的问题，而在公司中，对会计而言，税是一个比较关键的问题。

实习期间我学了不少社会知识，这要多多感谢公司领导、财务部出纳、会计的关照和帮助，感谢他们细心教导、耐心讲解。在处理日常经济业务方面，我主要利用用友财务软件，针对实际发生的经济业务性质进行会计处理，编制会计凭证，进行审核记账等。公司日常的经济业务通常不是会费收入就是门票销售，在进行收费业务处理时，需要核对收费发票，并核对数量、金额及税额；门票销售业务方面，主要是对于票款的核对。日常经济业务还包括通过单位网上银行进行付款业务，并在收到银行回单后，利用用友财务软件进行应付账款核算。日常会计业务是会计工作的基础，对于每一笔经济业务、每一个步骤、每一个程序，都必须以会计制度为基础，尊重原始凭证，考究其真实性和准确性，才能更好地发挥利用财务软件的强大功能，提高我们的工作效率。

我在日常工作中还学习到了很多书中没有的细节。例如：

1. 写错数字就要用红笔划横线，再盖上责任人的签章，这样才能作废。而我们以前在学校模拟实习时，只要用红笔划掉，再写上“作废”两字就可以了。

2. 写错摘要栏时可以用蓝笔画横线并在旁边写上正确的摘要，平常我们写字总觉得写正中点好看，可摘要却不行，一定要靠左写起不能空格，这样做是为了防止摘要栏被人任意篡改。在学校模拟实习时，对摘要栏不太关注，认为可写可不写，没想到这里还有名堂，真是不学不知道啊！

3. 对于数字的书写也有严格的要求，字迹一定要清晰，按格填写，不能东倒西歪的。并且记账时要清楚每一项明细分录及总账名称，不能乱写，否则总账的借贷双方就不能结平了。

所有的账都记好了，接下来就结账，每一账页要结一次，每个月也要结一次，这就是所谓的日清月结，结账最麻烦的就是结算期间费用和税费了，而且一不留神就会出错，要复查两三次才行。常有人因为粗心大意而算错了数据，如果在不确定的情况下，你可以先用铅笔进行记账，以防出错时不好改。其实课本上学的知识都是最基本的知识，不管现实情况怎样变化，抓住了最基本的就可以以不变应万变。如今有不少学生实习时都觉得课堂上学的知识用不上，出现挫折感，但我觉得，要是没有书本知识做铺垫，又哪能应付这瞬息万变的社会呢？实习也就是学习，只有不断地学习，才能更好地适应社会！

五、实习总结

通过这一段时间的实习，我发现自己的能力与实际工作要求还相差甚远，许多细节的东西，都不知道。会计是一种经验性极强的工作，我认为应当加强实践性教学环节；如计算机模拟、教学实习等，每学期都应该有一定的相关课程。这样我们毕业后才能比较顺利地进入到未来的工作岗位中。

实习是每一个大学毕业生必须拥有的一段经历，它使我们在实践中了解社会、在实践中巩固知识。通过此次实习，将学校所学的理论知识与实际相结合，不但让我们对整个会计核算流程有了详细而具体的认识，熟悉了会计核算的具体工作对象，熟练了用友财务软件的应用，而且缩短了抽象的课本知识与实际工作的距离。另外，企业是一个社会环境，我在实习期间知道了如何与不同年龄的人去交流沟通，加深了自己的社会阅历。会计这份工作要求我们必须细心，切忌粗心大意，马虎了事，心浮气躁。这正是我所欠缺的，我日后一定改正，力争做一名合格的财务人员。

课堂练习

1. 实习报告可以以实习小组的名义撰写吗？
2. 在学校不是毕业前的实习不写实习报告可以吗？

写作训练

1. 根据所学专业拟写一篇实习报告。
2. 如果参加假期实习，可试写一篇实习报告。

第九章 党政机关公文

第一节　党政机关公文概述

目标要求

一、知识目标

1. 熟悉党政机关公文的涵义；
2. 了解党政机关公文的类型；
3. 理解党政机关公文的特点；
4. 掌握党政机关公文的格式。

二、能力目标

能够辨析公文与普通应用文。

三、素质要求

1. 认识党政机关公文的作用；
2. 熟悉《党政机关公文处理工作条例》，培养公文写作的规范意识；
3. 了解我国党政机关的构成情况及机关与部门之间的关系。

案例分析

例文

国务院关于同意授予重庆江北国际机场口岸入境落地签证权的批复

重庆市人民政府：

你市《关于授予重庆江北国际机场口岸入境落地签证权的请示》（渝府发〔2000〕2号）收悉。现批复如下：

同意授予重庆江北国际机场口岸入境落地签证权。

国务院（印）

二〇〇七年十月十一日

评析 》

批复是与请示对应的文种，“一请示一批复”。例文针对性强，标题中用“同意”表态，正文中用“同意授予重庆江北国际机场口岸入境落地签证权”进行明确答复，态度鲜明。开头部分引述来文的标题和文号，说明批复缘由和根据，体现了应用写作的模式性特点。

知识点击

一、党政机关公文的涵义及种类

（一）党政机关公文的涵义

中共中央办公厅、国务院办公厅联合颁布的《党政机关公文处理工作条例》（中办发〔2012〕14号，2012年4月16日）（以下简称条例）明确规定：

党政机关公文是党政机关实施领导、履行职能、处理公务的具有特定效力和规范体式的文书，是传达贯彻党和国家方针政策，公布法规和规章，指导、布置和商洽工作，请示和答复问题，报告、通报和交流情况等的重要工具。

（二）党政机关公文的种类

公文种类，即根据公文功能属性进行的分类，简称文种。我国古代最早的公文，从先秦到清末，由简到繁，文种先后出现约有百种。2012年颁布的《条例》对党政机关公文的种类进行了重新整合，最终分为十五种。在公文处理工作中要认真区分法规中规定的文种、专用文种及其他文种之间的关系，正确选用文种，为公文拟制、办理、管理提供便利，达到行文的目标要求。

1. 决议。适用于会议讨论通过的重大决策事项。

2. 决定。适用于对重要事项做出决策和部署、奖惩有关单位和人员、变更或者撤销下级机关不适当的决定事项。

3. 命令（令）。适用于公布行政法规和规章、宣布施行重大强制性措施、批准授予和晋升衔级、嘉奖有关单位和人员。

4. 公报。适用于公布重要决定或者重大事项。

5. 公告。适用于向国内外宣布重要事项或者法定事项。

6. 通告。适用于在一定范围内公布应当遵守或者周知的事项。

7. 意见。适用于对重要问题提出见解和处理办法。

8. 通知。适用于发布、传达要求下级机关执行和有关单位周知或者执行的事项，批转、转发公文。

9. 通报。适用于表彰先进、批评错误、传达重要精神和告知重要情况。

10. 报告。适用于向上级机关汇报工作、反映情况，回复上级机关的询问。

11. 请示。适用于向上级机关请求指示、批准。

12. 批复。适用于答复下级机关请示事项。

13. 议案。适用于各级人民政府按照法律程序向同级人民代表大会或者人民代表大会常务委员会提请审议事项。

14.函。适用于不相隶属机关之间商洽工作、询问和答复问题、请求批准和答复审批事项。

15.纪要。适用于记载会议主要情况和议定事项。

2000版“办法”中规定公文种类为13种，本次“条例”规定为15种，增加了决议、公报两个种类。在实际工作中行政机关还是这13种，决议与公报在政府及行政机关层面用处不多。这15个文种需要公文处理工作者熟练掌握，包括概念、特点、制作、审核等各个方面，要正确使用文种，发出的每个文件都要反映公文性质、行文方向、行文目的。

二、党政机关公文的作用

1.指挥管理作用

下级机关在工作中遇到问题，自己无法解决或无权解决时，需向上级机关请求指示或请求批准，还必须定期或不定期地向上级机关汇报工作、反映情况、提出意见或建议。上级机关的意图则通过下行文下达。

大到国家机器的运转，小到一个企事业单位内部工作有秩序的开展，都跟公文的指挥管理作用密切相关，离开了公文的指挥管理，各方面的工作很可能陷入混乱状态。何况，公文的起草、定稿过程，本身就是管理思想的体现和管理工作的实施过程。

2.交流协调作用

公文中的公告、通告、公报、通知、通报、报告、请示和函，以及常用文书中的总结、调查报告、简报等，都有交流信息的基本功能。交流信息，一方面是上情下达或下情上达，另一方面是友邻单位互通情报。而且，有很多工作，仅靠一个单位很难顺利完成，往往需要地区与地区、单位与单位、团体与团体之间，互相协商，互相帮助，这些都可以通过公文运行而起到沟通协调作用。

3.宣传教育作用

传达贯彻党和国家的方针政策是公文所负的重要任务。在一般情况下，公文在传达某一方针政策，规定人们应该怎么做的同时，还要说明为什么要这样做。这无疑就产生了宣传和教育作用。此外，针对现实生活中普遍存在的某些问题或认识偏差，摆事实，讲道理，进行启发诱导，倡导应该确立什么立场，应该坚持什么原则，应该做什么、怎样做，也同样在产生宣传和教育作用。

4.联系知照作用

各级各类机关在日常工作和活动中，经常利用公文与其他机关进行联系。不同机关之间通过文件传送，可以起到相互联系、彼此知照的作用。如上级机关通过通知、通报等自上而下地传达事项，阐明意义，有启示、晓谕、动员的意思，以此来指导与知照下级如何开展工作。

5.依据凭证作用

公文作为反映制发机关发文意图的文字凭证，具有行政效力。下行文，是下级机关开展工作的依据；上行文，是上级决策的依据。一个机关制作的公文，是自己履行职能、开展工作的真实记录和凭证。在日常工作中常会遇到这样的情况：当对一个具体的事务该如何处理没有把握时，就查找相关的公文，看上级或有关职能部门在这方面有哪些规定，然后依之行事。要了解某次会议的有关情况，可查找那次的会议纪要。这些都是公文依据和凭证作用的具体表现。

三、党政机关公文的特点

1.作者的法定性

公文是党政机关办理公务的文书，它不是任何单位或组织都能任意使用的，它必须具有法定资格才能写作和发布公文。负责撰写公文文稿的作者，只是代言人，并不就是法定作者。严格说起来，公文的签发人也不是法定作者，他只是法定作者的代表，类似于人们通常所说的“法人代表”。公文的法定作者应该是文末的印章上所标定的那个机关。

撰稿者写出的文本，在没有定稿、签发、用印之前，还没有得到法定作者的认可，还不具有权威性和合法性。只有在领导集体认可、主要负责人签发、办公部门用印后，才被法定作者认可，才具有法定的效力。

2.读者的特定性

公文读者具有特定性，有的公文读者是特指的受文机关，有的公文的读者是社会的全体成员。

3.作用的权威性

公文作用的权威性主要体现在制定者和内容上，党政机关公文是各级党政机关根据法律赋予的权限和职责制作和发布的，表达的内容是党政机关对特定问题的权威意见、看法和要求。党政机关通过制发公文来发挥领导和指导作用，把各级党政机关紧密联结在一起，统一思想，统一认识，使政令畅通，运转灵活，上下合拍，工作步伐整齐一致，以体现党和国家政权组织的权威。

4.效用的现实性

公文的效用是指公文对特定对象所产生的实际影响，也就是效力、功用。公文的效用是具体的、有区别的，每类文件的效用等级不同、效用范围不同、产生效用的条件也有所区别。即便是同一文件，在其存在的不同阶段，效用的性质也是各不相同的。公文效用的现实性是指公文在现行工作中使用，效用具有一定的时间性。

5.制发的程序性

通用公文的制发又叫发文办理，主要有草拟、审核、签发、复核、缮印、用印、登记、分发等程序。

6.体式的规范性

公文具有法定的规范性体式，在某种意义上具有很强的模式化特征。拟稿人往往按照某种文体的特定模式去谋篇布局，从某种层面来说公文撰写有时就是一种循规蹈矩，它需要在规定的框架里安排结构、阐述观点、提出论据、说明情况、制定措施。

公文在写作过程中，各个步骤都有着明确的规范要求。公文的写作主体应严格按照国家相关要求，结合单位工作实际要求，写出规范的公文，提高公文的质量与品位，提高管理效率，促进机关单位的文书工作向规范化方向发展。公文写作的规范性直接关系到党和国家政策的贯穿落实，关系到公务机关的办事效率和公文本身的效用，公文的规范性体现公务机关工作质量的重要标志之一，对于树立良好机关形象具有十分重要的意义。

规范性主要体现在思想内容，文字表达，文体格式，传递送达等各个方面，是公文完整性，正确性与有效性的重要保证。规范性使公文成为公务机关实施领导与管理的有力工具。

四、党政机关公文的格式（见下图）

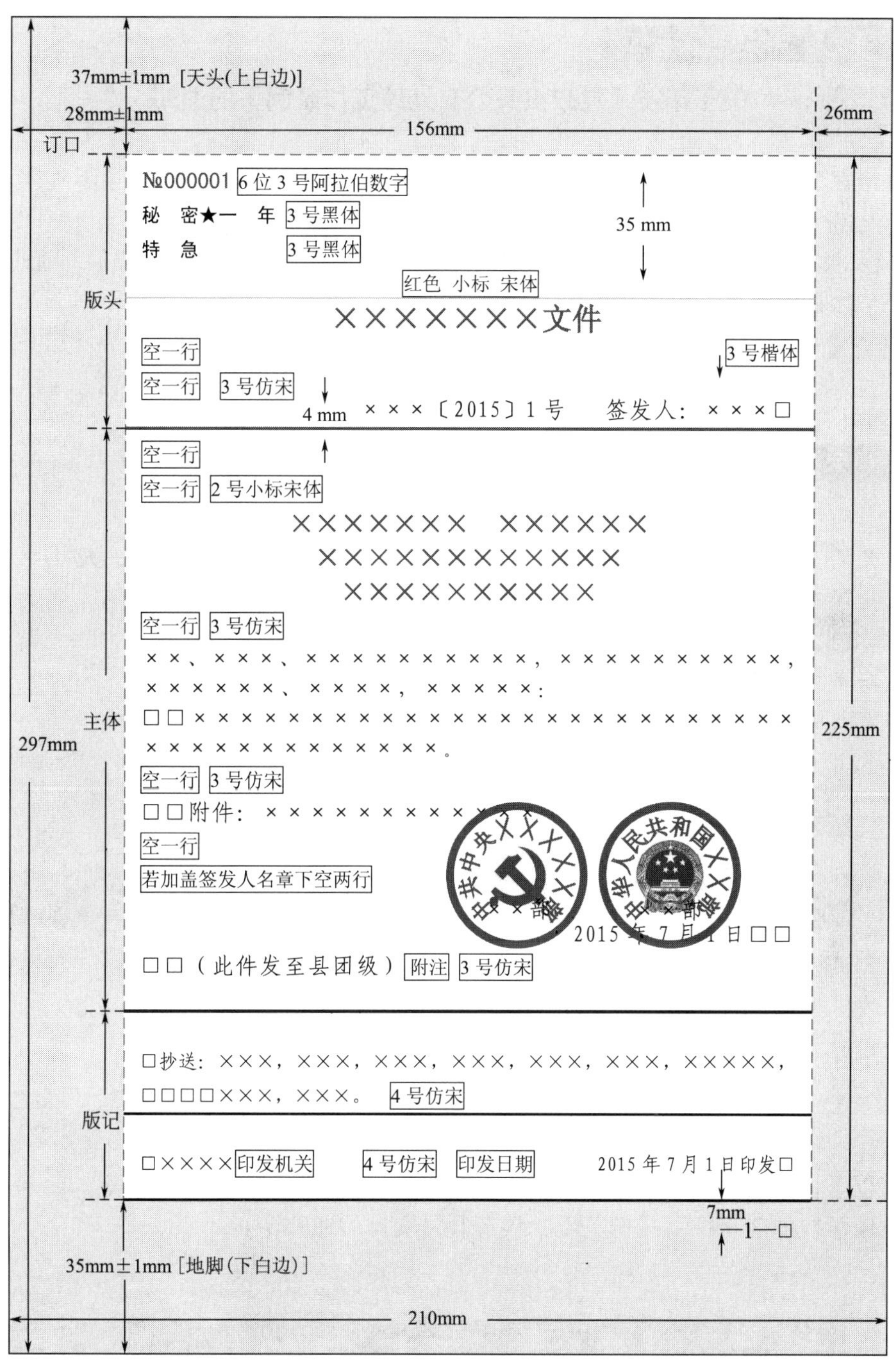

注：1. 灰色为A4纸，白色为版心，纸张用量为60～80g/m²。页码单页居右下，双页居左下。

2. 空一行、3号黑体、□、---、→↑←↓为指示说明符号，××为文字省略内容。

3. 正文每页22行，每行28字，一层小标题用黑体字，二层用楷体字，三、四层为仿宋体字。

例文1 党委机关公文

关于印发《党政机关公文处理工作条例》的通知

中办发〔2012〕14号

各省、自治区、直辖市党委和人民政府，中央和国家机关各部委，解放军各总部、各大单位，各人民团体：

《党政机关公文处理工作条例》已经党中央、国务院同意，现印发给你们，请遵照执行。

附件：政机关公文处理工作条例

中共中央办公厅国务院办公厅

2012年4月16日

例文2 政府机关公文

××市供电局通告

为方便群众监督，抵制以电权谋私的不正之风，××市供电局规定，凡从事营业、工程安装设计以及一切与用户有工作联系的职工均应佩戴员工证。员工证印有本人的照片、姓名、工作部门、编号。凡有不佩戴员工证而从事供电业务者，市民可视为非供电局人员。如发现供电局员工有侵犯用户利益的行为，欢迎直接向××市供电局举报。

监督举报电话：××××××××。

××市供电局

××××年××月××日

课堂练习

1. 党政机关公文的涵义是什么？
2. 党政机关公文有多少种？
3. 党政机关公文的特点有哪些？

写作训练

1. 请以学校党委的名义拟写一份关于表彰“师德师风先进个人”的决定。
2. 请以学校的名义拟写一份关于中秋节假日安排的通知。

第二节 通告 通知

一、知识目标

1. 认识通告、通知的涵义；

2. 明确通告、通知的特点和类型；

3. 清楚通告与公告的区别。

二、能力目标

掌握各类通告、通知的写法。

三、素质要求

能够写出规范的办理性通告和告晓性通告。

例文

北京市新闻出版局通告

××××年第1号

《北京市国内新闻单位驻京记者站管理规定》已于××××年12月17日经市人民政府批准（京政法发〔××××〕73号），现予发布施行。

北京市新闻出版局

××××年12月30日

（《北京日报》）××××年××月××日四版）

评析

上面例文从行文上看是通告，是国家机关发布的专门性的一般事项，而且发布在报纸上。

通　告

一、通告的涵义

通告适用于公布社会各有关方面应当遵守或者周知的事项。通告内容广泛，使用普遍。通告是泛行文，国家机关、社会团体和企事业单位在所辖范围内均可用。

二、通告的特点

（1）发布内容的业务性。多是以某项具体业务作为发布内容，具有很强的业务性。

（2）行文对象的有限性。一般都是告知辖区内的单位和人们，提醒注意或遵照执行。

（3）发文单位的广泛性。党政机关、企业事业单位、人民团体都可发布通告。

三、通告的种类

（1）告晓性通告公布让有关单位和个人周知某些事项。如通告停电、停水、电话升位等。

（2）办理性通告公布要求有关单位和人员需要办理事项，要求办理的事项多为注册、登记、年检等。

（3）禁管性通告公布一些令行禁止类事项的通告。令行禁止的事项多为：交通管制、查禁违禁物品一类。

四、通告的结构与写法

1.标题

标题的写法有四种：发文机关+事由+文种，如“××集团公司关于实行夏季统一作息时间的通告”；发文机关+文种，如“中国农业银行××分行通告”；事由+文种，如“关于税收财务大检查实行持证检查的通告”；只写文种。

2.正文

通告的正文通常由缘由、事项、结语组成。缘由是发此通告的原因、根据。事项是通告的具体事项或规定，内容比较简单、单一的，可不分条写；如果内容比较多，则应分条列项地写。结语是提出希望或要求，以“特此通告”作结语，以示强调，提起注意，有的通告事项写完即结束全文，不再写结语。通告面对的是公众，一般不必写抬头。

3.落款

标题中若已写发文机关，并在标题下标注了日期的，不必再写落款。如果标题中没有发文机关，也没有日期，则落款处必须署上发文机关名称和日期。

五、通告写作的注意事项

（1）不要把“通告”写成“通知”。通告与通知的特点、作用和行文对象不同，常被混用。

（2）注意通告与公告的区别。

① 发文内容不同。《条例》规定公告“适用于向国内外宣布重要事项或者法定事项”。通告则是“适用于在一定范围内公布应当遵守或者周知的事项”。

② 发布范围不同。公告是发向国内外的公文，发布范围最广泛；通告只是在国内一定区域或业务范围内发布。

③ 重要程度不同。公告所涉及的都是特别重大的事项；通告所涉及的是较为一般的事项。

④ 作用性能不同。公告以宣布重大事项为主要目的，一般对告知对象没有直接的强制力或约束力；而有些通告，如禁管性通告，还有强制力和约束力。

⑤ 制发单位级别不同。公告的发文机关一般是国家一级机关；通告的发文机关级别较低，一般来说禁管性通告多由政府机关发布，告晓性通告和办理性通告则行政机关、团体、单位均可发布。党务机关一般较少发布公告、通告。

⑥ 发布方式不同。公告多用登报、广播的方式发布；通告可用文件形式印发，也可登报、广播或张贴。

（3）通告内容必须符合党和国家的方针、政策、法律法规。

（4）语言要求通俗易懂、规范简洁，利于大众阅读理解。

通　知

一、通知的涵义

通知适用于发布有关法规和规章，批转下级机关的公文，转发上级机关和不相隶属机关的公文，传达要求下级机关办理和需要有关单位周知或者执行的事项，还可用于干部的任免和聘用。通知被誉为公文中的“老黄牛”。通知是使用最多的公文。

二、通知的特点

（1）使用的广泛性。在所有公文中通知的应用最为广泛。通知的发文机关不受级别的限制，国家级党政机关、基层的企事业单位、居民社区、社会团体，都可以发布通知。

（2）功能的多样性。通知的功能是最为丰富的文体，它可以用来传达指示、发布规章、布置工作、技术指导、批转文件、任免干部等。

（3）发文的针对性。通知的针对性是指针对某一事件进行的专指或特指的描述，针对某一项内容进行的具体要求。如：《关于加强劳动纪律的通知》。

（4）行文的指导性。当发布具有指导意义的工作时往往用通知的形式，收文单位对通知的内容进行领悟，并在规定时间范围内完成任务。如：《关于下发〈岗位职责〉的通知》。

（5）制发的时效性。通知是一种制发快捷、运用灵便的公文文种，通知所要求办理的事项都有比较明确的时间限制。如：《关于上报2014年职称考试人员名单的通知》。

（6）事项的专一性。通知所描述的事件往往是一件事，两件以上不相干的事件写到一起发通知则会相互混淆，使受文者产生误会。

（7）传递的延展性。当接到上级通知需要对通知进行下发时，或是因为事件发生了变化需要补充说明时，往往需要用到通知的延展性。如：《关于转发〈集团公司关于为灾区捐款的通知〉的通知》。

（8）送达的方向性。通知是下行文体，通知只能是上级单位向下级单位发送，或是主管单位向非主管单位发送，绝对不能下级单位向上级单位发送通知。

三、通知的结构与写法

1.标题

（1）完全式标题。这类标题由“发文机关+事由+文种”构成。如：《人事部×××同志恢复名誉后享受××级待遇的通知》。在这类标题中，如果发布、批转、转发的公文标题已经较长，再拟写通知标题时，应注意简写之。

（2）省略发文机关式。如：《关于调整商品价格的通知》。

（3）省略发文机关和事由，只写文种“通知”。

2.主送机关

主送机关即受文对象，根据实际情况，可以是一个或几个甚至所有的有关单位。普发性通知可省去主送单位。

3.正文

不同类型的通知，其正文写法有所不同。

（1）处理文件性通知。正文内容分两个部分：第一部分是批语；第二部分是写批转、转发或印发的规章或文件。批语内容比较简单：说明批转、转发或印发的文件名称和有关要求。基本格式：“现将《关于……的规定》（或批转、印发转发）给你们，请……。”比较复杂的文件，则在结尾处对如何实施做具体说明或阐述意义等。

（2）布置性通知（工作通知）。正文内容分三部分：第一部分：引言，说明缘由。第二部分：主体，即通知的具体内容。如果内容比较复杂，则分条列项陈述，重要内容详细写，放在前面，次要内容简化写，放在后面。第三部分：结尾。提出贯彻执行的要求，如“请认真贯彻执行”等，也有的通知不写结尾。总的说来，工作通知的目的在于布置工作任务，要求下级遵照执行，工作通知是为说明“办什么事”“为什么办这些事”“怎样办这些事”。

（3）知照性通知。行文的目的是让受文对象了解有关事项。正文把事项叙述清楚即可。

（4）会议通知。由文件传递渠道发出的会议通知，正文涉及的内容一般包括：会议名称、会议的原因与目的、会议议题、会议时间与地点、报到时间与地点、与会人员、与会者需准备的材料、差旅费报销办法、联系单位、联系人与联系方式等，有的通知还附上会议日程安排和与会的有关证件。会议通知通常采用分条列项式写法。供机关、单位内部张贴或广播的会议通知可不写受文对象，只写明会议时间、会议地点、会议内容、准备材料、出席人员等。

（5）任免通知。写法比较简单，它是在写完任免决定的依据后写上任免人员的姓名及职务。

4. 落款

如果在标题中已标明发文机关，落款时可以省略。

规范例文

××公司 ××××有限责任公司
关于兼并经营的联合通告

为了促进经营的合理化，经双方认真论证和商定，并报请有关主管部门批准，双方同意兼并，并以××公司为存续公司、××××有限责任公司为解散公司。

现将有关事项通告如下：

一、兹定于××××年××月××日为兼并日。

二、自兼并之日起，××××有限责任公司的一切权利、义务和债务，悉由××公司（存续公司）承担。

三、依公司法规定，凡××××有限责任公司的债权债务人，如有异议，请在本通告之日起三个月内提出，逾期提出视为无效异议。

特此通告。

××公司　××××有限责任公司

××××年××月××日

课堂练习

1. 通告的种类有哪些？

2. 通告、通知有什么区别？

写作训练

1.××小区物业服务中心为引导广大业主文明规范停车，创造良好停车秩序，给小区业主提供停车便利，提示广大车友朋友们规范、安全停车应注意一些文明停车事项，请你为他们拟一份《文明停车通告》。

2. 请根据下面材料，以××市人民政府的名义拟一份通告。

××市人民政府经邮电部批准，定于××××年6月8日北京时间零时起全市电话号码启用八位制，即由现在的7位数升为8位数。升位办法：原“8”字头的电话号码首位后加“1”；原“2”至“7”字头的电话号码在首位前加“8”。电话号码升位后，所有7位电话号码无效。

第三节　通报　报告

目标要求

一、知识目标

1. 认识通报、报告的涵义；

2. 明确通报、报告的用途、特点和类型。

二、能力目标

掌握通报、报告的写法。

三、素质要求

能够写出规范的表彰性通报和批评性通报。

案例分析

例文

××省化工总公司党委

关于授予杜××“优秀共产党员”荣誉称号的通报

各分公司党委、总公司党委各部门、各直属机构：

杜××同志是××分公司所属××化工厂管道维修工人，共产党员。今年8月15日上午8时30分，该厂成品车间后处理工段油气管道突然爆炸起火。正在利用公休日清理夜间施工现场的杜××被爆炸气浪猛烈推倒，头部、右臂和大腿等多处受伤，鲜血直流，鞋子也被甩出很远。

在这危急关头，杜××强忍剧痛，迅速爬起来，顾不得穿鞋和查看伤势，踩着玻璃碎片，冲入烈火之中，迅速关闭了喷胶阀门、油气分层罐手阀、蒸汽总阀，接着用了10余个干粉灭火器扑救颗粒泵、混胶罐等处的大火，在随后赶来的保安人员的援助下，共同英勇奋战十余分钟，最终将大火全部扑灭，避免了火势的蔓延。

杜××同志在身体多处受伤、火势凶猛并随时可能发生更大爆炸的危急关头，将个人生死置之度外，果断处理突发事件，为遏制火势蔓延、防止事故扩大、减少国家财产损失做出了突出的贡献。他的行为体现了为保护国家财产和人民利益而置个人生命安危于度外的崇高精神品质，谱写了一曲保持共产党人先进性的正气之歌。

为了表彰杜××的英雄行为和崇高的革命精神，总公司党委研究决定：授予杜××“优秀共产党员”荣誉称号，将杜××奋力灭火的英勇事迹通报全公司，晋升两级工资，并颁发灭火奖励10000元，以资鼓励。希望各分公司党委、各直属机构组织广大共产党员和干部职工以杜××为榜样，落实安全生产责任，努力做好本职工作，为化工行业的改革与发展做出更大的贡献。

××省化工总公司党委（印）

××××年8月20日

评析

这是一份表彰性通报。正文叙述杜××的先进事迹，对该同志的行为做了有境界而又恰当的分析、评议，目的句之后写决定事项，最后提出发文单位的希望。全文结构合理、格式规范，语言通俗流畅，同时注重将英勇行为上升到恰当的境界予以分析、评议。美中不足的是对事件过程的叙述还可以概括一些。

通　报

一、通报的涵义和作用

通报适用于表彰先进、批评错误、传达重要精神或者情况。通报属于下行文。表扬一般性质的好人好事、批评一般性质的错误，发内部简报，但如果先进事迹比较典型、错误性质比较严重就需发通报。告知下级机关某信息或执行某事项，一般可用通知，但如果要较大范围地“传达重要精神或者情况”则应发通报。通报有三个作用：嘉奖作用、告诫作用、交流作用。

二、通报的特点

（1）内容的真实性。真实性是通报的生命，是制发通报的重要前提。

（2）作用的双重性。通报具有两个作用：一是教育作用；二是交流作用。

（3）行文的时效性。先进事迹、典型经验、重要情况，及时通报才能更好地推广，更好地发挥其作用；坏人坏事、反面典型，及时通报才能更好起到警示作用，以杜绝类似事件的发生。

三、通报的种类

（1）表彰性通报。具有典型意义的先进事迹和好人好事的通报。

（2）批评性通报。能普遍产生鉴戒作用的单位或个人的通报。

（3）情况通报。传达重要精神或重要情况，起到交流情况、沟通信息、促进工作的通报。

四、通报的结构与写法

1. 标题

标题通常由发文机关、事由和文种三个要素构成，也有的只写“通报”二字。

2. 正文

不同的通报类型，其正文的写作内容各不相同。

（1）表彰性通报正文内容包括：叙述先进事迹，包括时间、地点、人物、事迹、经过和结果；对先进事迹进行分析、评议，指出其典型意义或概括主要经验；提出表彰决定；提出希望和学习号召。

（2）批评性通报正文内容包括：叙述事故或错误事实的经过情况、时间、地点、事故及其后果等；对事故进行分析、评议，分析事故发生的原因，指出事故的性质及其危害；提出处分决定；引申出应当吸取的经验教训，有的放矢地提出希望和要求。

（3）情况通报正文内容包括：概括叙述情况；分析情况；针对情况提出希望和要求。

3.落款

写上发文机关和发文时间。如果标题中已有发文机关且时间已标注在发文机关下面，则不再落款。普发性通报可不写抬头，对于非普发性通报得写抬头，发文机关和时间则在落款处写。

五、通报写作的注意事项

（1）撰写通报前一定要做好调查研究，核实事件细节，实事求是，以免发文后被动、失信。

（2）叙述典型事实要准确、平实、简明。

（3）讲究时效性，及时行文。

（4）写好对事项的“分析”“评议”“分析”“评议”是最能体现作者思想水平、写作水平的，要注意将人和事上升到较高的层面来认识，切忌就事论事。

（5）通报的决定事项不能与事实、政策相抵触。

报　告

一、报告的涵义和作用

报告适用于向上级机关汇报工作，反映情况，答复上级机关的询问。报告是重要的上行文。报告的作用：帮助上级及时了解情况、掌握下情，为领导决策提供依据，利于接受上级的监督和指导。

一、报告的特点

（1）行文的单向性。报告是下级机关向上级机关行文，是为上级机关进行宏观领导提供依据，一般不需要受文机关的批复，属于单项行文。

（2）语言的陈述性。语言表达的方式以叙述和说明为主，但必须是概括性的，只要求做粗线条的勾勒，不能详述事件或工作的过程，更不要求铺排大量的细节。议论多限于夹叙夹议。

（3）内容的汇报性。一切报告都是下级向上级机关或业务主管部门汇报工作，让上级机关掌握基本情况并及时对自己的工作进行指导，所以，汇报性是“报告”的一个大特点。

（4）成文的事后性。多数报告都是在事情做完或发生后，向上级机关做出汇报，一定是事后或者事中行文。一般来说，没有做的事情不在汇报内容之列。

（5）沟通的双向性。报告虽不需批复，却是下级机关以此取得上级机关的支持、指导的桥梁；同时上级机关也能通过报告获得信息、了解下情，报告是上级机关决策指导和协调工作的依据。

三、报告的种类

（1）工作报告是向上级机关汇报工作的报告。多数工作报告不向上级提出工作建议，只是汇报某一阶段工作的进展、成绩、经验、存在问题及打算，汇报上级机关交办事项的结果；汇报对某一指示传达贯彻的情况，向上级机关报送物件或材料等。工作报告也可以提出工作建议，提工作建议的报告可分为两类：

① 呈报类建议报告：提出工作建议，只要求上级机关认可。

② 呈转类建议报告：提出工作建议，要求上级机关批准转发（批转）给下级机关执行。

（2）情况报告是汇报出现的新情况、新问题，特别是突发事件、特殊情况、意外事故及处理情况。

（3）答复报告是答复上级机关询问问题的报告。

四、报告的结构与写法

1. 标题

一般采用完整式公文标题的写法。如果标题中省略了发文机关，则落款时必须写发文机关名称。

2. 主送机关

一般是发文机关的直属上级机关。如有必要报送其他上级机关，可采用抄报形式。

3. 正文

（1）工作报告正文围绕主旨展开陈述，内容一般包括：基本情况、主要成绩、经验教训、今后意见或提出有关建议。当然，不同类型的工作报告，汇报的侧重点会有所不同。如果内容较多则分条列项写。

（2）情况报告正文围绕主旨，实事求是地概括叙述事件：发生的原因、经过、性质，写出处理意见、处理情况、或处理建议。

（3）答复报告正文包括两部分内容：答复依据，即上级要求回答问题、答复事项。一般报告的结尾都有习惯用语，如“特此报告”“专此报告”“以上报告，请审示”等。呈转类建议报告的结尾用语一般用“如无不妥，请批转有关单位执行”等请求式用语。

五、报告写作的注意事项

（1）注意工作报告和情况报告的区别。

工作报告反映的是常规性的工作，内容相对稳定，写法相对固定，它可以向上级提出工作建议。而情况报告汇报的是偶发和突发的特殊情况，内容多不确定，写法相对灵活。

（2）经验体会是工作报告写作的难点。经验体会不是简单做法的罗列、拼凑，经验体会必须是从实际工作中概括出的能指导今后工作的规律性的东西。

（3）写情况报告要及时，以便及时让上级机关掌握情况。

（4）写答复报告要紧紧围绕上级机关提出的问题而回答，不能答非所问、节外生枝。

（5）报告中不能夹带请示事项。

例文1

关于撤销×××厂国家二级企业称号的通报

各省、自治区、直辖市×××厅（局）：

××××年以来，各有关部委和我部多次发文，强调加强企业管理，充分发挥计量控制作用，保证国民经济统计数字的有效性，要求各企业上报产品质量一定要以表记值为准，指出有表但不以表记为准的企业不得申请节能、计量和企业升级；已升级的企业，在限定时间前一律以表记值为准，否则撤销其已获得的称号。

在今年的抽查中发现，×××厂自××××年获得国家二级企业称号以来，放松基础工作，企业管理水平明显下降。抽查组到该厂检查时仍未按照规定如实报告表记统计数字，这种做法是错误的，情节是严重的。为认真执行国家有关部门和本部的规定，决定自即日起撤销×××厂国家二级企业称号。

希望×××厂认真吸取教训，采取措施，认真整改，扎扎实实地做好工作。各有关企业要结合×××厂的教训，按照国家有关规定做好产品计量工作。

请×××省×××厅将×××厂国家二级企业证书收回，并报告省经委。

×××工业部

××××年××月××日

例文2

××省石油公司英德供应站
关于解决油库长期遗留的山地及树木的归属问题的报告

省石油公司：

我站于××××年××月新建油罐两个，扩建了油库，占用当地××村部分山坡地及该地树木。扩建后几年来，库界未定，××村多次提出，要求补偿被占用的山地及树木，但几经协商，均未有结果，以致发生纠纷，库区围墙被推倒十多米。

最近，双方本着对国家财产和群众利益负责的精神进行协商，彼此谅解，终于达成协议，由我站给予××村山坡地及树木一次性补偿费×万元，并经双方划定界线，新建围墙为界，界内土地及树木永久归我站所有。我站应付的补偿费×万元拟在“保管费”中列支。

现随文上报所订协议及库区界图，请核备。

附件：

1.××山地及树木归属协议

2.英德石油站界区图示

××××年××月××日

课堂练习

1.通报分为几种类型？

2.报告应注意哪些问题？

写作训练

1.请就学校或班级发生的好人好事以学校的名义拟写一份表扬性通报。

2.请你合理扩充下面提供的材料，以××分公司的名义向总公司起草一份不超过500字的情况报告。

2012年6月4日凌晨2时40分，××分公司江南百货大楼发生火灾事故。事故后果：未造成人员伤亡，但该大楼二楼商品被全部烧毁，直接经济损失350万元。事故原因：二楼某个体裁缝经二楼经理同意从总闸自接线路，夜间没断电导致电线起火。施救情况：事故发生后，分公司领导马上拨打火警，市消防队出动了8辆消防车，至清晨6时，火灾才被扑灭。善后工作：分公司经理、副经理多次到现场调查，并对事故进行了认真处理。

第四节 请示 批复

目标要求

一、知识目标

1. 认识请示、批复的涵义；
2. 明确请示、批复的特点；
3. 了解请示的适用范围。

二、能力目标

掌握请示的写法。

三、素质要求

1. 清楚请示与报告的区别；
2. 能够写出规范的请示。

案例分析

例文

关于《会计人员职权条例》中“总会计师”是行政职务或是技术职称的请示

财政部：

国务院××××年《国发〔××××〕××号》通知颁发的《会计人员职权条例》(以下简称《条例》)规定，会计人员技术职称分为总会计师、会计师、助理会计师、会计员四种；其中“总会计师”既是行政职务，又作为技术职称。在执行中，工厂总会计师按《条例》规定，负责全工厂的财务会计事宜，可是每个工厂，尤其是大工厂，授予总会计师职称的人有四五人，究竟由哪一位负责全厂的财务会计事宜和执行总会计师的职责与权限呢？我们认为宜将行政职务与技术职称分开。总会计师为行政职务，不再作为技术职称。比照最近国务院颁发的《工程技术干部技术职称暂行规定》，将《条例》第五章规定的会计人员职称中的“总会计师”改为“高级会计师”。

以上认识是否妥当，请指示。

××省财政厅

××××年××月××日

评析 》

这是一则请求指示的请示。请示首先引据，接着写执行该文出现的问题，提出改“总会计师”职称为“高级会计师”的请求，随后用请示结语收束。层次分明，理由清晰，行文简洁。

请 示

一、请示的涵义和适用范围

1.请示的涵义

请示适用于向上级机关请求指示、批准。请示是常用的上行文。

2.请示的适用范围

（1）属超出本机关的工作职权范围须经请示批准才能办理的。

（2）对国家的有关方针政策或上级机关的有关规定、决定等不甚了解或有不同理解，需请上级机关解释或重新审定的。

（3）工作中出现了新情况、新问题，必须处理却又无章可循、无法可依，有待上级机关批示的。

（4）遇到本机关职权范围内很难克服或无力克服的困难，需请上级机关支持、帮助的。

（5）属涉及全局性或普遍性的而本机关无法独立解决的工作困难和问题，必须请示上级机关以求得到上级机关的协调和帮助。

二、请示的特点

（1）事前行文性。得到上级机关批准后才能付诸实施，不可“先斩后奏”或“边斩边奏”。

（2）请求批复性。请示行文的目的非常明确，即要求上级机关对请示的事项做出明确的批复。

（3）一文一事性。一份请示只能请求指示、批准一件事或解决一个问题。

三、请示的种类

（1）请求指示的请示。涉及的是下级机关对政策、方针在认识上不明确、不理解或对新问题、新情况不知如何处理的问题。

（2）请求批准的请示。涉及的是下级机关限于自己的职权无权自己办理或决定的事项。

（3）请求支持、帮助的请示。涉及的是下级机关遇到了仅靠自己的力量已很难克服或无法克服的困难。

四、请示的结构与写法

1.标题

标题由发文机关、事由和文种构成。标题中的事由要明确，语言要简明。“请示”本身含有请求、申请之意，因而标题中应尽量不再写“申请”“请求”类词语。

2.正文

请示的正文由三部分组成：缘由、事项、结语。

（1）缘由：请示的理由或根据。这部分内容要求实事求是、有理有据、说明充分、条理清楚、开门见山。比较复杂的缘由必须写明必要的事实和数据，不能追求简要而做简单化处理，要让领导知晓批准或不批准这个请示将分别出现什么局面。缘由是写作请示的关键，缘由直接关系到请示事项能否成立，关系到上级机关的审批态度。

（2）事项：即请求上级机关给予指示、批准或支持和帮助的具体内容。这部分内容要求事项具体、有可行性、有可操作性。如果内容比较复杂，则分条列项写。用语要明确，不能含糊其辞。语气要得体。

（3）结语。通常使用的惯用语有："妥否、请批复""特此请示，请予批准""请批准""请审批""请指示"等。请示结尾绝不能缺少以上类型的惯用语。

五、请示写作的注意事项

（1）不滥用请示。凡在自己职权范围内经过努力能够处理和解决的问题和困难，都应尽力自行解决，不能动辄请示，将矛盾上交。

（2）请示只送给直接的上级机关，不得越级请示。

（3）不能一文多事。

（4）不得抄送下级机关。

（5）语言得体。不能使用指示性语言。

六、报告与请示的区别与联系

1.报告与请示的区别

（1）行文时间不同。请示须在事前行文，而报告在事前、事后及事中皆可行文。

（2）行文的目的、作用不同。请示旨在请求上级批准、指示、支持和帮助，需要上级批复。报告旨在向上级汇报工作、反映情况、提出建议、答复上级询问。

（3）主送机关数量可以不同请示一般只写一个主送机关。在遇到紧急情况时，才可写多个主送机关。

（4）写法不同。报告侧重于概括陈述情况，总结经验教训，表述灵活，体现报告性。请示的内容单一，一文一事，较侧重于讲原因、陈理由、述事项，体现请求性。

（5）结尾用语不同。报告的结束语一般写"特此报告"，或者省略结束惯用语。请示不能缺少"以上请示，请批复"一类惯用语。

（6）受文机关处理方式不同。报告多数是阅件，除需批转建议报告外，上级机关不必行文。请示属于办理文件，收文机关必须及时批复。

2.报告与请示的相同之处

报告和请示最大的相同之处是均属上行文。

批　复

一、批复的涵义

批复适用于答复下级机关的请示事项。先有请示，后有批复。批复是下行文。

二、批复的特点

（1）行文具有被动性。批复的写作以下级的请示为前提，它是专门用于答复下级机关请示事项的公文，先有上报的请示，后有下发的批复，一来一往，被动行文，这一点与其他公文有所不同。

（2）内容具有针对性。批复要针对请示事项表明是否同意或是否可行的态度，批复事项必须针对请示内容来答复，而不能另找与请示内容不相关的话题。因此批复的内容必须明确、简洁，以利下级机关贯彻执行。针对性主要体现在两个方面：一是批复内容必须紧扣请示的内容，请示什么就批复什么；二是谁请示就给谁批复。

（3）态度的明确性。批复的内容要具体明确，不能有模棱两可的语言，使得请示单位不知道如何处理。

（4）效用的权威性。权威性批复是上级机关领导意图和领导权威的具体体现。批复对下级机关具有行政约束力。准许怎样做，不准许怎样做；应该怎样认识和理解，不应该怎样认识和理解。批复表示的是上级机关的结论性意见，下级机关对上级机关的答复必须认真贯彻执行，不得违背，批复的效用在这方面类似命令、决定，带有很强的权威性。

三、批复的种类

（1）请求指示性批复。即对下级机关领会不准、不甚了解的有关方针政策或上级机关的有关规定、决定做出的解释性、指示性的答复。

（2）请求批准性批复。即对下级机关请求办理、请求处理的事项表明态度的答复。

（3）请求支持、帮助性批复。即对下级机关在遇到难于解决、无力克服的困难时而提出请求支持或帮助的请示所做的答复。

四、批复的结构与写法

1.标题

批复的标题比较复杂，有的批复标题还比较长。通常有下列几种写法：

（1）由发文机关、批复事项、行文对象和文种构成。如《××总公司关于扩建业务大楼给第三分公司的批复》。

（2）由发文机关、事由和文种构成。如《国务院关于编纂中华大辞典问题的批复》。

（3）由上级机关态度、事由和文种构成。如《关于同意经管学院举办秘书训练班的批复》。

（4）由发文机关、请示标题和文种构成。如《××市人民政府对〈关于处理××商业大厦失火事故的请示〉的批复》。

2.正文

正文一般由批复引语、批复事项和批复结语组成。

（1）批复引语。批复引语的写作规定：先引请示标题，再引发文字号，发文字号应加圆括号。如“你公司《关于……的请示》（××〔19××〕×号）收悉。”

（2）批复事项。针对请示事项给予明确答复或具体指示。一文一批复，同意有关请示的批复，不必阐述批复理由，表明同意态度即可。若不同意请示事项或对下级机关要求的支持和帮助难以满足，则除在批复中表明态度外，一般还需要适当说明理由，以使对方能较好地接受，并及时做出相应的工作安排。

（3）批复结语。写上“特此批复”“此复”等。

3.落款

这部分写在批复正文右下方，署成文日期并加盖公章，成文日期用阿拉伯数字。

五、批复写作的注意事项

（1）批复事项要真实单一。要核实请示事项的真实性、研究请示所提方案的可行性、下级机关提出问题的背景。一个批复针对一份请示。

（2）要有理有据。充分而必要地给出同意与否的理由和根据。

（3）态度要鲜明，意思要明确。同意或不同意、立办还是缓办，绝不能含糊其辞、模棱两可。切忌使用的词语：“似属可行”“酌情办理”“最好去做”等。

（4）若批复内容涉及其他部门，应进行协调，根据协调结果行文。

（5）及时批复，以免贻误下级机关的工作。

例文1

关于丹霞山风景名胜区列为国家重点风景名胜区的请示

国务院：

丹霞山风景名胜区位于我省韶关市仁化、曲江两县境内，面积180平方公里，分丹霞山、韶石山、大石山三个景区，距韶关市区最近处10公里，最远处50公里，柏油公路直达主峰区，观光旅游的交通十分方便。

据地质考证，6500年前丹霞山所在地是一个大湖泊，由于造山运动，形成红岩峭壁和嶙峋洞穴，构成奇异自然风景。在全世界同类地形中，以丹霞山最为典型，“丹霞地貌”已成为国际地质学名词。

现丹霞山景区已开发接待游人的范围为12平方公里，主要景点有87处，山、江、湖兼备，绿化良好，兼之摩崖石刻、寺庵、亭台楼阁点缀其间，自然及人文景观丰富。靠丹霞山南侧的韶石山景区，滂于浈水，是历史上舜帝南巡奏乐之处，内有“三十六石”的奇景；丹霞山西侧的大石山景区，类似丹霞山的奇山异峰，有丹寨幽洞、岩柱等自然景观。在丹霞山风景名胜区附近，有“金鸡岭”“九龙十八滩”“古佛岩”“南华寺”“马坝人遗址”等风景区及名胜古迹，总面积约400平方公里。目前，粤北地区以丹霞山风景名胜区为中心形成了我省一条重要的旅游线。

根据国务院《风景名胜区管理暂行条例》，我们对丹霞山风景名胜区进行了资源调查、评价，编制了总体规划。现申请把丹霞山风景名胜区列为国家重点风景名胜区，请审批。

广东省人民政府

××××年××月××日

例文2

××县人民政府关于××乡人民政府兴建砖瓦厂问题的批复

××乡人民政府：

你乡××××年4月17日《关于兴建砖瓦厂的请示》(××发〔××××〕×号）收悉。经研究，现答复如下：

改革开放以来，农村盖房使用砖瓦量确实明显增加，因此各乡纷纷兴建了砖瓦厂。据调查，我县已经有40%的农户盖了新房；约30%的农户近年内不拟盖新房，砖瓦需求量相对趋于缓和。其余拟盖房户所需砖瓦的数量，我县现有砖瓦厂完全可以满足。因此，凡申报新建砖瓦厂的请求一律不予同意，以免供过于求，出现新的问题。

特此批复。

××县人民政府（公章）

××××年4月20日

课堂练习

1.请示的特点是什么?

2.批复的种类有哪些?

3.请示和报告有什么区别?

写作训练

1. ××市×××公司为了扩大××商品的知名度，向全国推广，繁荣市场，满足消费者需求，拟于××××年××月××日至××月××日在深圳举办“××商品洽谈会”。初步设计洽谈会摊位共×××平方米，展团由×××公司及生产厂家派人组成，经费自理。现在准备向××市经贸委提出申请，并希望获得批准。你能代×××公司拟写一份请示吗?

2. 根据上面的请示，你能代××市经贸委拟写一份批复吗?

第五节　函

目标要求

一、知识目标

1.认识函的涵义；

2.明确函的用途；

3.了解函的特点和类型。

二、能力目标

掌握各类函的写法。

三、素质要求

能够知道函的用法。

案例分析

例文

关于给上海××超市总公司商租商场一事的复函

上海××超市总公司：

贵公司《关于商租上海××商厦五楼的函》(沪×超函〔××××〕20号)收悉，经研究，现答复如下：

贵公司欲租我商厦五楼闲置的楼面开设超市，这是方便顾客的购买需求、有利于盘活我商厦的闲置资源、扩大我商厦的经营规模与商品种类的好事，本商厦欢迎贵公司来我商厦五楼开设超市。具体租金请贵公司来人面洽。

特此复函。

上海××商厦

××××年××月××日

评析 》

这是答复对方商洽事项的函。正文开头引述对方来函标题及发文字号，以作复函缘由，继而用“经研究，现答复如下”一语过渡到主体部分。主体部分先概括对方来函所商洽的事项及意义，既是对来函的回应，又表达了自己的态度。紧承这句，做出“欢迎”合作的表态，并提出面谈要求。文章针对性强，态度诚恳，表述严谨，行文规范。

知识点击 ▶▶

一、函的涵义和用途

函，适用于不相隶属机关之间商洽工作、询问和答复问题、请求批准和答复审批事项。函的使用范围极广，使用频率极高，函的用途主要包括四个方面：

1.平级机关或不相隶属机关单位之间的公务往来。

2.向无隶属关系的业务主管部门请求批准有关事项。

3.业务主管部门答复审批无上下级隶属关系的机关请求批准的事项。

4.机关单位对个人的事务联系，如复群众来信等。

二、函的特点

1.使用广泛性。使用范围不受级别高低、单位大小的限制，收发函件的单位均以比较平等的身份进行联系。

2.行文多向性。函可以上行、下行，但多数函作平行文。

3.用语谦敬性。用语得注重谦恭有礼、尊重对方。函是最注重使用文言词汇的公文，是公文中最富有文学性的文种。

三、函的种类

1.商洽函。即不相隶属机关之间商洽工作、联系有关事宜的函。如人员商调、联系参观学习等。

2.询答函。即不相隶属机关之间相互询问和答复有关具体问题的函。询答函实际上又可分出两种函：

（1）询问函：不明确的问题向有关机关和部门询问。

（2）答复函：对机关和部门所询问的问题做出解释答复。

3.批请函。即用于不相隶属机关之间请求批准和答复审批事项的函。批请函实际上也可以分为两种函：

（1）请批函。用于向不相隶属的主管部门请求审批事项。

（2）审批函。用于主管部门答复不相隶属机关单位的请批事项。

4.告知函。即告知不相隶属机关有关事项的函。

以上是按内容和用途对函进行的分类。若按照文面格式分类，函可以分为公函和便函。若按照行文去向分类，函又可以分为去函和复函。

四、函的结构与写法

1. 标题

函的标题一般由发文机关、事由和文种构成，有的只由事由和文种构成。

2. 正文

（1）开头。写行文的缘由、背景和依据。去函的开头或说明根据上级的有关指示精神，或简要叙述本地区、本单位的实际需要、疑惑和困难。复函的开头引用对方来文的标题及发文字号，有的复函还简述来函的主题，与批复的写法基本相同。复函以“现将有关问题复函如下”一类文种承启语引出主体事项，即答复意见。

（2）主体。写需要商洽、询问、答复、联系、请求批准或答复审批及告知的事项。函的事项一般比较单一，可与行文缘由合为一段。如果事项比较复杂，则分条列项书写。

（3）结语。不同类型的函结语有别。不必对方回复的函，结语常用“特此函告”“特此函达”。要求对方复函的，用“盼复”“望函复”“请即复函”等语。请批函的结语多用“请批准”“请大力协助为盼”“望能同意”等惯用语。复函的结语常用“特此复函”“特此回复”“此复”等惯用语。也有的函不写结语。

五、函写作的注意事项

函的写作，首先要注意行文简洁明确、用语把握分寸。无论是平行机关或者是不相隶属的行文，都要注意语气平和有礼，不要倚势压人或强人所难，也不必逢迎恭维、曲意客套。发函对主管机关语言要尊重、谦敬，对级别低的单位语言要平和，对平行单位和不相隶属的单位语言要友善。复函则要注意行文的针对性，态度要明朗，语言要准确，避免含糊笼统、犹豫不定。

1. 开门见山，直奔主题。

2. 一文一函，简洁明了。

3. 语言平和，规范得体。

关于拟录用××××届大中专毕业生的函

××省人事厅：

根据中共××省委组织部、××省人事厅《关于××××年省级机关录用应届高校、中专学校优秀毕业生的通知》规定，我们对拟录用到我厅机关工作的大中专毕业生按规定程序进行了统一考试、面试、体检、政审。经厅党组研究，拟录用大中专毕业生24名。

现将有关录用审批材料报上，请审批。

附件：录用审批材料24份

××省安全厅
××××年××月××日

课堂练习

1. 函的用途及种类有哪些？

2. 函与其他公文相比有什么明显特点？

写作训练

1. ××公司销售部主任对于××先生五月二十日有关第645号订单的来信，就错运货物一事，代表该公司深感歉意。××公司销售部将会对正确的货物安排空运，答应于一周内运抵，有关文件也将加函寄上，同时烦请××先生暂存错运的货物，如有任何疑问，欢迎与该公司联络请以该公司销售部的名义拟写一份答复函。

2. 请为班级班委会或团支部会议拟写一份会议纪要。

中共中央办公厅 国务院办公厅
关于印发《党政机关公文处理工作条例》的通知

中办发〔2012〕14号

各省、自治区、直辖市党委和人民政府，中央和国家机关各部委，解放军各总部、各大单位，各人民团体：

《党政机关公文处理工作条例》已经党中央、国务院同意，现印发给你们，请遵照执行。

中共中央办公厅 国务院办公厅

2012年4月16日

党政机关公文处理工作条例

第一章　总则

第一条　为了适应中国共产党机关和国家行政机关（以下简称党政机关）工作需要，推进党政机关公文处理工作科学化、制度化、规范化，制定本条例。

第二条　本条例适用于各级党政机关公文处理工作。

第三条　党政机关公文是党政机关实施领导、履行职能、处理公务的具有特定效力和规范体式的文书，是传达贯彻党和国家方针政策，公布法规和规章，指导、布置和商洽工作，请示和答复问题，报告、通报和交流情况等的重要工具。

第四条　公文处理工作是指公文拟制、办理、管理等一系列相互关联、衔接有序的工作。

第五条　公文处理工作应当坚持实事求是、准确规范、精简高效、安全保密的原则。

第六条　各级党政机关应当高度重视公文处理工作，加强组织领导，强化队伍建设，设立文秘部门或者由专人负责公文处理工作。

第七条　各级党政机关办公厅（室）主管本机关的公文处理工作，并对下级机关的公文处理工作进行业务指导和督促检查。

第二章　公文种类

第八条　公文种类主要有：

（一）决议。适用于会议讨论通过的重大决策事项。

（二）决定。适用于对重要事项做出决策和部署、奖惩有关单位和人员、变更或者撤销下级机关不适当的决定事项。

（三）命令（令）。适用于公布行政法规和规章、宣布施行重大强制性措施、批准授予和晋升衔级、嘉奖有关单位和人员。

（四）公报。适用于公布重要决定或者重大事项。

（五）公告。适用于向国内外宣布重要事项或者法定事项。

（六）通告。适用于在一定范围内公布应当遵守或者周知的事项。

（七）意见。适用于对重要问题提出见解和处理办法。

（八）通知。适用于发布、传达要求下级机关执行和有关单位周知或者执行的事项，批转、转发公文。

（九）通报。适用于表彰先进、批评错误、传达重要精神和告知重要情况。

（十）报告。适用于向上级机关汇报工作、反映情况，回复上级机关的询问。

（十一）请示。适用于向上级机关请求指示、批准。

（十二）批复。适用于答复下级机关请示事项。

（十三）议案。适用于各级人民政府按照法律程序向同级人民代表大会或者人民代表大会常务委员会提请审议事项。

（十四）函。适用于不相隶属机关之间商洽工作、询问和答复问题、请求批准和答复审批事项。

（十五）纪要。适用于记载会议主要情况和议定事项。

第三章　公文格式

第九条　公文一般由份号、密级和保密期限、紧急程度、发文机关标志、发文字号、签发人、标题、主送机关、正文、附件说明、发文机关署名、成文日期、印章、附注、附件、抄送机关、印发机关和印发日期、页码等组成。

（一）份号。公文印制份数的顺序号。涉密公文应当标注份号。

（二）密级和保密期限。公文的秘密等级和保密的期限。涉密公文应当根据涉密程度分别标注“绝密”“机密”“秘密”和保密期限。

（三）紧急程度。公文送达和办理的时限要求。根据紧急程度，紧急公文应当分别标注“特急”“加急”，电报应当分别标注“特提”“特急”“加急”“平急”。

（四）发文机关标志。由发文机关全称或者规范化简称加“文件”二字组成，也可以使用发文机关全称或者规范化简称。联合行文时，发文机关标志可以并用联合发文机关名称，也可以单独用主办机关名称。

（五）发文字号。由发文机关代字、年份、发文顺序号组成。联合行文时，使用主办机关的发文字号。

（六）签发人。上行文应当标注签发人姓名。

（七）标题。由发文机关名称、事由和文种组成。

（八）主送机关。公文的主要受理机关，应当使用机关全称、规范化简称或者同类型机关统称。

（九）正文。公文的主体，用来表述公文的内容。

（十）附件说明。公文附件的顺序号和名称。

（十一）发文机关署名。署发文机关全称或者规范化简称。

（十二）成文日期。署会议通过或者发文机关负责人签发的日期。联合行文时，署最后签发机关负责人签发的日期。

（十三）印章。公文中有发文机关署名的，应当加盖发文机关印章，并与署名机关相符。有特定发文机关标志的普发性公文和电报可以不加盖印章。

（十四）附注。公文印发传达范围等需要说明的事项。

（十五）附件。公文正文的说明、补充或者参考资料。

（十六）抄送机关。除主送机关外需要执行或者知晓公文内容的其他机关，应当使用机关全称、规范化简称或者同类型机关统称。

（十七）印发机关和印发日期。公文的送印机关和送印日期。

（十八）页码。公文页数顺序号。

第十条　公文的版式按照《党政机关公文格式》国家标准执行。

第十一条　公文使用的汉字、数字、外文字符、计量单位和标点符号等，按照有关国家标准和规定执行。民族自治地方的公文，可以并用汉字和当地通用的少数民族文字。

第十二条　公文用纸幅面采用国际标准A4型。特殊形式的公文用纸幅面，根据实际需要确定。

第四章　行文规则

第十三条　行文应当确有必要，讲求实效，注重针对性和可操作性。

第十四条　行文关系根据隶属关系和职权范围确定。一般不得越级行文，特殊情况需要越级行文的，应当同时抄送被越过的机关。

第十五条　向上级机关行文，应当遵循以下规则：

（一）原则上主送一个上级机关，根据需要同时抄送相关上级机关和同级机关，不抄送下级机关。

（二）党委、政府的部门向上级主管部门请示、报告重大事项，应当经本级党委、政府同意或者授权；属于部门职权范围内的事项应当直接报送上级主管部门。

（三）下级机关的请示事项，如需以本机关名义向上级机关请示，应当提出倾向性意见后上报，不得原文转报上级机关。

（四）请示应当一文一事。不得在报告等非请示性公文中夹带请示事项。

（五）除上级机关负责人直接交办事项外，不得以本机关名义向上级机关负责人报送公文，不得以本机关负责人名义向上级机关报送公文。

（六）受双重领导的机关向一个上级机关行文，必要时抄送另一个上级机关。

第十六条　向下级机关行文，应当遵循以下规则：

（一）主送受理机关，根据需要抄送相关机关。重要行文应当同时抄送发文机关的直接上级机关。

（二）党委、政府的办公厅（室）根据本级党委、政府授权，可以向下级党委、政府行文，其他部门和单位不得向下级党委、政府发布指令性公文或者在公文中向下级党委、政府提出指令性要求。需经政府审批的具体事项，经政府同意后可以由政府职能部门行文，文中须注明已经政府同意。

（三）党委、政府的部门在各自职权范围内可以向下级党委、政府的相关部门行文。

（四）涉及多个部门职权范围内的事务，部门之间未协商一致的，不得向下行文；擅自行文的，上级机关应当责令其纠正或者撤销。

（五）上级机关向受双重领导的下级机关行文，必要时抄送该下级机关的另一个上级机关。

第十七条　同级党政机关、党政机关与其他同级机关必要时可以联合行文。属于党委、政府各自职权范围内的工作，不得联合行文。

党委、政府的部门依据职权可以相互行文。

部门内设机构除办公厅（室）外不得对外正式行文。

第五章　公文拟制

第十八条　公文拟制包括公文的起草、审核、签发等程序。

第十九条　公文起草应当做到：

（一）符合国家法律法规和党的路线方针政策，完整准确体现发文机关意图，并同现行有关公文相衔接。

（二）一切从实际出发，分析问题实事求是，所提政策措施和办法切实可行。

（三）内容简洁，主题突出，观点鲜明，结构严谨，表述准确，文字精练。

（四）文种正确，格式规范。

（五）深入调查研究，充分进行论证，广泛听取意见。

（六）公文涉及其他地区或者部门职权范围内的事项，起草单位必须征求相关地区或者部门意见，力求达成一致。

（七）机关负责人应当主持、指导重要公文起草工作。

第二十条　公文文稿签发前，应当由发文机关办公厅（室）进行审核。审核的重点是：

（一）行文理由是否充分，行文依据是否准确。

（二）内容是否符合国家法律法规和党的路线方针政策；是否完整准确体现发文机关意图；是否同现行有关公文相衔接；所提政策措施和办法是否切实可行。

（三）涉及有关地区或者部门职权范围内的事项是否经过充分协商并达成一致意见。

（四）文种是否正确，格式是否规范；人名、地名、时间、数字、段落顺序、引文等是否准确；文字、数字、计量单位和标点符号等用法是否规范。

（五）其他内容是否符合公文起草的有关要求。

需要发文机关审议的重要公文文稿，审议前由发文机关办公厅（室）进行初核。

第二十一条　经审核不宜发文的公文文稿，应当退回起草单位并说明理由；符合发文条件但内容需作进一步研究和修改的，由起草单位修改后重新报送。

第二十二条　公文应当经本机关负责人审批签发。重要公文和上行文由机关主要负责人签发。党委、政府的办公厅（室）根据党委、政府授权制发的公文，由受权机关主要负责人签发或者按照有关规定签发。签发人签发公文，应当签署意见、姓名和完整日期；圈阅或者签名的，视为同意。联合发文由所有联署机关的负责人会签。

第六章　公文办理

第二十三条　公文办理包括收文办理、发文办理和整理归档。

第二十四条　收文办理主要程序是：

（一）签收。对收到的公文应当逐件清点，核对无误后签字或者盖章，并注明签收时间。

（二）登记。对公文的主要信息和办理情况应当详细记载。

（三）初审。对收到的公文应当进行初审。初审的重点是：是否应当由本机关办理，是否符合行文规则，文种、格式是否符合要求，涉及其他地区或者部门职权范围内的事项是否已经协商、会签，是否符合公文起草的其他要求。经初审不符合规定的公文，应当及时退回来文单位并说明理由。

（四）承办。阅知性公文应当根据公文内容、要求和工作需要确定范围后分送。批办性公文应当提出拟办意见报本机关负责人批示或者转有关部门办理；需要两个以上部门办理的，应当明确主办部门。紧急公文应当明确办理时限。承办部门对交办的公文应当及时办理，有明确办理时限要求的应当在规定时限内办理完毕。

（五）传阅。根据领导批示和工作需要将公文及时送传阅对象阅知或者批示。办理公文传阅应当随时掌握公文去向，不得漏传、误传、延误。

（六）催办。及时了解掌握公文的办理进展情况，督促承办部门按期办结。紧急公文或者重要公文应当由专人负责催办。

（七）答复。公文的办理结果应当及时答复来文单位，并根据需要告知相关单位。

第二十五条　发文办理主要程序是：

（一）复核。已经发文机关负责人签批的公文，印发前应当对公文的审批手续、内容、文种、格式等进行复核；需作实质性修改的，应当报原签批人复审。

（二）登记。对复核后的公文，应当确定发文字号、分送范围和印制份数并详细记载。

（三）印制。公文印制必须确保质量和时效。涉密公文应当在符合保密要求的场所印制。

（四）核发。公文印制完毕，应当对公文的文字、格式和印刷质量进行检查后分发。

第二十六条　涉密公文应当通过机要交通、邮政机要通信、城市机要文件交换站或者收发件机关机要收发人员进行传递，通过密码电报或者符合国家保密规定的计算机信息系统进行传输。

第二十七条　需要归档的公文及有关材料，应当根据有关档案法律法规以及机关档案管理规定，及时收集齐全、整理归档。两个以上机关联合办理的公文，原件由主办机关归档，相关机关保存复制件。机关负责人兼任其他机关职务的，在履行所兼职务过程中形成的公文，由其兼职机关归档。

第七章　公文管理

第二十八条　各级党政机关应当建立健全本机关公文管理制度，确保管理严格规范，充分发挥公文效用。

第二十九条　党政机关公文由文秘部门或者专人统一管理。设立党委（党组）的县级以上单位应当建立机要保密室和机要阅文室，并按照有关保密规定配备工作人员和必要的安全保密设施设备。

第三十条　公文确定密级前，应当按照拟定的密级先行采取保密措施。确定密级后，应当按照所定密级严格管理。绝密级公文应当由专人管理。

公文的密级需要变更或者解除的，由原确定密级的机关或者其上级机关决定。

第三十一条　公文的印发传达范围应当按照发文机关的要求执行；需要变更的，应当经发文机关批准。

涉密公文公开发布前应当履行解密程序。公开发布的时间、形式和渠道，由发文机关确定。

经批准公开发布的公文，同发文机关正式印发的公文具有同等效力。

第三十二条　复制、汇编机密级、秘密级公文，应当符合有关规定并经本机关负责人批准。绝密级公文一般不得复制、汇编，确有工作需要的，应当经发文机关或者其上级机关批准。复制、汇编的公文视同原件管理。

复制件应当加盖复制机关戳记。翻印件应当注明翻印的机关名称、日期。汇编本的密级按照编入公文的最高密级标注。

第三十三条　公文的撤销和废止，由发文机关、上级机关或者权力机关根据职权范围和有关法律法规决定。公文被撤销的，视为自始无效；公文被废止的，视为自废止之日起失效。

第三十四条　涉密公文应当按照发文机关的要求和有关规定进行清退或者销毁。

第三十五条　不具备归档和保存价值的公文，经批准后可以销毁。销毁涉密公文必须严格按照有关规定履行审批登记手续，确保不丢失、不漏销。个人不得私自销毁、留存涉密公文。

第三十六条　机关合并时，全部公文应当随之合并管理；机关撤销时，需要归档的公文经整理后按照有关规定移交档案管理部门。

工作人员离岗离职时，所在机关应当督促其将暂存、借用的公文按照有关规定移交、清退。

第三十七条　新设立的机关应当向本级党委、政府的办公厅（室）提出发文立户申请。经审查符合条件的，列为发文单位，机关合并或者撤销时，相应进行调整。

第八章 附 则

第三十八条 党政机关公文含电子公文。电子公文处理工作的具体办法另行制定。

第三十九条 法规、规章方面的公文，依照有关规定处理。外事方面的公文，依照外事主管部门的有关规定处理。

第四十条 其他机关和单位的公文处理工作，可以参照本条例执行。

第四十一条 本条例由中共中央办公厅、国务院办公厅负责解释。

第四十二条 本条例自2012年7月1日起施行。1996年5月3日中共中央办公厅发布的《中国共产党机关公文处理条例》和2000年8月24日国务院发布的《国家行政机关公文处理办法》停止执行。

党政机关公文格式

从2012年7月1日起，执行《党政机关公文处理工作条例》（中办发〔2012〕14号），现行的1996年5月3日中共中央办公厅发布的《中国共产党机关公文处理条例》和2000年8月24日国务院发布的《国家行政机关公文处理办法》停止执行。新《条例》中对党政机关公文的格式做出了具体细致的规定。

一、公文内容的构成要素

公文一般由份号、密级和保密期限、紧急程度、发文机关标志、发文字号、签发人、标题、主送机关、正文、附件说明、发文机关署名、成文日期、印章、附注、附件、抄送机关、印发机关和印发日期、页码等组成。

二、公文制作印刷的要求

1. 公文用纸幅面尺寸：采用国际标准A4型纸，210mm×297mm。公文页边与版心尺寸为：公文用纸天头（上白边）37mm±1mm，公文用纸订口（左白边）28mm±1mm，版心尺寸156mm×225mm。发文机关标志上边缘至版心上边缘为35mm。

2. 公文用纸

公文用纸一般使用纸张定量为60～80g/m^{2}的胶版印刷纸或复印纸。纸张白度80%～90%，横向耐折度≥15次，不透明度≥85%，pH值为7.5～9.5。

3. 字体字号

发文机关标志使用红色小标宋体字，其他文字一般均为黑色。秘密等级、保密期限、紧急程度用3号黑体字；发文字号、签发人、主送机关、附注、抄送机关、印发机关、印发时间用3号仿宋体字；签发人姓名用3号楷体字；正文以3号仿宋体字，一般每面排22行，每行排28字。

4. 印制装订

版面干净无底灰，字迹清楚无断划，尺寸标准，版心不斜，误差不超过1mm。双面印刷；页码套正，两面误差不超过2mm。黑色油墨应当达到色谱所标BL100%，红色油墨应当达到色谱所标Y80%、M80%。印品着墨实、均匀；字面不花、不白、无断划。

公文中的横排表格：A4纸型的表格横排时，页码位置与公文其他页码保持一致，单页码表头在订口一边，双页码表头在切口一边。

公文应当左侧装订，不掉页，两页页码之间误差不超过4mm，裁切后的成品尺寸允许误差±2mm，四角成90°，无毛茬或缺损。骑马订或平订的公文应做到：订位为两钉外订眼距版面上下边缘各70mm处，允许误差±4mm；无坏钉、漏钉、重钉，钉脚平伏牢固；骑马订钉锯均订在折缝线上，平订钉锯与书脊间的距离为3～5mm。

包本装订公文的封皮（封面、书脊、封底）与书芯应吻合、包紧、包平、不脱落。

5.信函式公文

发文机关标志使用发文机关全称或者规范化简称，居中排布，上边缘至上页边为30mm，推荐使用红色小标宋体字。联合行文时，使用主办机关标志。发文机关标志下4mm处印一条红色双线（上粗下细），距下页边20mm处印一条红色双线（上细下粗），线长均为170mm，居中排布。

如需标注份号、密级和保密期限、紧急程度，应当顶格居版心左边缘编排在第一条红色双线下，按照份号、密级和保密期限、紧急程度的顺序自上而下分行排列，第一个要素与该线的距离为3号汉字高度的7/8。

发文字号顶格居版心右边缘编排在第一条红色双线下，与该线的距离为3号汉字高度的7/8。标题居中编排，与其上最后一个要素相距二行。第二条红色双线上一行如有文字，与该线的距离为3号汉字高度的7/8。首页不显示页码。版记不加印发机关和印发日期、分隔线，位于公文最后一面版心内最下方。

6.命令（令）格式

发文机关标志由发文机关全称加“命令”或“令”字组成，居中排布，上边缘至版心上边缘为20mm，推荐使用红色小标宋体字。

发文机关标志下空二行居中编排令号，令号下空二行编排正文。

签发人职务、签名章和成文日期的编排同一般性公文格式要求。

7.纪要格式

纪要标志由“×××××纪要”组成，居中排布，上边缘至版心上边缘为35mm，推荐使用红色小标宋体字。

标注出席人员名单，一般用3号黑体字，在正文或附件说明下空一行左空二字编排“出席”二字，后标全角冒号，冒号后用3号仿宋体字标注出席人单位、姓名，回行时与冒号后的首字对齐。

标注请假和列席人员名单，除依次另起一行并将“出席”二字改为“请假”或“列席”外，编排方法同出席人员名单。

纪要格式可以根据实际制定。

三、公文各要素

公文的各要素分为版头、主体、版记三部分。公文首页红色分隔线以上的部分称为版头；公文首页红色分隔线（不含）以下、公文末页首条分隔线（不含）以上的部分称为主体；公文末页首条分隔线以下、末条分隔线以上的部分称为版记。

1.版头

公文首页红色分隔线以上的部分称为版头。版头包括：份号、秘密等级和保密期限、紧急程度、发文机关标志、发文字号、签发人。

（1）份号：如需标注份号，一般用6位3号阿拉伯数字，顶格编排在版心左上角第一行。

（2）密级和保密期限：如需标注密级和保密期限，一般用3号黑体字，顶格编排在版心左上角第二行；保密期限中的数字用阿拉伯数字标注。

（3）紧急程度：如需标注紧急程度，一般用3号黑体字，顶格编排在版心左上角；如需同时标注份号、密级和保密期限、紧急程度，按照份号、密级和保密期限、紧急程度的顺序自上而下分行排列。

（4）发文机关标志：由发文机关全称或者规范化简称加“文件”二字组成，也可以使用发文机关全称或者规范化简称。

发文机关标志居中排布，上边缘至版心上边缘为35mm，推荐使用小标宋体字，颜色为红色，以醒目、美观、庄重为原则。

联合行文时，如需同时标注联署发文机关名称，一般应当将主办机关名称排列在前；如有“文件”二字，应当置于发文机关名称右侧，以联署发文机关名称为准上下居中排布。

（5）发文字号：编排在发文机关标志下空二行位置，居中排布。年份、发文顺序号用阿拉伯数字标注；年份应标全称，用六角括号“〔〕”括入；发文顺序号不加“第”字，不编虚位（即1不编为01），在阿拉伯数字后加“号”字。

上行文的发文字号居左空一字编排，与最后一个签发人姓名处在同一行。发文字号之下4 mm处印一条与版心等宽的红色分隔线。

（6）签发人：由“签发人”三字加全角冒号和签发人姓名组成，居右空一字，编排在发文机关标志下空二行位置。“签发人”三字用3号仿宋体字，签发人姓名用3号楷体字。

如有多个签发人，签发人姓名按照发文机关的排列顺序从左到右、自上而下依次均匀编排，一般每行排两个姓名，回行时与上一行第一个签发人姓名对齐。

2. 公文主体部分

置于公文首页红色反线（不含）以下至抄送机关（不含）之间的各要素统称主体。包括：标题、主送机关、正文、附件说明、成文日期、印章、附注、附件。

（1）标题：一般用2号小标宋体字，编排于红色分隔线下空二行位置，分一行或多行居中排布；回行时，要做到词意完整，排列对称，长短适宜，间距恰当，标题排列应当使用梯形或菱形。

（2）主送机关：编排于标题下空一行位置，居左顶格，回行时仍顶格，最后一个机关名称后标全角冒号。如主送机关名称过多导致公文首页不能显示正文时，应当将主送机关名称移至版记。

（3）正文：公文首页必须显示正文。一般用3号仿宋体字，编排于主送机关名称下一行，每个自然段左空二字，回行顶格。文中结构层次序数依次可以用“一、”“（一）”“1.”“（1）”标注；一般第一层用黑体字、第二层用楷体字、第三层和第四层用仿宋体字标注。

（4）附件说明：如有附件，在正文下空一行左空二字编排“附件”二字，后标全角冒号和附件名称。如有多个附件，使用阿拉伯数字标注附件顺序号（如“附件：1.×××××”）；附件名称后不加标点符号。附件名称较长需回行时，应当与上一行附件名称的首字对齐。

（5）发文机关署名、成文日期和印章。

★加盖印章的公文

成文日期一般右空四字编排，印章用红色，不得出现空白印章。

单一机关行文时，一般在成文日期之上、以成文日期为准居中编排发文机关署名，印章端正、居中下压发文机关署名和成文日期，使发文机关署名和成文日期居印章中心偏下位置，印章顶端应当上距正文（或附件说明）一行之内。

联合行文时，一般将各发文机关署名按照发文机关顺序整齐排列在相应位置，并将印章一一对应、端正、居中下压发文机关署名，最后一个印章端正、居中下压发文机关署名和成文日期，印章之间排列整齐、互不相交或相切，每排印章两端不得超出版心，首排印章顶端应当上距正文（或附件说明）一行之内。

★不加盖印章的公文

单一机关行文时，在正文（或附件说明）下空一行右空二字编排发文机关署名，在发文机关署名下一行编排成文日期，首字比发文机关署名首字右移二字，如成文日期长于发文机关署名，应当使成文日期右空二字编排，并相应增加发文机关署名右空字数。

联合行文时，应当先编排主办机关署名，其余发文机关署名依次向下编排。

★加盖签发人签名章的公文

单一机关制发的公文加盖签发人签名章时，在正文（或附件说明）下空二行右空四字加盖签发人签名章，签名章左空二字标注签发人职务，以签名章为准上下居中排布。在签发人签名章下空一行右空四字编排成文日期。

联合行文时，应当先编排主办机关签发人职务、签名章，其余机关签发人职务、签名章依次向下编排，与主办机关签发人职务、签名章上下对齐；每行只编排一个机关的签发人职务、签名章；签发人职务应当标注全称。

签名章一般用红色。

★成文日期中的数字

用阿拉伯数字将年、月、日标全，年份应标全称，月、日不编虚位（即1不编为01）。

★特殊情况说明

当公文排版后所剩空白处不能容下印章或签发人签名章、成文日期时，可以采取调整行距、字距的措施解决。

（6）附注：如有附注，居左空二字加圆括号编排在成文日期下一行。

（7）附件：附件应当另面编排，并在版记之前，与公文正文一起装订。“附件”二字及附件顺序号用3号黑体字顶格编排在版心左上角第一行。附件标题居中编排在版心第三行。附件顺序号和附件标题应当与附件说明的表述一致。附件格式要求同正文。

如附件与正文不能一起装订，应当在附件左上角第一行顶格编排公文的发文字号并在其后标注“附件”二字及附件顺序号。

3.版记

主体与版记之间有分隔线，与版心等宽，首条分隔线和末条分隔线用粗线（推荐高度为0.35mm），中间的分隔线用细线（推荐高度为0.25mm）。首条分隔线位于版记中第一个要素之上，末条分隔线与公文最后一面的版心下边缘重合。版记包括：抄送机关、印发机关和印发日期。

（1）抄送机关：如有抄送机关，一般用4号仿宋体字，在印发机关和印发日期之上一行、左右各空一字编排。“抄送”二字后加全角冒号和抄送机关名称，回行时与冒号后的首字对齐，最后一个抄送机关名称后标句号。

如需把主送机关移至版记，除将“抄送”二字改为“主送”外，编排方法同抄送机关。既有主送机关又有抄送机关时，应当将主送机关置于抄送机关之上一行，之间不加分隔线。

（3）印发机关和印发时间：印发机关和印发日期一般用4号仿宋体字，编排在末条分隔线之上，印发机关左空一字，印发日期右空一字，用阿拉伯数字将年、月、日标全，年份应标全称，月、日不编虚位（即1不编为01），后加“印发”二字。

版记中如有其他要素，应当将其与印发机关和印发日期用一条细分隔线隔开。

4.页码

用4号半角宋体阿拉伯数码标识，置于版心下边缘之下一行，数码左右各放一条一字线，一字线距版心下边缘7mm。单页码居右空一字，双页码居左空一字。

参 考 文 献

[1] 丁训言. 写作基础与应用. 南京：江苏省档案科学研究所，1994.

[2] 王景丹. 应用写作新编. 北京：蓝天出版社，1997.

[3] 裴显生，王殿宋. 应用写作. 北京：高等教育出版社，1999.

[4] 朱悦雄. 新应用文写作. 广州：广东高等教育出版社，2000.

[5] 张德实. 应用写作. 北京：高等教育出版社，2001.

[6] 梁有福. 应用写作. 北京：中国农业出版社，2002.

[7] 翁敏华，高晓梅. 商务应用文. 大连：东北财经大学出版社，2003.

[8] 竹潜民. 应用写作案例实训教程. 杭州：浙江大学出版社，2004.

[9] 胡欣. 写作学基础. 武汉：武汉大学出版社，2005.

[10] 孙秀秋，吴锡山. 应用写作教程. 北京：中国人民大学出版社，2006.

[11] 张瑾. 应用写作. 西安：西安交通大学出版社，2007.

[12] 张芹玲. 应用文写作教程. 北京：高等教育出版社，2009 .

[13] 夏晓鸣. 应用文写作. 上海：复旦大学出版社，2011.